Bible
Reading

讀經生活化

Bible
Reading

讀經生活化

Bible
Reading

讀經生活化

Bible
Reading

讀經生活化

Bible
Reading

讀經生活化

Bible
Reading

讀經生活化

Bible
Reading

讀經生活化

Bible
Reading

讀經生活化

Bible
Reading

讀經生活化

讀經生活化，生命力量大。

翻開聖經，我們就進入了另外一個世界。

比起我們眼前的世界，
那是個更大的世界，因為我們會看見超越時空上帝的行動；
那是個更深的世界，因為裡面記載的事情，都發生在比靈魂還要深邃的地方；
那同樣是個更生動的世界，因為遇見上帝的人，沒有人不熱情澎湃；
那還是個更危險的世界，有法老的追兵，以及非利士的巨人；
那也是個更安全的世界，我們找到的是亙古的磐石，永恆的寶藏。

正因如此，讀經和生活總是息息相關。

每一回從聖經的世界出來，
我們眼界都會變得更寬廣、
靈性變得更深刻、
生命變得更熱情、
勇氣變得更十足、
行動變得更踏實，
種種的一切，都將影響我們的日常生活，改變我們的待人處世，
不管是婚姻也好、人際也好、工作也好，
均會大為不同。

「讀經生活化」書系，邀請讀者一同進入這樣的世界，
我們會翱翔、我們會盤旋、我們會闖入生命幽谷、我們也會攀上靈性的高峰，
更重要的是，我們將帶著一對強壯的翅膀，從聖經的世界轉身，
在屬於我們的世界裡，繼續飛翔。

讀經生活化，生命力量大。

已出版書目

《聖經好好吃》
Eat This Book
畢德生（Eugene Peterson）著

《舊約會說話》
程亦君 著

《耶穌的道路》
The Jesus Way
畢德生（Eugene Peterson）著

《全民讀經法》
Living by the Book
韓君時（H. G. Hendricks）、韓立克（W. D. Hendricks）/ 著

預計出版書目

讀經生活化系列

《讀經力量大》（暫譯）
Life with God: Reading the Bible for Spiritual Transformation
傅士德（Richard Foster）著

《默想神的話》（暫譯）
Meditating on the Word
潘霍華（Dietrich Bonhoeffer）著

《聖經故事靈修法》（暫譯）
Living the Story: Biblical Spirituality for Everyday Christians
史蒂文斯、邁可・格林（Paul Stevens、Michael Green）著

畢德生聖經靈修學系列

《翱翔的基督》
Christ Plays in Ten Thousand Places

《直話不要直說》（暫譯）
Tell it Slant

《復活的操練》（暫譯）
Practice Resurrection

全民 讀經法

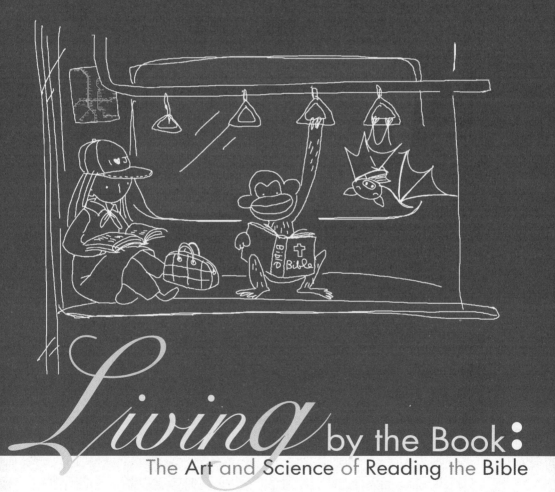

Living by the Book:
The Art and Science of Reading the Bible

韓君時（H. G. Hendricks）、韓立克（W. D. Hendricks）/ 著
葉嬋芬、黃凱津 / 譯

全民讀經法

作　　者／韓君時（H. G. Hendricks）
　　　　　韓立克（W. D. Hendricks）
譯　　者／葉嬋芬、黃凱津
責任編輯／東紋尼
美術設計／小　雨、廖藍儀

發 行 人／饒孝楫
出 版 者／校園書房出版社
發 行 所／23141台北縣新店市民權路50號6樓
電　　話／(02)2918-2460
傳　　眞／(02)2918-2462
網　　址／http://www.campus.org.tw
郵政信箱／台北郵政13-144號信箱
劃撥帳號／19922014，校園書房出版社
網路書房／http://shop.campus.org.tw
訂購電話／(02)2918-2460 # 241~242
訂購傳眞／(02)2918-2248

2010年1月初版

Living by the Book
This book was first published in the United States by Moody Publishers,
820 N. LaSalle Blvd., Chicago, IL 60610, U. S. A. with the title **Living by the Book**,
© 1991, 2007 by Howard G. Hendricks and William D. Hendricks.
Translated by permission.
Chinese (traditional script) edition published by permission
© 2010 by Campus Evangelical Fellowship Press
P. O. Box 13-144, Taipei 10699, Taiwan
All Rights Reserved

First Edition: Jan., 2010
Printed in Taiwan

ISBN：978-986-198-149-9（平裝）

10 11 12 13 14 15 年度 | 刷次 7 6 5 4 3 2 1

讚　譽

「霍華韓君時五十年來的學生一致給予同樣的見證：他的讀經法課程在我們的生命中刻下印記；而因為《全民讀經法》是這堂課集大成之精華，我們全部的人同時也提供這個忠告：如果你渴望看見自己活讀聖經到不行，那就千萬不要錯過這本書。」
　　──立芬（Duane Litfin），惠頓學院（Wheaton College）校長

「我屬靈生命的啟發者及導師是霍華韓君時博士，我是眾多受他服事影響的人之一。認識霍華及透過他而認識的比爾已超過三十年，仍僅能認識一小部分存於他們腦中及心中的智慧。《全民讀經法》是霍華和比爾真實生活的展現，因此，這本書對每個人來說具可讀性及實踐性。我以無比的喜悅和熱情來支持、推薦《全民讀經法》。」
　　──布魯（Ron Blue），CFPN主席

「教一個人讀聖經，你就會使他的生活豐盛；教一個人訓練他人，你就會使他人的生活豐盛。一個世代的人都虧欠了『老教頭』，因為他教導我們如何訓練得人漁夫。謝謝您透過聖經，教導我們認識救主及愛祂。」
　　──伊斯利博士（Dr. Michael Easley），慕迪聖經學院（Moody Bible Institute）院長及董事長

「韓君時和韓立克提供了基督徒深刻和中肯的觀點，讓我們可以在生活中了解、應用和經驗神話語那令人敬畏的大能。每個信徒的生活中及書櫃裡，都需要將本書列為必備書籍。」
　　──伊凡斯（Tony Evans），橡樹崖聖經團契（Oak Cliff Bible）主任牧師、都會另類生涯事工（The Urban Alternative）主席

Contents 目錄

前　言

一九六〇年代早期，在達拉斯神學院第一年課程即將結束之際，我修了韓君時教授的一門課，這堂課對我的人生及事奉產生了永久性的影響。日復一日，我聽他的課，接著就會衝回校園裡那一間狹小的公寓宿舍，整個人充滿全新的雀躍之情，馬上投入他交代的課後作業。慢慢地，經過幾週幾個月，原本圍繞在聖經周圍的霧氣開始慢慢地散去。那些令我備感疑惑的經節看起來不再那麼咄咄逼人。當大段落的經文都變清楚之後，我讀神的話感到愈來愈從容自在。現在我發現它已經成為我「腳前的燈，路上的光」。(詩一一九105)

用今天的話來講，聖經變成「對用戶友善」（user friendly）的一本書，這都要歸功於那門課，它命定要改變我的人生。韓君時博士使我們確信：聖經是可以被了解的。但是很不幸地，對一般人來說，它往往看來十分嚇人——一本很冗長的書，裡面寫滿了許多小字，看起來就引不起興趣。韓君時教授傳授學生許多技巧，透過練習而臻至嫻熟，然後就豁然開朗了。還不到年底，各種奧祕慢慢化成富有意義和合理的真理，我很快地就發現太太辛西亞和我不只一起談論神的書，更開始「按照神的話語生活」（living by the Book；編按：即本書原名）。

我對聖經的觀感整個改變之後，三十多年的時間我經常在想，如果每個人都可以去修那一門課程的話，那該有多好。真希望我的心靈導師可以深深觸碰到他們的生命，正如他深深地觸碰了我的生命一樣。我會想：如果所有神的子民為了滋養他們自己的靈命，都可以掌握這些技巧和原則，不知道會帶來什麼樣的改變呢？

最近，我得知其他人即將可以和我同享這一特權。韓君時博士和他的兒子比爾決定把關於如何研讀聖經的教導寫成這本書，看到他們這麼做我真是激動。我個人的意見是，你手上這本書有一種潛力，可以成為許多人的屬靈轉捩點。

　　作者用簡單、循序漸進的方式來解釋如何從聖經中拾取眞理，他們使用人人都看得懂的語言。這本超過四百頁的書會引導你進入一段過程，它將除去深奧難解的思想；神早已經賜給你心智和參考架構。這就是爲什麼《全民讀經法》是這麼能夠令人獲益；它給你一套查經架構，讓你用自己的步調來查經。它很實用、可讀性高、具有應用性，我尚不知道當代還有哪本書能出其右。

　　只要你願意消化這些篇章，把我的建議加以使用，我保證你很快就會開始依靠聖經過生活，而不只是聆聽別人教導聖經。

施蘊道（Chuck Swindoll）
牧師、作家、聖經廣播教師

第二版序

　　為什麼還要替《全民讀經法》進行修訂？兒子比爾和我在大約十八年前寫了本書的第一版。令人開心的是，這本書廣受讀者歡迎。多年來，它已經成為講論查經方法的一本教科書。事實上，許多所聖經學校、大學院校及神學院都採用本書作為必讀教材。

　　所以為什麼還要再版呢？我們是否更動了查考神話語的方法論呢？並不是這樣。當然聖經本身在這幾年當中也沒有改變過內容。

　　但是自從一九九一年以來，世界卻有了劇烈改變。歷史已經往前跳躍，進入了新的千年。我們擁有了一種全新的溝通方式，人們稱之為網際網路。世界變小了很多，因為世界的經濟開始彼此交錯。我們置身在美國的人已經發現，我們跟許多來自不同信仰、行為模式也十分不一樣的人，一起活在這個星球上。

　　當我們面對新世界的挑戰之際，神的話仍一如往昔，不斷賜給祂的子民屬天的洞見。但是新一代年輕人，需要自己發現挖掘神話語的喜樂。比爾和我認為，修訂這本書的內容之後，可以更適合那些新讀者使用。

　　我猜有些人可能會說，如果我們真的想要接觸下一代的年輕人，就應該把這紙本書報廢，並且製作一個別出心裁的互動式網頁。或許有一天這個想法真的會付諸行動，但可能不在我有生之年。雖然我不是電腦高手，但我可以看出這計畫的價值。

　　然而，我試圖成為聖經高手，這也是我想遺留下來的產業：存留下一個世代，成為喜好學習聖經的學生，是具備能力、可以「按著正意分解真理的道」的人（提後二15）。我知道聖經是一本書，而現今，書籍已經被視為「舊科技」了，但這更強化在查經方式上需要有人引導的想法。我最擔心的是，新一代在急切擁抱新科技的同時，可能遺忘了如何去接近這舊科技，因為他們很可能喪失閱讀的能力。

　　因此我們修訂《全民讀經法》的熱情才會受到引發。今日的年

輕人可以活在一個以視覺、經驗為導向的世界中，對此我給予高度的評價。他們很重視真實、「可信」的事物，這真是太棒了！但這麼一來，更重要的就是，讓他們對聖經的了解也可以同樣的真實無偽。

你們都知道，今天有很多人提出各式各樣關於聖經真理的宣告——這些宣告其實並不真確。更仔細地去檢視聖經就可以看出，事實上，聖經並沒有教導他們所說的那些真理。同樣的，很多事情聖經的確有所教導，許多人卻一無所知，因為這些真理沒有再三被強調，或根本被忽視。

結果就是我們的文化中有許多層面，接受了可能被稱之為「民間宗教」的內涵——民間信仰就是奠基於錯誤概念、錯誤解經、刻板印象、感情用事，以及一廂情願的想法，這並非是真正的基督教。

因此，我要呼籲每個使用這本書的年輕人：惟一確定能經驗到真正基督教的方式，就是透過親身熟悉神的話語。不要只是讓一個朋友或是一片DVD，或是哪個部落格來告訴你聖經究竟說些什麼——要親自去閱讀及查考。如果你這麼做的話，就可以獲得一種權威，是從你個人對聖經的所有權而產生的，將會使你的生命得穩固，並且引導你的生命，就算旁人都迷失在屬靈混亂的迷霧中，你也不會受影響。

那些已經很熟悉《全民讀經法》的人，會發現雖然比爾和我幾乎沒有更動第一版的內容，我們卻加以增補，特別強化了應用的部分。就是在應用聖經的時候，我們需要考慮到神給每個人的獨特及個別的設計；也需要看到，生命的重要性超越個人事務。神的目標是要我們成為祂的代理人，去更新變化周遭的世界。

所羅門王人生將近終點時，心中也產生類似的異象，他如此禱告：

神啊，自我年幼時，祢就教訓我；
直到如今，我傳揚祢奇妙的作為。

神啊，我到年老髮白的時候，
求祢不要離棄我！
等我將祢的能力指示下代，
將祢的大能指示後世的人。　　　　　（詩七十一17～18）

這就是我為第二版《全民讀經法》所作的禱告。神的話語具有賜與生命的大能，因為它直接引導我們到那位是道路、真理、生命的神面前。誠願這本書打開那扇進入神話語的門，不只是為了這一代，也是為所有後代子孫。

韓君時（Howard G. Hendricks）

第 *1* 課

為什麼大家不讀聖經？

在我成為基督徒後不久，有人在我聖經的糊貼頁上題了這段話：「這本書會使你遠離罪惡，或者，罪惡將使你遠離這本書。」對那時的我來說，這話一點都不假，今天它仍然十分真切。蒙塵的聖經總是引導人去過骯髒的生活。事實上，如果你不是在神的話語中（in the Word），讓神的話語使你變得更有耶穌基督的樣式，那麼，你就會活在世界當中（in the world），而這世界會把你塞進它的模子裡去。

然而今日基督徒所遇見的大悲劇就是，我們當中有太多人，雖在神的話語之下，但卻不讓自己進入到神的話語中。例如，有一次我遇到一個人，他帶著全家橫跨美國，大老遠去參加一個聖經研習會。

我很驚訝地問他：「你為什麼要跑這麼遠？」

「因為我想要置身於神的話語之下。」他這麼說。

這番話表面上聽起來很棒。但不久之後突然點醒了我：這個人甘願大老遠開車一千兩百英哩要置身於神的話語之下，但他是否也願意走到客廳的另一頭，拿起聖經，讓自己走入其中呢？

我們都同意，信徒需要坐下來受教於神的話語，但這應該鼓舞而非取代我們親自去讀聖經。

誰會讀經？根據二〇〇六年巴納集團（The Barna Group）所作的

調查，大約有47%的美國人表示每週都讀一點聖經（一九九五年只有31%的受訪者如此表示）。然而，幾年前著名的蓋洛普調查發現，雖然有82%的美國人宣稱他們相信聖經就是神的話（無論就神的話的字面意義或就「默示」層面來說），而且超過一半的人說他們至少一個月讀一次聖經，但卻有一半的人甚至無法說出任何一卷福音書——馬太、馬可、路加或約翰——的名稱。而且，只有少於半數的人知道登山寶訓到底是誰講的。

你是否曾看過一本「暫時放在」某人後車窗裡的聖經？在我家鄉這種情況很普遍。往往一個人步出教會後，跳上車子，就把聖經往後丟，一直放到下個週日為止。這差不多可以說明神的話在他眼中所具的價值。事實上，就讀聖經這件事來說，一週七天裡有六天，他是功能性的文盲。

他擁有聖經，偶爾也讀一讀，甚至會帶聖經上教會，但卻從來不去研讀它。為什麼人們不想親自去讀、去了解聖經，並看聖經如何改變他們的生活呢？我們一起來聽六個基督徒談談這方面的經驗。

肯恩：「我需要有用的東西」

韓君時（以下簡稱為「韓」）：「肯恩，你是個職責繁重的企業執行長，你受過良好的教育，我知道你很愛主。在你生活中何時最適合讀經呢？」

肯恩：「以前孩子還小的時候，我們每天早餐或晚餐時，會讀一、兩節經文，但我們可說是不曾查考過聖經。工作時，就更不可能去研讀聖經了。」

韓：「為什麼不能？」

肯恩：「嗯，工作就是工作，你是去上班的。我上班的時候都想著員工的薪水、客戶、要付的帳單，以及競爭者現在在做什麼。聖經可以說是我工作中最後會想到的事。」

「不要誤會我的意思，我可不是那種在教會是一面人，在辦公室

又是另一面人的基督徒。但面對現實吧！企業界可不是成人主日學教室，聖經甚至沒有提到職場上面臨的各種挑戰，所以聖經在每日工作狀況中不太能派上用場。」

韓：「肯恩，你指出了關聯性的問題。這很可能是今日大家不研讀神的話的首要原因，他們認為聖經已經落伍、跟不上時代。它可能對早先的時代有話要說，但對現在這個時代呢？他們就深感質疑了。然而，我們即將看到，現今神的啟示跟首次被訴說的時候一樣鮮活。」

溫蒂：「我不知道該怎麼讀」

韓：「現在來看看在廣告代理公司擔任文案撰稿人的溫蒂。溫蒂，你看起來似乎充滿活力、富有進取心，我敢打賭你在讀經上會是一個很傑出的學生。」

溫蒂：「其實我已經試過了，但就是行不通。」

韓：「怎麼講呢？」

溫蒂：「嗯，曾經我有個階段，決定真的要開始查考聖經。我在一個研討會中聽到人說，除非去認識神的話語，否則就不可能認識神；我知道我想要更親近主，於是下定決心要好好研讀聖經。我買了一大堆關於聖經的書籍，每天晚上下班回到家，會花一個小時或更多時間讀經，並且試著去了解。」

「但我發現自己不懂希臘文或是希伯來文，很多人針對不同的經節提出太多解釋，我卻無法理解。我的意思是說，當我讀到某人對一段經文的看法，接著去讀那段經文，卻搞不懂他們是怎麼想出來的。最後，實在令人困惑不已，我就放棄了。」

韓：「喔，所以這是技巧的問題！這是很多人共同的問題；因為知道自己不會游泳，所以很不甘願跳進池裡。而在我們的文化中並不能得到太多幫助，四周充斥著視覺影像，老實說，我們喪失了閱讀的能力。這就是為什麼閱讀聖經這類書的技巧，會出現在本書下一部分

的內容裡。」

艾略特：「我只不過是個平信徒」

韓：「好，我們接下來要聽聽艾略特的說法。如果你的游泳池設備故障待修，你會希望找艾略特，他可以告訴你怎麼維持池水的透明澄澈。除此之外，他以驚人的堅定持守著工作倫理，我想信仰是影響他的主要原因。艾略特，我感覺得到你很重視聖經。」

艾略特：「嗯，應該這樣說，我很重視聖經中我了解的部分。十誡、黃金律【編按：即「你們願意人怎樣待你們，你們也要怎樣待人。」；參：太七12；路六31。】、「耶和華是我的牧者」這類的內容。至於剩下的部分，可以說我大都留給牧師去操心。我是說，那些東西他都懂，如果真的遇到問題，只需要去找他。看起來他整本聖經都知道得一清二楚。我呢，只不過就是試著盡量活出那些教導。」

韓：「這很令人鼓舞，你試著操練所了解的真理。但是，艾略特，我聽到你說出今日數以千計的基督徒說的話：『我只不過是個平信徒』，或者『我是家庭主婦，又不是專家，我既沒有受過神學訓練，連大學可能都沒唸完，你不能期待我去研讀這麼一本書啊！』。」

我剛信主的時候有過這種感覺。有人對我說：「小霍，你得在神的話裡下工夫才行。」

我對自己說：「我究竟該怎麼做呢？我又沒唸過神學院。我不是傳道人啊！這東西我根本搞不懂。」

但我們將會明白，你真的不需要任何專業訓練就可以了解聖經。你不需要懂希臘文和希伯來文，只要你會閱讀，就可以自行鑽研聖經。在這本書當中，我想幫助你去學會怎麼做。

順道一提，不要因為研讀查考（study）這個詞而卻步。我很希望我們有比「查經」更好的說法，因為對我們多數人來說，「查考研讀」是屬於壞消息那一類的東西，跟使用牙線的吸引力差不多。也就是：知道我們該這麼做，但是⋯⋯

在本書中，我們會發現，查經有可能令人著迷到言語無法形容的程度，甚至更有趣。所以一定要堅持下去。

玲達：「我就是沒時間」

韓：「我前面提過家庭主婦，玲達，我想那講的就是你。你是三個小孩的全職媽媽，對查經有什麼感覺？」

玲達：「喔，我很想查經，我真的想。但就像你說的，我有三個小孩要照顧，有時候我真想做點別的事來休息一下。我老公日夜都在工作，好讓我可以安心在家，但這麼一來，就變成孩子整天都在身邊，如果有二十分鐘給我自己就已經很偷笑了。二十分鐘根本不夠時間查經，就算我辦得到，往往只夠喘口氣罷了。我根本沒有力氣。」

韓：「我完全了解你在說什麼。內人吉茵和我也是自己帶大四個孩子，現在還有六個孫子要照顧。所以我們很清楚為人父母是格外花費心力的工作，然而對我們來說這一直都是最重要的事。我猜你真正的問題在於，要怎麼協調生活優先次序與查經呢？很不幸地，對我們大多數人來說，查經是在二十七個待辦事項中的第二十個，查經很不錯，但畢竟不是必要的……等一等！在下一課當中我們將會發現，查經不是一種可有可無的選擇，它是不可或缺的。」

東尼：「我對聖經還是有懷疑」

韓：「東尼，我很想聽聽你的看法。你是大學校園裡的學生，那裡仍然是個接受查經的地方嗎？」

東尼：「是啊，我認為大家還是應該要讀經。有些聖經內容十分有趣且可以啟發人省思。但我並不確定能否相信其中的一些神蹟、預言，像約拿和鯨魚這一類事情，真的很難相信。而且我知道，很多人會從聖經引經據典來評斷是非對錯。看起來好像你想說什麼，它就是說什麼。」

「所以我覺得偶爾讀一讀就好，稍微知道一下裡面在講什麼，或

者在你心情不好的時候讓你好過一點。但至於查經？這我就不知道了。」

韓：「確實，你所提出的疑慮一點都不假。這本書是否可靠？是否具有權威？我們的人生能夠以此為根基嗎？可以相信它嗎？或者，正如某人曾說過的，我們是否需要把腦袋瓜丟出窗外，耗費力氣去相信內心深處知道是極為荒謬的事情？在往後的篇章中我們會發現聖經十分可靠，而且當我們愈多研讀聖經，愈會發現聖經的一致、合理。」

喬治：「我無法把查經變得有趣一點」

韓：「再聽最後一個意見。喬治，我想你對神的話語產生興趣，跟你在教會教導成人主日學課程很有關係。」

喬治：「是的，我猜我比多數人更有理由該讀聖經。當我讀經時，我會一直想到我教的課，以及要如何教導聖經。但我得誠實地說，要讓人對聖經產生興趣實在困難。他們看起來似乎還更想談論運動和辦公室裡發生的事，而不那麼想談論信仰中的偉大教義。」

「我並不期待任何人變成偉大的神學家，但是提摩太後書三章16節提到，聖經在教訓上有益。而且我自己認為，大家只要再多注意一點聖經所表達的內容，很多他們埋怨的問題就會得到解決。」

韓：「我想你發現的這個問題，是任何想要傳達屬靈真理的人都會碰到的。要讓人興奮地自己去讀經，以至於得到新洞見很困難。除非他們正好發現與自身經驗直接有關的主題，否則，查經只會無聊到讓他們哭出來而已。他們絕對不會有動力在當中投下時間。所以，這就是身為老師的你所面對的挑戰，提供他們一種查經步驟，使他們藉此可以自己找出屬靈真理。我希望你可以透過這本書，學會使用一些讀經的方式。」

順道一提，利用罪惡感不是個好方法。罪惡感是很差勁的動機；它很有力量，但對學習的過程百害而無一利，它會抹煞親自認識神話

語所應感受的喜樂。比較起來，因為罪惡感而不讀聖經的人反倒比因之而讀聖經的人還來得多。

那麼關於你呢？

我們看了上面幾個使人不研讀聖經的理由，哪一個是你遇見的問題？你是否質疑聖經跟真實人生的問題到底有何關聯？你是否因為缺乏查經方法及基本技巧而吃了閉門羹？你是否以為這本書只是給專家使用，要受過特別的訓練才能了解，而不是給平信徒看的？查經是不是次要的事情（或根本不算是優先事項），特別是還有這麼多排隊等著消耗你時間的其他事物？你是否對聖經的可信度仍然存疑，想知道是否真正可以確定聖經的意思？你是否認為查經超級無趣，不值得費心留意？

如果你認同以上其中任何一個理由，那麼這本書就是為你而寫。本書會好好處理這幾個和其他更多的問題。我們可以克服這裡的每個障礙，但是首先，看了這麼多不查經的負面狀況之後，我們一起回頭來問：「為什麼必須查經？」在下一課中，我會告訴大家三個重要的理由，說明為什麼查經不是一種可有可無的選擇，而是不可或缺的要事。

那麼你呢？

今日基督徒最大的悲劇就是：我們太多人都置身在神的話語之下，卻不願親自走入神的話語當中。

那麼你呢？你是否規律地自行研讀聖經？或者跟多數人一樣，難得會自己打開聖經來看？以下是一個簡單的測驗，可以幫助你評估自己讀經的習慣。

你讀聖經的頻率有多高？（請選擇下列其一）

□從不　□一個月一次　□一週一次　□一週兩三次　□每天

當你讀經的時候，會花多少時間？

□5分鐘或更少　□15分鐘　□30分鐘　□45分鐘
□1小時或更多

下列是一些一般人不能讀聖經的理由，請勾選出最能描述你的情況的選項。

□ 聖經與我的生活沒有關聯性。

□ 聖經很令人困惑，很難了解。我不知道該怎麼讀懂聖經。

□ 我曾經讀經，感覺也很棒。但是讀了一陣子之後，感受似乎慢慢變淡了，所以最後我就放棄了。

□ 當我讀聖經時我覺得有罪惡感。

□ 聖經超級跟不上時代，裡面或許有些有趣的故事，但對今天的生活卻沒有什麼重要性。

□ 我倚賴牧師解釋聖經給我聽。如果我需要知道甚麼事情，他都會跟我說。

□ 我懷疑聖經的可靠性。

□ 我沒有時間，我好忙。

□ 聖經對我來說似乎很無聊。

□ 我沒有聖經。

□ 聖經充滿了神話和讓人半信半疑的眞理，爲什麼要去讀難以
信服的東西？

□ 我就是不愛閱讀！不只是聖經，我什麼書都不讀。

第 *2* 課

為什麼要研讀聖經？

在上一課中我們看到六個普遍的原因，使大家不願意自行鑽研聖經，我要再加上一個原因：沒有人告訴過他們，能從查經中獲得什麼好處。那會帶來什麼益處？裡面有什麼是為我而預備的？如果我花心力在這上面，會有什麼回報？對我生活會造成什麼不同的影響呢？

當你投入在神話語的研讀時，你可以期待三樣益處，這些好處在別的地方找不到。老實說，這些並不是奢侈品，而是必需品。讓我們一起看三段經文，加起來正可以成為強有力的證明，說明為什麼必須研讀聖經。讀經不是一種選擇，而是不可或缺的要事。

查經是屬靈成長必要的條件

第一段經文在彼得前書二章2節：

> 就要愛慕那純淨的靈奶，像才生的嬰孩愛慕奶一樣，叫你們
> 因此漸長，以致得救。

我要用三個詞來解明這段經文所包含的真理，在你聖經這節經文

旁的空白處記下來。第一個詞是態度；彼得指的是一個新生嬰孩的態度，正如嬰孩緊抓住奶瓶要喝奶，你同樣要緊抓住聖經。這嬰孩必須靠牛奶來維持肉身的生命，你也必須靠聖經來維持你的屬靈生命。

內人吉茵和我一共生了四個孩子，在他們嬰兒時期開始，我們就了解到每隔三或四小時，他們體內的計時器就會響起來，而且最好不要當作沒聽到。你最好趕快泡好一瓶牛奶，只要給了牛奶，危機就會解除。彼得用了這個象徵來說明那正是你對聖經該抱持的態度。

但他也提出一個字詞，是有關於對聖經的胃口。他說你該「愛慕」它；你要如飢似渴地渴慕神話語的靈奶。

我要誠實地說，這是一種慢慢培養出來的品味。常常有人會來問我：「韓君時教授你知道嗎？我從聖經裡真的得不到什麼收穫。」但這樣說，表示問題不是在聖經上，而是出在人身上。

詩篇十九篇10節說到聖經的話語比蜜更甜，但你絕對在某些信徒的反應裡看不出來。你瞧，世界上有三種典型的聖經學生。第一種是「苦口良藥」型，對他們來說，神的話語很苦（唉呦喂呀！），但生病的時候卻大有好處。另一種是「五穀糙米」型，對他們來說，聖經很營養但枯燥乏味，就像嚼一捆乾草一樣。

而第三種學生則是我稱之為「滿漢全席」型，他們對聖經百吃不厭。他們是怎麼培養出這種品味的呢？透過享用神話語的盛筵。正如彼得所說的，他們培養了對屬靈真理如飢似渴的胃口。你是這三種類型裡面的哪一種呢？

上述這些學習者都各有讀經的目的，這領我們來到第三個詞彙：目的。聖經的目的是什麼？經文告訴我們：叫你們因此漸長。請注意，查經不只是要讓你知道。當然，如果不懂得神的話是無法成長的，但你卻也有可能知道很多卻毫無成長。聖經被寫下來並不是為了滿足你的好奇心，而是要幫助你變成基督的樣式；它不是要讓你變成一個更聰明的罪人，而是要使你更像救主；它不是要在你腦子裡裝滿一堆聖經的知識，而是要更新變化你的生命。

孩子成長階段時，我們在衣櫃門的後面貼了一張身高表。當他們還在長高的時候，總是拜託我們幫他們量身高，然後記錄在表上。長高多少並不重要，他們會為了看看自己有沒有變高而興奮地跳上跳下。

有一次，就在我幫女兒量好身高之後，她問我一個沒有人希望孩子會來問的問題：「爸爸，為什麼大人不會再長高？」

我該如何解釋大人其實並沒有停止生長，我們只是往不同的方向長。我不知道我究竟怎麼跟她說的，但直到今日，主還是會問我：韓君時，你變老了（growing old），還是成長了（growing up）？

那麼你呢？你成為基督徒多久了？九個月？七年或八年？三十九年？真正的問題在於，你到底成長了多少？你要貼上一張朝向神成長的測量表，記錄你的進展。這就是這段經文教導你我的事。

因此，研讀聖經的第一個理由就是，這是讓人屬靈生命成長的媒介，離開了神的話就不能成長。這是神主要的工具，來使你這個人得以發展。

查經是臻至成熟必要的條件

我們需要看的第二處經文是在希伯來書五章11～14節：

論到麥基洗德（基督），我們有好些話，並且難以解明，因為你們聽不進去。看你們學習的工夫，本該作師傅，誰知還得有人將神聖言小學的開端另教導你們，並且成了那必須吃奶、不能吃乾糧的人。凡只能吃奶的都不熟練仁義的道理，因為他是嬰孩；惟獨長大成人的才能吃乾糧，他們的心竅習練得通達，就能分辨好歹了。

這是一段關於查經的教導性經文。作者提到他有很多話要說，但卻「難以解明」。為什麼會這樣？是神啟示的困難度嗎？不，問題出

在學習者能接受的密度，他們有某種「學習障礙」。彼得說：「因為你們聽不進去」，意思是說學得太慢了。

這一段經文中的鑰字是時間。在你的聖經中把這個詞劃線。作者告訴讀者，隨著時間的流逝，你早該進大學了，但你卻得回幼稚園重新再學一次ㄅㄆㄇ才行，在你早該身為教師教導真理的時候，你卻還需要有人講給你聽。

事實上，他說你們還需要靈奶，而不是固體食物，固體食物是給成熟的人吃的。誰又是成熟的人呢？是去唸神學院的那些人嗎？是可以在神學對談中引經據典、駁倒任何人的人嗎？是知道最多聖經經節的人嗎？

不是的，作者說只要你訓練自己，透過持續使用聖經來分辨是非善惡，你就是成熟的人。屬靈成熟的標記並不是你懂多少聖經，而是你使用了多少。在屬靈國度裡，無知的相反不是知識，而是順服。

所以這就是查經有其必要性的第二個理由。聖經是發展屬靈成熟的神聖工具，沒有其他的方法了。

查經是屬靈生命獲致果效必要的條件

還有第三處經文，提摩太後書三章16～17節。喬治在第一課中提及了這處經文。

> 聖經都是神所默示的，於教訓、督責、使人歸正、教導人學義都是有益的，叫屬神的人得以完全，預備行各樣的善事。

「聖經都……」這句話，也包括「歷代志下」這卷書。有一次我講了這句話，結果觀眾席裡有個人說：「我連聖經裡有一卷『上』都不曉得耶！」

那麼申命記呢？你找得到在哪裡嗎？你是否曾透過申命記靈修？當耶穌在曠野受試探的時候（太四1～11），祂說了三次「經上記著

說」擊退魔鬼,那三次回答都是出自申命記。我經常在想,如果我的屬靈生命取決於我對申命記的了解,那我會怎麼做呢?

保羅說聖經都是有益的。但是對什麼有益呢?他提到四樣事情。首先,對教訓或是教導有助益;也就是說,它會組織你的思想。這是很重要的,因為如果你想得不正確,你就不能活得正確。你的信念會決定你的行為。

他也提到聖經對於督責是有益的。也就是說,它會告訴你哪裡已經超出界線。就像一個裁判喊著說:「出局!」或是「安全上壘!」,它告訴你什麼是罪。它告訴你神對你人生有何計畫。

第三,它對使人歸正是有助益的。你家是否有個櫥櫃,專門塞那些用不到又不知道放哪兒好的東西呢?你把東西全部塞進去,某天你無意間打開櫃子,結果,呼!東西全都掉出來了。你說:「好樣的,我最好把這些清乾淨。」聖經就像這樣,打開你生命的門,並且提供一股潔淨的動力,幫助你把罪清理乾淨,並學習順從神的旨意。

聖經的第四樣好處是,它有益於教導人學義。神使用它來教導你如何生活。在用負面的責備糾正你之後,祂在你一生中賜下正面的指導原則,好讓你可以遵循。

整體而言,這一切的目的是什麼?是為了讓你可以預備好去成就善工。你是否曾經說過:「我真希望我的人生可以為耶穌基督活得更有果效」?如果是這樣的話,你作了哪些預備功夫呢?查經是一種主要的方法,可以使你成為耶穌基督有用的僕人。

有一次我問一個生意人小組說:「如果說你做生意跟信主的時日一樣多,而你對自己的生意或專業的了解就跟你對基督教的了解一樣多的話,那會怎麼樣?」

有個人當場一吐為快:「我會被炒魷魚。」

我說:「這位先生,謝謝你這麼誠實。」

你知道他說得很對。神之所以無法更多地按照祂的心意使用你,很可能是因為你沒有準備好。也許你已經在教會裡五年、十年或甚至

二十年了，但是你卻從來沒有打開聖經，預備自己成為祂有用的器皿。你一直置身在神的話語之下，但卻沒有親自進入神的話語當中。

現在發球權在你手中。神想在二十一世紀跟你溝通，祂把祂的信息寫在一本書裡面。祂要求你研讀那本書，為著三個無法抗拒的理由：它是屬靈成長必要的條件；它是屬靈成熟必要的條件；它是必要的，能夠裝備你、訓練你，叫你在祂手中成為一個樂意被使用、乾淨、敏銳的器皿，以成就祂的旨意。

所以現在你真正要面對的問題是：你怎麼能夠不進入神的話語中呢？

聖經是我們可以信賴的嗎？

在現已故的小說家安‧蘭德（A. Rand）迷住一群耶魯大學的聽眾之後，有個記者問她說：「現代社會到底怎麼了？」

她毫不遲疑地回答：「這世界從來沒有這麼地急切想要尋求一些重要問題的答案，也從來沒有如此瘋狂地相信『根本沒有可能的答案』。若要引用聖經的話，現代人的態度就是：『父啊，赦免我們，因為我們所作的我們不知道，而且麻煩你不要告訴我們。』」

這個公認的不可知論者觀察力還真強。我們當中有許多人想從神那裡得到隻字片語，但卻不想看神的話。我們知道的知識多到可以寫一本聖經了(own a bible)，卻不足以讓聖經得著我們（own us）。我們只是口頭說要看聖經，卻不願把生命投注在其中。在這個世界裡，惟一的絕對就是根本沒有絕對。已經不剩什麼空間可以留給聖經中神所啟示的權威話語了。

問題在於，我們可以信賴聖經嗎？它值得相信嗎？它是可靠的嗎？在我們的時代中它是否對生命具有決定性價值呢？想一想聖經怎麼樣自我介紹。

聖經是一個整體

如果你曾經深入研讀過某一個複雜或富爭議性的主題，又想找到兩三個權威人士，他們對每一種及全部的論點趨於一致，你一定會感到挫折萬分，因為基本上這種事情還沒有發生過。

聖經是很明顯的對比。它的獨特之處在於它的各卷書協力組成一個統一性的整體。你知道吧，聖經不只是一本書，它是集六十六本書卷而成的一本書冊。這六十六份個別文件寫作的時間橫跨了一千六百多年，由四十多個人執筆寫作，作者的背

景殊異。

然而聖經卻是個單一的單位，並由一個主題結合起來，這主題就是神，以及祂與人類的關係；每一本書卷、部分、段落和章節都湊在一起，顯明神的真理。所以我才會說，要了解聖經，最好的方式就是，把它的每一卷跟整體關聯起來。

聖經就是神的啓示

聖經自稱是神啓示的真理。它使用「啓示」這詞彙，其實是指「揭開」的意思，就像是拉開幕簾，讓人家看到後面的東西。聖經中神已經啓示了某些事物，如果祂不加以啓示，沒有人能知道這些事。它揭開了絕對真實的事物，既非臆測、揣摩，也不是假設性的。它從頭到尾一致的真理，不會因爲這啓示的其他內容而受到否定、妥協或相互矛盾。

聖經是神所默示的

偉大的神學家華菲德（B. B. Warfield）說過：「聖經是神的話，所以，當聖經說話的時候，就是神在說話。」這是關於默示的良好描述。我們之所以稱呼聖經是神話語，是因爲那確實是神想向人溝通的字句。

當然，有些人無法相信這個概念，只因爲聖經是由人類作者執筆而寫。他們認爲就算聖經的話語真的是「默示」，也就只不過像是偉大藝術家「得到靈感」而產生出偉大的藝術來。

但是那並不是聖經所講的默示，還記得提摩太後書三章16～17節嗎？「聖經都是神所默示的」被翻譯成「默示」的詞語意思指的是「神所呼出的」。它傳達了神「呼出」聖經的想法。既然「呼吸」一詞也可以被翻譯成「靈」這個字，我們就可以很容易地看到聖靈在旁監看整個寫作過程的工作。

所以，人類作者扮演了什麼樣的角色呢？神超自然地使

用他們撰寫這些字句，但卻一點不需在成品的完美、完整性或純淨上因此有所妥協。這就是「雙重作者」的情況。正如萊利（C. Ryrie）所說的：「神監督著人類的作者，使他們使用各自的性格來表達，透過創作及不帶絲毫錯誤地記錄祂的啓示，寫成原稿的字句。」

彼得使用一幅絕妙的詞句圖像來形容這種安排，他寫道：「因為預言從來沒有出於人意的，乃是人被聖靈感動，說出神的話來。」（彼後 · 21）「感動」這個詞彙，跟用來形容一艘船在強風吹拂之下向前航行，是同一個詞彙。聖經的作者在寫作之際是受到引導的，可以隨著神的意思來寫作，並且生產出神所要他們生產的作品。毫無疑問他們的性格、寫作風格、觀點及特長，都反映在他們的文詞中。但他們的記載卻不只是人類的話語，而是神的話語。

你是否聽說過「耶穌計畫」？有一些學者懷疑四福音書記載耶穌話語的可靠性，於是每年一次開會討論那些經文。針對福音書裡每一句歸屬於基督所說的話，他們按照相對性的優勢去投票，決定耶穌是真的說過那些話，或者那是新約作者們刻意這麼寫下來，讓耶穌說那些話的。

這種投票會產生四種結果：那群人可以決定用「紅色」標示耶穌的某些話語，表示祂絕對有說過這些話。另一方面，學者們也可以用「黑色」來標示另一些話，只要他們相信祂絕對沒有說過這些話。中間地帶的則標示為「粉紅色」（耶穌很可能有這麼說過，但他們存有某些疑問），以及「灰色」（耶穌很可能並沒有這麼說，但有可能祂這麼說過。）

這種練習的目的何在？一位發言人說，那一群人只是想加強大家的信心，讓他們知道什麼是值得信賴的，什麼不是。

我不知道這樣的計畫對你產生什麼樣的震撼，但對我似乎是很荒唐的，更別說它有多麼危險。

在事實發生了兩千年後，這個由懷疑者所組成的委員會，怎麼有足夠的資格對聖經的權威作出判斷？我猜他們秉持的標準是「由共識產生的默示」。

我寧願選擇聖靈的默示。聖經的經文不是人類想像出來的，而是一種超自然的產物，是神本身的話語。

聖經是無謬誤的

為了要成為權威，聖經必須是真實的，也就是說，是沒有錯誤的。正如某些人所特別提出：「如果聖經不是全部無誤，就是完全錯誤。」（Either the Bible is without error in all, or it is not without error at all.）沒有中間地帶。一本「部分無誤」的聖經就是一本有錯誤的聖經。

「無謬誤」指的是沒有錯誤，原著作裡面完全沒有錯誤或謬誤，不論在哪方面都是沒有任何失誤。對我們這一代來說是很難接受的概念。我們有相對主義者的傾向，對我們來說，沒有一件事是絕對正確；除此之外，我們的文化要我們相信，現代的科學已經把聖經遠遠地拋在後面。

但事實上聖經已經通過純科學的考驗。實際上，有鑑於最近的發展和發現，現今許多最傑出、最有學識的科學家正在「第三度」檢視聖經。

相信一本無誤的聖經並不代表對聖經的每句話，我們都死板、僵硬地以它字面上所寫的樣子去看待。我們即將明白，聖經往往是用象徵性的語言來說話。除此之外，我們也接受聖經多年來在轉換成不同版本的過程中，確實會產生錯誤。（雖然實在幾乎找不到，這十分令人意外。）

儘管如此，聖經可以為自身的無誤作見證，最有能力的見證人就是耶穌基督自己。馬太福音四章1～11節中，祂強調聖經寫下的字句都是可信的，不只是字句所包含的概念可信而

已。馬太福音五章17～18節中，祂進一步說明，聖經經文絕對可以信賴，連每個字和一筆一畫都是。

今天某些權威人士質疑福音書中耶穌所引用的舊約經文，然而，卻沒有一點痕跡顯示祂把這些舊約經文看爲不準確、不可靠及不眞實。（在馬太福音裡的記載，請參考八4，十15，十二17、40，十九3～5，以及二十四38～39）。

無誤的意思就是，我們所擁有的這本聖經最原始的版本完全值得信靠、完全可靠、也是完全沒有錯誤的。當我們研讀它的時候，可以很熱切地預料到一些重要問題的答案。

第 *3* 課

這本書能幫什麼忙？

到這個時候，我希望你已經充分相信，親身參與查經有其必要性，也有其價值。我跟隨基督已經七十多年，我可以保證，讀神的話與我身為基督徒的經歷關係重大。

那也能為你帶來同樣的效果，會對你的生命產生革命性的影響。正如我們在上一課所看的，這是屬靈成長、臻至成熟和獲致果效的關鍵。

但是請你注意，有效的查經還必須用對方法。如果要教一個小孩子游泳，你不會直接把他丟進泳池深水處，然後對他說：「好了，開始游吧！」

不會的，一開始你會慢慢教，先告訴他要怎麼漂，如何憋氣，如何用腳打水，以及如何游狗爬式。你會給他一些指導，教他游泳的步驟，然後他就慢慢學會必要的技巧。

學習查經也是同樣的情況。因此，在這一課和下一課中，我要跟各位介紹靠近神話語的方法。

我所指的「方法」，是一種策略、一種出擊計畫，會為你所投資的時間和力氣帶出最豐碩的成果。如果缺乏方法，你很快就會充滿挫折感，正如第一課裡的溫蒂所遇見的一樣。甚至，你也可能在解釋和

應用的部分太過莽撞衝動，你若記得的話，這是東尼吃過的苦頭。

從這本書裡你能得到甚麼

這本書介紹一個很棒的方法，我想先告訴你，使用這個方法要付出甚麼代價，又會有甚麼好處。首先，我先來談談好處。基於我用這分材料授課已有五十年之久，我想你會發現用這個方法至少有四個主要的好處。

1. 你會找到一種簡單、好用的步驟

在第一課裡我們看到一般人不讀經的主要原因之一，就是覺得那太困難。「我沒受過訓練，」他們這麼說：「我又不懂希臘文和希伯來文。我只是個平信徒，我不夠聰明。」有各式各樣的理由，但真正的事實是，他們把查經弄得太困難。

這本書中所提到的步驟，可以給任何人使用。不論你的教育程度或屬靈成熟度有多高；不在乎你才信耶穌五個禮拜還是五十年，原則都是不變的。只要你能閱讀，你就能讀聖經。我並不是說你若懂原文或受過額外訓練，並沒有比別人多佔優勢，但就我們今天所擁有的資源而言，沒有那些訓練並不會讓你嚴重落後。

還有另外一種好處，那就是隨著學習者的能力增強，這個步驟也會隨之擴充。換句話說，當你對聖經上的知識和洞察有所增長時，這個步驟會跟著一起向前進，絕不會讓你覺得成長到不再適用。過了這麼多年，我還是在使用這個步驟。當然，我在不同的層面已更加專精了，而且有許多事情比剛開始的時候做得更好，但基本的方式仍然不變，就像因著工匠技巧的精進，他的工具也增加了實用性。

2. 你會在掌握經文的能力上獲得由自信心來的價值感

親自熟悉聖經的那種自我確信感，是其他事物難以比擬的，它給你信心去自行思考。大多數的人都不會思考，只是舊調重彈，但當你

知道聖經說了什麼，在哪裡說了什麼，那些話有什麼意思，這可就完全不同了。當你個人擁有這種理解屬靈眞理的能力時，就不受制於公眾意見的束縛。

不只如此，第一手的查經使你可以評估他人的想法，假設我因對某個特別的經文段落有疑問，想要找出到底是什麼意義，而去找解經書。我讀過Ａ解經書之後，得到一種答案，多麼令人感到興奮啊！但接著我決定比較Ｂ解經書的看法，卻發現兩本書正好意見相左。那現在該怎麼辦？之前我很困惑，現在則是更困惑了。我要接受Ａ書的說法，還是要接受Ｂ書的說法呢？因此我決定再讀另外一本，然後我眞的碰到大麻煩了，第三本解經書在某些方面同意前一本，但其他方面則不；此外，它完全不同意後一本。我不禁疑惑不已，該怎麼辦呢？難道就丟個硬幣決定接受哪一種說法嗎？

聖經經文爲這些解經書帶來如此之多的亮光，眞令人感到驚異啊！如果我有種好方法可以幫助我研讀並了解經文在說些什麼，那麼我去閱讀某篇文章或某本解經書時，就有了評估的基礎。

3.你會經驗到個人探索的喜樂

我可以向你保證，親自查考聖經的喜樂是無與倫比的。能夠自己探索神在祂話語中所顯明的啓示，將會使你興奮地飛上雲霄！然而多數的人都不會因眞理而興奮，倒比較會被弄得死氣沉沉。

我曾經爲一群專業人士上一門課。我永遠不會忘記那個班上有一個當醫師的學生，他在課堂結束前拿著聖經說：「韓君時，讓我告訴你我在這段經文中所發現的。」他熱心得無法自抑。

你知道他說什麼嗎？「我敢說加爾文沒看出來⋯⋯馬丁路德沒聽說過這個想法，」雖然他從來沒說出來，但我猜他心裡肯定也這麼想：「韓君時，我敢說連你都沒看到這一點。」

有一天在教會停車場我遇到他太太，她說：「你到底對我先生做了什麼？」

聖經——六十六卷書

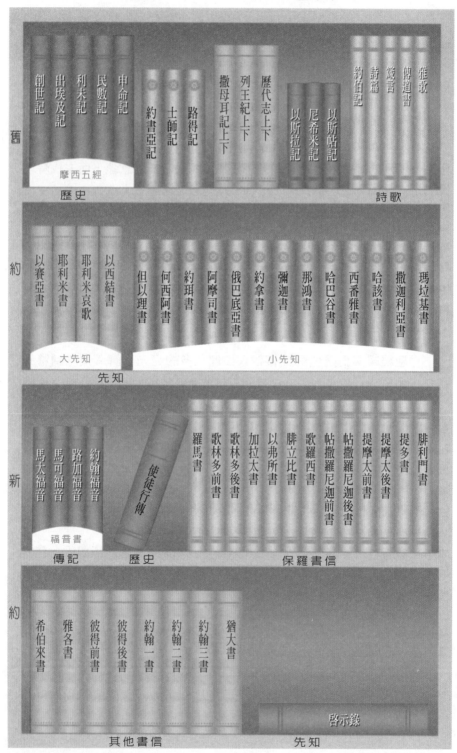

舊約

創世記
出埃及記
利未記
民數記
申命記

摩西五經

歷史

約書亞記
士師記
路得記
撒母耳記上下
列王紀上下
歷代志上下
以斯拉記
尼希米記
以斯帖記

約伯記
詩篇
箴言
傳道書
雅歌

詩歌

先知

以賽亞書
耶利米書
耶利米哀歌
以西結書
但以理書

大先知

何西阿書
約珥書
阿摩司書
俄巴底亞書
約拿書
彌迦書
那鴻書
哈巴谷書
西番雅書
哈該書
撒迦利亞書
瑪拉基書

小先知

新約

馬太福音
馬可福音
路加福音
約翰福音

福音書

傳記

使徒行傳

歷史

羅馬書
哥林多前書
哥林多後書
加拉太書
以弗所書
腓立比書
歌羅西書
帖撒羅尼迦前書
帖撒羅尼迦後書
提摩太前書
提摩太後書
提多書
腓利門書

保羅書信

約

希伯來書
雅各書
彼得前書
彼得後書
約翰一書
約翰二書
約翰三書
猶大書

其他書信

啓示錄

先知

「爲什麼這樣問，怎麼了嗎？」我問道。

她說：「我還得在晚上定鬧鐘叫他上床睡覺。他讀經讀到不想停下來。」

這可是新鮮事！但這是因爲他在神的話語裡有新的發現。當你開始進入這本書裡所介紹的步驟，我希望你也會染上這種病。

4. 你會加深與神的關係

第一手查經最終極的益處就是你會愛上那位作者。你知道吧，人很難藉著代理人去愛上誰。講章、書籍、解經書……，這些都可能成爲屬靈生命成長的良好資源，但你所獲得的都是二手的。如果你想要直接認識神，就需要直接遇見神的話。

但當你一不留心，就連查經本身也有可能成爲查經的目的。今天的信徒所遇見的一個大問題，就是我們往往比較知道關於聖經的事，而比較不認識聖經裡的神。但我的聖經告訴我：「神爲愛祂的人所預備的，是眼睛未曾看見，耳朵未曾聽見，人心也未曾想到的。」（林前二9）

神爲你準備了難以置信的事物，聖經是祂賞賜時的指定工具。

代價

但還是有代價需要付出；神的豐盛是免費的，但卻並不廉價。查經時你需要達到幾項要求，我先提出其中三個。

向研讀敞開

聖經不會爲懶惰的人結出果子來，正如人生其他的訓練一樣，查經是依據你付出多少心力而產生回報。投資愈多，獎賞就愈多。

很顯然地，查經得花時間，這就是第一課中的家庭主婦玲達所遇見的困擾。但如果你進行的查經能結出果實，以至於因此有了從前不知道的、興奮的發現，只要整個查經過程對你的人生眞有所影響，很

有可能你就會撥出時間來。如果不查經，你總會有別的事可以做。我希望這本書能幫助你使用可以有所收穫的方式查經，以至於你為了得到其中的益處，甘願付上時間的代價。

向神敞開

正如我稍早之前說的，查經最終極的目標就是要認識神。問題在於：你是否想要親密地認識祂？這是你所追求的嗎？如果真是如此，祂應許會獎賞你，因你研讀神話語時十分勤奮。

例如：詩篇一篇 2 節所講的，那個想要因神而「有福」的人：「惟喜愛耶和華的律法，晝夜思想……。」人人都想要神的賜福，但是否真的「喜愛」祂的話語，使它無論「晝夜」都成為心中的焦點呢？

向改變敞開

聖經被寫下來，不是為了要被人研究，而是要改變我們的生命。我們所追求的是「生命改變」這個結果，屬靈的成長是委身於改變，然而人心最抗拒的就是改變。羅馬書八章 29 節說，神定意要使你效法耶穌基督的模樣；換句話說，就是要使你更像基督。如果這是真的，你認為自己能接受多少改變呢？你能向改變敞開嗎？你是否願意容許神用祂的真理去攻克你的品格及行為？

怎麼開始？

我們將要開始查經的步驟，在下一課中我會概述查經的方法。但在還沒開始之前，我先提出兩個建議給大家。

首先，設定一些目標。你希望在這個過程中得到什麼？你人生中有什麼必須得到滿足的需要？有沒有需要得著醫治、培養或扭轉的人際關係？有沒有需要改變或強化的態度？有沒有需要破除或者建立的習慣？這類的問題可以幫助你設定目標，引導你進行查經。

其次，調整你的期待，持務實的心態。你可能感覺自己像隻狩獵中的老虎，全身顫抖、滿心期待，等不及要開始了。這真是太好了！但要記得，你不會在一夜之間就馬上熟練整個步驟。技巧純熟需要時間。或者相反的，你可能感覺自己像隻永遠無法抵達終點的烏龜，你覺得太困難了。這種情況時要堅持下去。查經最要緊的並不是速度而是方向，最重要的不是你走了多遠，而是你是否堅持下去，繼續前進。勤勉就是關鍵。

準備好要開始了嗎？那麼就與我一同打開下一課，我們開始來探究第一手查經的全貌吧！

如何選擇聖經？

要自行查考神的話語，最重要的工具就是一本研讀本聖經。如果你還沒買，趕快去買一本。這個投資是很有價值的。使用那本聖經開始應用這本書中提到的原則。

市面上有很多絕佳的聖經，有些本身就取名為「研讀本聖經」，例如《萊利研讀本聖經》（*Ryrie Study Bible*）。我剛信主時，有人給了我一本《司可福參考聖經》（*Scofield Reference Bible*），事實上，它就是我在第一課裡面提到，在糊貼頁上有人幫我題了這句話的那本聖經：「這本書會使你遠離罪惡，或者，罪惡將使你遠離這本書。」

然而，當我提及一本研讀本聖經時，我想到的是一本具有以下理想特質的聖經：

字體大

方便是我們這個文化的口頭禪，那些小字體聖經是為了縮小聖經，且方便攜帶而存在的。但小字體聖經幾乎不可能適合用來查經，它不只會讓眼睛不舒服，也很難在聖經字裡行間作任何筆記。你要選擇的版本是字體夠大，適合閱讀及容易做標記。

空白處多

如果可以找到空白處比較多的聖經最好，這樣一來，就有很多地方可以記錄你作的觀察和新洞見了。

裡面沒有任何註解

當你研讀神的話語時，你希望不帶任何偏見地著手查經，裡面不要有任何額外的評論，來奪去你的注意力。最理想的狀

況是只有聖經經文的那種聖經。

沒有副標

這是件小事，但一本理想的研讀本聖經只需要標示章節，不需要在段落前面加註某些聖經編輯所下的標題，例如：「主禱文」及「大使命」。這類的標題用來尋找某節經文的位置很適合，但卻容易誤導讀者。

串珠

在比較各處的經文時會相當有幫助。

紙張品質及裝訂

如果你採用我在本書中建議的查經方法，你會用你的聖經用得很兇。你得從某個段落翻到另一個段落，在空白處寫字，使用後面的地圖，在聖經和次要的資料來源當中來來回回地查考。所以你會需要一個耐用的版本，也就是紙張品質好、裝訂不會脫頁的。問書房裡知道書籍製造流程的人，請他解釋你想買的那本聖經是怎麼製造生產的。

後面附有彙編

所謂的彙編會列出聖經經文中某些辭彙，後面標明哪幾卷書裡會出現這些辭彙；在第三十四和三十五課裡我會再多談一點關於彙編的事情。在聖經最後面附有簡短的彙編會十分方便。

地圖

如果要認真地查經，你需要一本地圖集，這稍後我還會多加描述。但在你的研讀本聖經最後面如果有地圖的話，想快速

地查閱就很方便。當你要思想聖經中的事件在哪裡發生時，地圖是不可或缺的。

確定你買到的是一本完整的聖經，新舊約都有。如果你只使用新約的話，就不能去看幫助你更了解某段新約經文的舊約經文；你也會容易變成「只讀一約」的基督徒。要記住，新舊約都是神的話語，都是神所默示。新舊約共六十六卷書，都是對我們有益的（提後三16）。在希伯來書四章12節中，作者稱聖經是兩刃的劍，但有人卻只拿一小本口袋型聖經就想查經，這有點像是把劍縮小成一把削鉛筆刀。

除非你剛好懂希臘文或希伯來文，否則當然你很可能想要從翻譯成英文版的聖經查起。英文版聖經有十幾種，各種版本都有其優缺點，而且是為了不同目的而編著。我大半人生都使用《新美國標準聖經》（*New American Standard Bible* [NASB]）。這個版本很準確，不過有時候讀起來有點生硬，但很好用。

另外一些當代的譯本還有《新國際版》（*New International Version* [NIV]）、《新英皇欽定本》（*New King James* [NKJV]）、以及《新普及譯本》（*New Living Translation* [NLT]）。這些都是真正的翻譯本，相對於《佳音聖經》（*Good News Bible*）、《腓力斯現代英語新約》（Philip's *New Testament in Modern English*）或《信息版》（*The Message*）這種重新編寫的譯本。不論你選的是哪一種譯本，確定你找到的是一本適合研讀的好聖經，如同上面所說的一樣。

最後，不要猶疑，儘管在上面寫筆記。有人對我說：「我可不想把聖經寫得亂七八糟咧！」我的意見是，儘管寫吧！即便你覺得寫東西看起來會很亂！到處都可以寫。如果你讀經夠勤快的話，你該每兩三年就看完一遍聖經，然後可以再換一本。回頭去看用過的舊聖經，看看自己的屬靈生活有多少進步，是

很棒的事。

第 *4* 課

查經步驟概述

好多年前，內人吉茵和我去西海岸度假。同行的還有本書的共同作者，我們的兒子比爾，那時他剛從大學畢業。在那裡的朋友有一架飛機，有天他問我們想不想一起開飛機去聖塔卡塔莉娜島（Santa Catalina Island）玩，就在離海岸不遠處。我們接受了邀約，隔天一早就駕著飛機在跑道上轟隆隆地滑行，直奔雲霄，飛翔在橘郡上空。

在太平洋上方穩住平飛之後，朋友就轉向比爾，對這個坐在副駕駛位子上的乘客大聲喊著說：「你想不想試飛一下？」飛機引擎聲呼嘯著，幾乎快蓋過他說話的聲音。

比爾一向富有冒險精神，回答說：「當然好啊！」他這輩子還沒開過飛機，不過，這有什麼差別嗎？

朋友簡單地教他飛行的技巧。你可以說這有點像是一堂「墜機課程」。接著他把駕駛桿交給比爾，這下比爾開始主控這架飛機了。直直地往前飛的時候，一切都十分順利，但兩分鐘過後，朋友大聲對他喊：「你何不試一下轉彎？」

比爾往左側傾斜，突然間我覺得有點頭暈。過了一下子，朋友說：「好，現在試看看另一邊吧！」飛機於是就向右偏斜過去。這時

候我和吉茵都覺得頭很暈。當我們看到朋友終於把手放在駕駛桿上的時候，鬆了一口氣。他先讓整架飛機平穩下來，然後才又由他繼續駕駛。

「還不錯啊，」他對比爾喊著說，這時候比爾露出像是飛行員般驕傲的微笑：「我們大約只下降了一千英尺的高度。」

很明顯地，學習開飛機要比單把控制桿交給某人，然後對他說：「好好玩吧！」來得複雜多了。開飛機的技術需要花費好幾年才能學得完全。這不僅是一種飛行體驗，掌握的還是生死攸關的事。

查考神的話語也是一樣。正確查經的步驟不是一朝一夕就能學好，然而，當我們告訴初跟隨基督的人要查經的時候，我們卻想要他們一步登天。我們把一本聖經交給他們，然後就期待他們會自己查經，難怪有那麼多人深感挫折，最後只好放棄。

在本課中，我要概述一下查經的步驟。第一，我要下定義，查經時，我們所使用的是怎樣的一種「方法」。其次，我會指出，這方法要領我們走入怎樣的一幅圖畫，以及至終你會遇到的局面。

對付混亂有妙招

我們先下定義。我用三句話來給查經法下定義。第一句，**方法**也就是「遵循步驟」（methodicalness）的意思。也就是說，它包括了使用特定的步驟，在特定的次序中，保證產生特定的結果。查經不只是隨意的步驟、隨意的次序，以及隨便的結果。

結果可以決定一切；有方法的查經會產生什麼樣的成果呢？你所追求的是什麼？一直以來我都在說，個人查經有其非常特別的目標，亦即，要改變生命。

因此，你要如何達到這個目標呢？什麼樣的過程才能達到那種結果呢？我要提供給你一個三步驟的方法，保證你能達成改變生命的目標——這三個必要步驟，是以特定的次序來實行。

1. 觀察

在這個步驟當中，你提問並回答：**我看到了什麼？**當你一接觸到聖經，就問自己：我看到哪些事實？你扮演了聖經偵探的角色，尋找各樣的線索，沒有一處細節是太過瑣碎的。這個步驟把我們導向第二個步驟。

2. 解釋

在這個步驟中你提問並回答：**這是什麼意思？**你最核心的追求是尋求經文的意思。很不幸的是，有太多查經一開始就急著作解釋；此外，解釋完之後就沒有別的事可以做了。但我要告訴各位，查經不應該從解釋開始，在你理解某樣東西之前，你得先學會看，而且，查經也不應該結束於解釋，因為第三個步驟是⋯⋯

3. 應用

在這個步驟中你提問並回答：**這個道理如何應用？**注意，問題不是「它可能應用得出來嗎？」。很多人說他們要讓聖經變得「攸關生活」，但如果聖經不是已經與一切攸關，你我所做的將毫無益處。聖經攸關一切，因為它由神所默示。聖經帶人回到實際生活，那些讀了又留心的人，會改變自己的人生。

需要使用第一手的知識

所以，方法就是遵行步驟。但容我在這定義上再加上第二句話：**方法是遵行步驟，使你產生一種能夠理解及再生的眼光。**

你是否想影響社會呢？首先，讓聖經先影響你。這裡要提到精子和卵子的類比。單屬於男性的精子或單屬於女性的卵子都不能生育，惟有在精子碰撞了卵子，並且被接納之後，才能受孕及繁殖。

在屬靈的國度也是一樣。當神的話語和一個願意接受、順服的個體結合在一起的時候，注意了，這樣的結合可以轉化整個社會。這也

就是個人查經起初設計的目的，就是要更新變化你的人生，並且因此轉化你的世界。

再加上第三句話，使我們所作的定義給說得更完整：**方法是遵行步驟，透過跟神的話語有第一手的接觸，使你產生一種能夠理解及再生的眼光。**

我再次強調，長時間親自接觸聖經，是其他事物難以匹敵的。這麼做至關重要；如果不這樣，你就永遠無法直接與神要說的產生關係。你只得一直倚靠中間人。想像一下：如果你也是這樣跟配偶互動的話，婚姻可以維持多久呢？跟神的關係也是一樣的，親身接觸神的話是沒有任何事物可以取代的。

先從觀察開始

現在你既然知道要達到什麼目標，讓我們更仔細來看看要如何達成——回到步驟本身。請你回想一下，第一步是觀察，在這裡你要提問並回答：「我看到了什麼？」。在觀察中，你要尋找四樣事物：

1. 詞彙

詞彙不只是一個字詞，它代表的是一個關鍵詞，在作者的表達中極為重要，因為它解開、透露出意義。例如：在約翰福音裡，信（believe）這個詞彙出現的次數有七十九次之多，全部都以英文動詞而非名詞的形式出現。去作一些查考，你會發現，約翰十分刻意地在使用信這個字，這個詞彙透露出他話語的意義。

同樣的原則可以應用在聖經中的每卷書裡面。每卷書都充滿了詞彙，你要學會辨認詞彙，貼近注意它們，因為那是你用以建構經文意義的基石。

2. 結構

與普遍的意見相反，聖經並非由隨機抽取的說法和故事集合而

成，它不是漫無目的、雜亂無章的拼湊。聖經是一套圖書館藏書，且是極其謹慎組合而成的書卷；對刻意去找的人來說，它展示了兩種基本的結構。

第一，聖經有**文法結構**。我幾乎可以聽見有人在哀嚎：「我們一定要講那個嗎？國中一年級我就已經放棄了。」但如果你想學習如何有效地查考聖經，你就必須在一邊研讀時，一邊將文法銘記在心。這個句子的主詞是什麼？受詞是什麼？主要的動詞是什麼？你愈明白文法，就愈可以從經文段落中得到收穫。

同時，聖經也有**文學結構**。有問題也有答案，有漸進的層次也有最後解答，有原因也有結果，還有許多其他的結構。之後我會介紹各書卷作者用來建構作品的不同方式。

3. 文學型式

很多人讀聖經時忽略了體裁，這令我十分吃驚。

詩篇的希伯來詩歌體，和保羅書信嚴密辯證的書信體，這兩者間存在著極大的差異；創世記和出埃及記波瀾壯闊、橫掃遍地的敘事體，與新約比喻簡單、尖銳的故事之間，也有著極大的差異。聖經裡有寓言、愛情詩、諷刺文章、啟示預言、喜劇及悲劇，還有更多不同的體裁。聖經使用每一種形式去傳達祂的信息，所以如果你想要了解那個信息，你就必須按照適當的「規則」去讀。在後面幾課中我會教你們怎麼做。

4. 氛圍

要找出文字的氛圍，這包括從聖經上下文中看出背景及感覺。站在作者的立場會是什麼感覺？例如，保羅說：「你們要靠主常常喜樂。我再說，你們要喜樂。」（腓四4）聽起來很不錯。但他人當時在哪裡呢？他在麗池卡登（Ritz-Carlton）大飯店裡嗎？不是的，他其實是被關在臭氣沖天的羅馬監獄裡。坐在牢裡的生活可是截然不同。

你會希望把自己的感官也轉換、融入這段經文中。如果聖經提到夕陽，就想像你看著它；如果聖經裡提到臭味，就聞一聞；如果發生了苦悶中的吶喊，就去感覺。你是否在研讀以弗所書呢？那麼就加入以弗所教會，聽保羅談話，那時他正跪下禱告（弗三14～21）。這是訓練想像力的時間，不只是訓練腦力。所以，不需透過專業訓練才能重新捕捉到聖經經文的氛圍。

接著進入解釋

觀察之後就是第二個步驟：解釋。在這個步驟裡你要提問並回答：這是什麼意思？請記得，你最主要的任務是要「找出意思」。我要提供三個建議，幫助你知道聖經經節的意思。

1.問題

如果想了解一段聖經經文，你就必須來一番問題大轟炸。聖經從來不會因為有人問它問題而感到不好意思，但這並不代表它會回答所有的問題，不過你還是需要問這些問題，以確定是否可以得到解答。稍後我會給一系列的問題，好讓你可以拋向經文，幫助你找出經文的意思。

2.回答

顯然地，如果你去問問題，你也需要去找答案。你要去哪裡找呢？在經文當中找，藉由觀察你可以奠定基石，在那個基礎之上，你可以建造出一段經文的意思。問題的答案會直接從觀察過程中出現。

所以我才說，用愈多觀察的時間，解釋的時間就愈少，得到的結果就愈正確。用愈少時間觀察，就需要花愈多時間作解釋，你得到的結果就愈不正確。

3.整合

　　你不只必須問經文的問題，不只必須要尋找答案，最後還必須把答案放在一起，變成一個有意義的整體。否則，到最後只會得到一大堆零碎的資訊。

　　有一次我受邀至某間教會演講。「隨便你想講什麼道都可以，」他們這樣告訴我：「除了以弗所書之外。」

　　這個要求似乎挺怪異的，直到他們跟我解釋了原因：「我們牧師已經花了三年的時間講以弗所書，現在只講到第二章而已。」

　　後來我跟其中一些會友吃午餐，我問他們：「以弗所書的主題是什麼？」

　　沒有人搞得清楚；他們聽到了各式各樣的小細節，但牧師卻從來沒有把所有的資料組成一個有意義的整體。結果就是：儘管教導了三年，他的會友一直都沒有挖掘到以弗所書的意義。

　　整合就是在你拆解經文、觀察細節之後，一個建構意義的階段。

研讀、記錄、反思

你是否想要在查經時得著更多收穫？有三個習慣你可以培養，能夠幫助你增加生產力。每一次打開聖經時都要使用這些方法。

研讀　這似乎是多說的。然而有太多的「讀者」卻不過是在瀏覽聖經。他們翻聖經就像看電視，一直拿遙控器在轉台，四處尋找引起他們興趣的東西。聖經的道不適合用這種方式來看。讀聖經需要有意識、專心的投入。所以你要一次又一次地研讀聖經各處經文。越多次讀，就會愈來愈清楚。記得要看本書的第八至十七課，我在裡面列出了最優等閱讀的讀經

所需的十大策略。

記錄　換句話說，要記筆記。記下你在經文中看到的東西，把你自己看到的新想法和疑問記下來。不知道有多少次某人對我說：「教授，我記的筆記不是很好。」然而，事實上，沒有根基就無法在上面建造什麼。所以，就以你的現況作為原點出發，甚至是從最基礎的事物開始，每個人都是從同一個地方開始的。但千萬一定要把它們記下來。使用筆記本來記錄你所看見的東西。用你自己的話，來摘錄你的觀察和新想法。這麼做會幫助你記得你所發現的事物，並且加以使用。

反思　也就是花些時間思考你所看到的東西。問你自己這個問題：這段經文裡發生了什麼事？它在告訴我哪些關於神的事？關於我的事？根據我在這裡所讀到的東西，我需要作什麼？待會我們會看到，反省或作默想，對理解及應用神的話語是至關重要的。

繼續進入應用

　　觀察和解釋引導我們進入整個步驟中關鍵性的第三步：應用。在應用的時候，你要提問並回答：這如何起作用？再次提醒：不是要問：「它有用嗎？」，而是問「它要如何應用？」有兩個層面要考慮。

1.這在我身上如何起作用？

　　這很可能是個非常容易落入定他人罪的問題。正如第一課裡面的成人主日學老師喬治對我們說的，很容易一讀聖經就會說：「哇！這正是我的學生需要的！喔，我等不及要教到那裡，把這告訴他們。」但如果我們有這種思考方式，就可能會忽略更個人的問題：這對我說

了什麼？這對我的人生起了什麼作用？因為如果它沒有在我的生活中運作，那麼我又憑什麼可以跟其他人分享呢？我會缺乏可信度。

2.這在別人身上如何起作用？

當然，聖經對其他人有它的含義，當我們問：這會如何改變他們的人生時，這問題也是合宜的。這會如何影響他們的婚姻和家庭？如果他們還是學生的話，這會如何影響他們的學校生活？如果他們已經開始上班了，又會如何影響他們的職業？我該如何有效地與他人溝通聖經真理？我會指出應用聖經去影響別人的一些方法。

總是要把握全貌

以上是我們要去的目的地，和我們如何到達的簡要說明。每次你看到神話語的一個部分，要用這幅大圖畫來探索它：

觀察：我看到了什麼？
解釋：這是什麼意思？
應用：這如何起作用？

這就是目的地。讓我們一起展開這趟令人興奮的旅程吧！

找到周遊聖經的路徑

你是否曾經在傳道人或聖經老師叫你翻到聖經幾章幾節時，覺得茫然失措？或許他們要你翻到聽起來很怪異的舊約書卷，例如那鴻書、西番雅書，或是哈該書。你翻找一陣子，試著表現出你知道那一卷書在哪裡的樣子，最後你只得翻到目次查閱。等到你終於找到講員說的段落，講員早已經唸完經文開始講別的了，這時你又開始茫然失措。

不知道該怎麼找經文是很挫折的事，這就像是手上沒有地圖，卻在鄉間小路上繞圈子。有兩種方法可以克服這個問題。

背誦聖經書卷名

這沒有你想像得那麼難，請看第38頁上列出來的分類過的六十六卷書。用分組的方式來記憶會比較簡單，只要兩週的時間，你就能做得到。

學會使用聖經經節索引

聖經經節索引就像是地址一樣，告訴你某一節「住」在聖經的哪裡。這比頁碼還好用，因爲聖經的不同版本把同一節經文編排在不同頁數上。

容我舉例說明，看一下約八32。讀起來是約翰福音八章32節。「約翰福音」是書卷的名字，是新約中約翰寫的福音書；「八」指的是那卷書的第八章；「32」是節數。這就是它完整的含義。

或者想一下林前四2，讀起來是哥林多前書四章2節。書卷名是哥林多前書，「四」是章次，「2」是節數。

偶爾你可能會看到一種經節索引，例如John viii. 32或St. John viii. 32（約翰福音八章32節），使用羅馬數字來標示章次，

然後用點而不是冒號來區分章與節。那是比較古老的經節索引法，特別會出現在歐洲出版的書籍當中。但是整個系統都是一樣的。（編按：此指英文參考書中的用法）

在處理多節經文索引時，你會看到一個連字號放在第一個節數和最後一個節數中間。約八32～42代表這段經文是約翰福音八章32節到42節。如果只有講到兩節經文，作者就會用頓號來分隔，好比約八32、42。他也可能會用頓號而不是連字號來區隔兩個連續的節數，例如約八32、33。

聖經索引也可能會標示出一段經文，是橫跨過兩章或更多章次的。如果你看到約八32～九12，這表示這段經文從約翰福音八章32節開始，要繼續看到約翰福音九章12節。如果標出的經文索引是一整章，沒有必要指出節數的話，你可能會看到類似約八～九這樣的標示法。

然而，假如當時的索引指的是內容只有一章的書卷，例如俄巴底亞書、腓利門書或猶大書的話，就只會寫出書卷的名字和節數。例如門21，這指的是腓利門書21節。

有時候某個作者可能想要指出一節的某一部分，而不是一整節。在這種情況下，或許就使用英文字母小寫的a或b（如果那一節很長，有時候甚至會用到c），以明確指出經節所在。例如羅十二1a就指的是羅馬書十二章1節的前半段；以賽亞書四十8b，指的就是那一節的後半段。

同時提及多處不同的經文出處又怎麼標示呢？各種不同的慣例都有，但一致的規則是用聖經書卷前後次序去標明一連串的出處。書卷與書卷中間用分號來區隔，同一本書卷不同章之間只標一次書卷名，中間用逗號區隔，節與節之間則以頓號作區隔。例如：創三17～19；詩八3～8；傳三12、13，五18；弗四28，六5～9；以及西三22～四1。

最後要提醒一件事（編按：在英文聖經中）：當我們講到

詩篇（Psalms）中某一篇的出處時，通常會使用單數的「詩篇」（Psalm），例：Psalm 23，而不是Psalms 23。詩篇這卷書是眾詩章（複數）的集合體；其中每一篇詩都是一首詩章（單數）。

第一步驟／觀察

我看到了什麼？

讓聖經向你說話

第 *5* 課

觀察的價值

查經的第一步驟就是觀察。在這一步裡，我們提問並回答：我看到了什麼？當詩人禱告的時候：「求祢開我的眼睛，使我看出祢律法中的奇妙。」（詩一一九18），他是在為得著觀察的能力而禱告。他是在懇求神的靈把覆蓋在他眼睛上面的繃帶除去，以至於他可以看得見，並能洞察神啓示的眞理。

什麼是讓一個人比另一個人學習聖經學得更好的關鍵呢？那就是誰觀察得多。就是這樣。對這兩個人來說，經文裡的同一個眞理都是垂手所得，而兩人之間惟一的差異是，能否在字裏行間看出苗頭。

你是否曾參加過查經聚會，或是聽過教會講道，雖然引用的經節是已經讀過或查過（或許還親自教過），但在會後仍不禁覺得奇怪：「我們讀的是同一段經文嗎？」你不得不這麼問：「那個人爲什麼能看出我看不出來的？爲什麼可以從這段經文看出這麼多東西？」

介於你和另一個人之間的差異，在於偵探福爾摩斯很喜歡說的一句話：「你看到了，卻沒有去觀察。」（You see, but you do not *observe.*）

觀察需要經過培養的過程。十九世紀出身哈佛的著名自然學家阿加西（L. Agassiz）有一次被問到：「在科學方面你最偉大的貢獻是什

麼？」

他的回答是：「我教會許多人如何觀察。」

此外，他使用一套引人入勝的步驟教學。他會把一隻臭氣沖天的魚放在解剖用的盤子上，然後拿到大一新鮮人的鼻子下方，下達命令：「請觀察這個樣本，然後把你看到的一切都記下來。」

學生一開始通常都會滿懷熱忱地著手進行，記下二十或三十件事情。在此時，他會暫時離開，隔天再出現。一回來他會問：「你們進行得如何啦？」

「喔，我看到了三十七樣東西。」學生很得意地吹噓。

「太好了，」教授喊著說：「再繼續觀察。」

那些學生會這麼想，嘿，老兄，那條魚身上該看的東西我都看見了啦！但因為教授要他繼續看下去，他就只好再回去試著多看出一些東西。

這種過程會持續兩週之久。學生就只是盯著那條魚看。你了解嗎？這一位教授最屬害的地方就是：他很清楚科學上追根究柢的根基在於觀察的過程。而美好的查經也是一樣的。

在接下來的幾頁裡面，我會列出幾項指標，告訴你如何提升查經時的觀察力。我也會提供你許多機會，在神話語的不同段落中去試驗技巧。但現在，為了強調「看見不等於觀察」，我先給你一個小練習。單憑記憶來回答下列問題，然後請你看看自己的認知是否正確：

1. 請回想你平常使用的某層戶外或室內樓梯，共有幾個台階？
2. 在你上班途中，會碰見幾個紅綠燈？
3. 下列的字，哪個沒有出現在美金一元鈔票後面？
   (a) 我們信靠神（In God We Trust）
   (b) 主佑吾儕事業（*annuit coeptis*）
   (c) 美國財政部（The Department of Treasury, 1789）
   (d) 萬眾一心（*e pluribus unum*）

筆不可以離開紙張，畫出四條不間斷的直線，而且每個點都不能重複畫到。在你試過兩種不同的方法之後，想一想解答這個問題的時候，你很可能給自己設定了什麼樣的限制？

下方總共有幾個正方形？

4. 請回想一個跟你一起住或密切同工的人。仔細描述上次你們遇見的時候，他或她身上的穿著。

5. 這本書總共有幾頁？只有十頁不到嗎？

6. 上個主日牧師講道的題目是什麼？如果他有講經文，請問出處是哪裡？

7. 你母親是右撇子還是左撇子？你父親呢？

8. 如果你是已婚人士，請問你先生從哪一邊開始刮鬍子？或者，你太太從哪一邊的臉開始化妝？

9. 上次換機油之後，你的車又開了多少英哩？是否不到一千英哩？上次換輪胎後開了幾英哩？里程表上現在顯示幾英哩？

10. 昨晚的月亮最接近：新月、上弦月、滿月，或下弦月？

　　你的成績如何？你是個鉅細靡遺的人嗎？或者你根本有看沒有到？當然，上述十個問題沒有一項是攸關生死的。

　　然而，很有意思的是，往往在虛構的偵探小說或真實人生的警察辦案中，會因為小細節而走向完全不同的發展。每件事都因為「小」細節而出現轉折。嫌疑犯的眼珠顏色，一天當中的某個時段，一個講錯的字。事實就擺在眼前，大家都可以看得見，但卻只有大師級的偵探注意到。「你看到了，卻沒有去觀察。」

　　我要給你一個機會開始觀察聖經。在下一課裡面，我們會拿出一節經文，然後問這個簡單的問題：你看到了什麼？你可能會因結果而備感驚奇。

現在換你來 試一試

觀察是你可以學會最實用的一種技巧，它也可以很有趣。你可以拿這個實驗試試年輕人，這可以發展出他們觀察的能力，也可以讓你更了解觀察的步驟。

趁孩子們沒有看到的時候，把一些物品擺放在桌子上，例如：

一顆石頭

一本書

一隻筆

兩個或三個貝殼

一輛玩具車

五根蠟筆

一塊樂高積木

一片樹葉

一塊數字或字母形狀的磁鐵

一條花色圍巾

一條領帶

一把牙刷

重要的不是你選什麼物品放在桌上，只需要確定，這些物品是孩子們認得出來的東西。並且要選有特色、具備有趣特徵的物品，例如有獨特形狀或顏色的物品。

一旦你把東西都擺好在桌上，就用一張紙或桌巾把它們蓋起來。接著把參與者叫到房間裡去，給每個人一隻筆和一張紙，請他們把在桌上看到的東西寫下來。接著拉開遮蓋的紙或

桌巾，給大家看六十秒左右，接著再把東西蓋起來。

　　叫孩子們告訴你他們看到什麼東西，或者是他們認為自己看到什麼東西。叫他們形容一下那些東西的細節，例如尺寸、顏色、上面的圖案等等，把觀察到的列出來。接著就把覆蓋在物品上面的遮蔽物拿開，將桌上物品展示給整群人看。每個人都會對他們觀察到和沒有觀察到的大感訝異，他們會了解，光是用看的跟仔細地觀察會有天差地別。

note

前面練習題的解答：

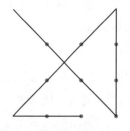

總共有30個正方形

1×1的16個

2×2的9個

3×3的4個

4×4的1個

第 *6* 課

讓我們從一小節開始

你已經準備好要親自開始查經了嗎？我衷心如此地盼望。在這一課當中，我想先從小處著手，透過觀察一節經文的方式，一起查考使徒行傳一章8節。我會示範觀察的步驟，好叫你看到如何觀察。使用你的聖經跟著我一步一步做，我會問一些問題（下面用顏色標出來的問題），看看能發現些什麼。請記得在觀察時，主要的考量是：我看到了什麼？

在接下來的內容中，為要讓整個過程更流暢，你會注意到我改寫了經文。它不只解明文法，也進一步說明聖經作者想跟我們溝通的概念。

從詞彙開始

在第四課中我們說過，當我們在觀察的時候，要從找出詞彙開始。在這一個經節裡面最重要的詞彙是什麼？這是我看到的第一個詞彙：但（是），在你的聖經裡把這個詞語標示出來。

但（是）這個詞彙指出了對比；稍後我們會看到，聖經中的對比都是很重要的，指出了經文方向的改變。在這邊，但（是）這個詞促使我去做什麼呢？它要我回去看前面的上文（這是查經另一個重

但聖靈降臨在你們身上，

你們就必得著能力，

並要在耶路撒冷、

猶太全地，

和撒馬利亞，

直到地極，

作我的見證。

要的層面，稍後我們還會回來看。）我現在是先從八章的第8節切進去，我們一定不要單獨片面研讀經文，而要讓經文與其他事物產生關聯。既然我們離這卷書的開頭這麼近，就先回頭看一開始的經文吧！

第一節一開始就提到「前書」，查考之後我們知道那是指路加福音。所以，馬上我就發現使徒行傳跟路加福音是同一個作者，都是路加醫生。（我會問一個重要的問題，但讓你回答，那就是，路加是誰？請把你所能找到關於他的事情列出來。）路加福音與使徒行傳形成了一個兩冊的套書，路加福音是前傳，使徒行傳是續集。

此外，我發現路加福音和使徒行傳有同樣的主題：「耶穌開頭一切所行所教訓的。」這是一條線索，告訴我使徒行傳是耶穌宣教事工的續集，透過祂的使徒傳承下去。

不只是有同一個主題，路加福音與使徒行傳也是寫給同一個讀者，那個讀者的名字是提阿非羅。誰是提阿非羅？如果我回到路加福音一章1節去看，會發現他被稱為「提阿非羅大人」，這可能指的是他擁有一個重要的頭銜與職位，但在這邊他就只是被稱為提阿非羅。或許在路加福音和使徒行傳寫作的間隔中，他已經信了基督，辭去了

職位；也或許路加只是使用簡稱，因爲他們兩個很熟識。無論是什麼樣的狀況，路加寫作時，確實是針對某個特定的人來寫作的。

使徒行傳的記載從一場討論開始。在第6節，我發現主和祂的門徒在談論神的國。經文這麼說：「他們聚集的時候，問耶穌說。」他們所做的第一件事情就是提出這個問題：「就在這時候嗎？」這究竟是什麼時候？「你復興以色列國就在這時候嗎？」

耶穌回答了他們的問題。事實上，他首先用負面的方式回答，祂說：「不是你們可以知道的。」（第7節）；接著才用正面的回答（第8節）：「但是這才是你們該承擔的責任。」在這裡但這個字如此凸顯，由此可知，第8節是一段對話中的部分內容，在這段對話中，門徒正在問問題，而由主回答。

所以這就是一章8節的上文，我們也一起來看看第9～11節接著說些什麼，因爲這裡重述了主的昇天。要記得，除了詞彙之外，你也應該找尋一下當時的氛圍，這幾節形成了極清楚的氛圍。因爲如果這眞是昇天的記載，那麼耶穌在第8節的話語就是祂對門徒的最後一番話別。事實上，祂給予他們如何向前進的命令。「現在工作要交給你們做了。」祂正在告訴他們這件事。接著，正當他們在看的時候，祂升上天；祂離開，他們留下來。

當你研讀聖經任何一節經文時，一定要確實把它放在上下文中來看，透過前後的經文來看它的意義。

裡面有提到哪些人？

接下來，我們一起回頭來看第8節。我注意到但這個詞語的重要性，它是一種對比。這裡還有第二個關鍵的詞彙要注意，哪一個呢？那就是你們這個字詞。請觀察這個重複的用法：「你們就必得著能力……（你們）並要在……作我的見證」。

這引起了一個問題：這些人是誰？上下文告訴我，這些人就是使徒（第2節），從那裡知道了這些使徒的一些普遍的資訊，可以整理

內容
對比 ↗ 對話／問題解答 〈 負面的
正面的

但聖靈降臨在你們身上，

你們就必得著能力，

並要在耶路撒冷、

猶太全地，

和撒馬利亞，

直到地極，

作我的見證。

成一張清單。例如：

1. 在耶穌宣道期間，他們跟隨祂三年半的時間。

2. 耶穌選召了他們。

3. 他們很憂慮不安，這或許是為什麼他們會問關於天國的問題。

4. 他們都是猶太人。

5. 他們裡面有許多人是漁夫，或者曾經作過漁夫。

　　我還可以補充更多。重點在於，當你遇到這類經文，在你的心裡面重現那些人的樣子。在這個例子中，他們是聽到主教訓的人，看到祂行使神蹟，也跟祂共處了很多時間；現在他們有機會問心裡面最熱切地想知道的問題。

　　另一個我們要問的問題是，這一節裡面主要的動詞是哪一個字

詞？在這裡，那個動詞是「就必得著」（shell receive）。那是什麼時態？未來式，這個時態表示往前看到稍後要發生的事情。

　　他們將會得著什麼東西？「大能力」（power）。這個字詞可以被翻譯成「本領」（ability），在某些英文翻譯版本中也會看到那個譯法。耶穌講的不是肉體的力氣，祂講的是可以讓使徒去完成祂想要他們做的事情的能力。

請注意因果關係

　　接下來是一個關鍵的短句：「聖靈降臨在你們身上。」這對這節經文加添了什麼意義？首先，它指出一種因果關係，在聖靈來之前，那一項能力不會來到；其次，它回答了時間的問題，它告訴我們，要得著能力是在聖靈降臨在他們身上的時候。

　　稍早的時候我觀察到，你們這個字詞指的是使徒。現在我又碰見另一個位格，聖靈。祂究竟是誰？再次，我可以列出我所知道關於祂的資訊。其中一個資訊就是，祂是三位一體裡面的第三個位格；祂是超自然的存在，並且祂是連結於那個能力的位格。因此，我們在討論的能力是關於超自然的能力。

　　使徒們需要這種能力嗎？絕對需要。他們最近曾做過的一件事情就是在關鍵的時刻溜之大吉，讓他們那位被釘十字架的主失望。所以，他們需要能力，這是只有聖靈可以給予的能力。

　　接著，請注意耶穌說過聖靈將要降臨「在」（upon）他們身上。這個字詞表示這分能力不是存在於這些個人身上，而是要從外在臨到他們。超自然的能力將要入駐這批普通人，這很大部分地突顯了耶穌呼召他們去從事的任務。

　　一會兒之前，我們看到時間性的因果關係，在這裡我希望你依據下列兩個片語看到另一種因果關係——「你們就必得著能力」，以及「（你們）並要⋯⋯作我的見證」。使徒們將要得著能力，這是原因，結果就是，他們會成為某種人——見證人。

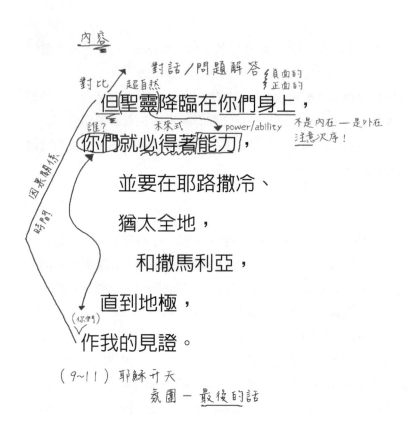

內容

對比 → 對話／問題解答 ⟨負面的 正面的

超自然

誰？ 未來式 → power/ability 不是內在 — 是外在 注意次序！

但聖靈降臨在你們身上，

因果關係

時間

你們就必得著能力，

（你們）

並要在耶路撒冷、

猶太全地，

和撒馬利亞，

直到地極，

作我的見證。

（9～11）耶穌升天

氛圍 — 最後的話

　　我注意到，成為見證人這件事也是未來才會發生的事；我們會發現，這種次序變得非常重要，因為這裡講的不是「你們要⋯⋯作我的見證，並且（你們）就必得著能力」，而是從另一個方向說的：「你們就必得著能力，結果就是（你們）要⋯⋯作我的見證」。

　　這是很有趣的一點，因為通常我們會花很多時間試著去勸說人，要他們見證信仰，但是話說回來，他們內心並沒有什麼讓他們這麼做的正當理由。他們沒有什麼要跟別人分享的，而且就算嘗試這麼做，能做的也只不過就是演出了一場戲。

　　相反地，假設有一個神學院女學生在夏天訂了婚，秋天的時候她走進我的教室，第一件事就是在我面前晃動著她戴戒指的手指，我根本不用乞求她把戒指亮給我看。不用，她內在就是有一股力量驅使

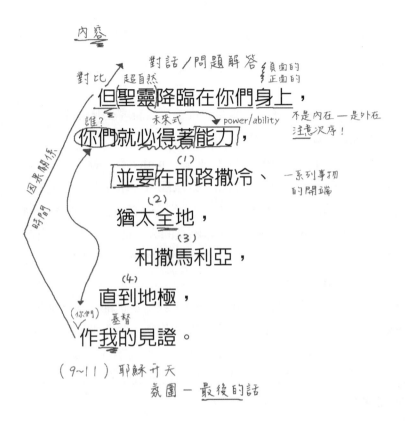

著，要她採取主動。愛上了一個男人，一定得分享出來。她不能忍住不說。

　　這就是路加想要我們在這一段經文中看出來的那種動力，由於使徒所得著的能力，他們會成為見證人。但作誰的見證呢？基督的見證。透過個人的證明而作祂的見證，他們要代表祂。

定義詞彙

　　什麼是「見證」？最簡單的定義就是，某個人可以將已經看過的某個事件、某人或某種景況告訴他人。見證人就是一個經驗過某件事情的人，這正是這些使徒所要成為的人。三年半之久，他們跟救主親密地同住；很快地，因著他們與聖靈接觸的關係，以及聖靈所提供的

大能，他們就會變成完全不一樣的人。

直到現在，他們還多半倚靠自己的力量在過日子；事實上，如果你有讀福音書的話，就知道他們的表現並不是太亮眼。他們一次又一次丟盡自己的臉，特別是在緊要關頭的時候，然而現在聖靈就要賜下力量，他們就要成為救主的見證人。

下一個句子一開始是怎麼說的？「並要（both）在耶路撒冷」。如果我告訴你我們兩個人「都要」（both）去城裡頭，你會假定有兩個人一起去，可是這裡講的不只兩樣事物，事實上，這裡提到四個不同的地點，這就奇怪了。這是需要某個懂希臘文的人，使用註釋書來查考這段經文的理由之一，因為新約本來是用希臘文寫的。在講到第二步「解釋」的時候我會再多補充一些。

我已經就這段經文求教於一本註釋書，我知道被翻譯成「並要」的那個原文字其實很有趣，它指的是一系列事物的開端，也許那一系列有兩樣東西，也有可能是二十二樣東西。這邊只講到四個地方，所以這裡的「並要」開啟了包含四個地方的一連串事件，是使徒們要成為基督見證的地方。

地點的重要性

第一個地方是耶路撒冷。我對耶路撒冷有多少認識？先列下來：

1. 那是一座城市。
2. 聖殿就在城中。
3. 那是他們當時所在的地方。
4. 那也已經成為他們的家，他們要開始從家裡作見證。這是個很容易開始的地方，不是嗎？不是的！你是否嘗試過跟自己的家人分享信仰？去街上跟你素未謀面的陌生人講耶穌基督是一件事，但你可以試試跟你的孩子、父母或是很熟悉的其他人傳福音，他們很有可能會這樣回答你：「別想把你那套信教的把戲

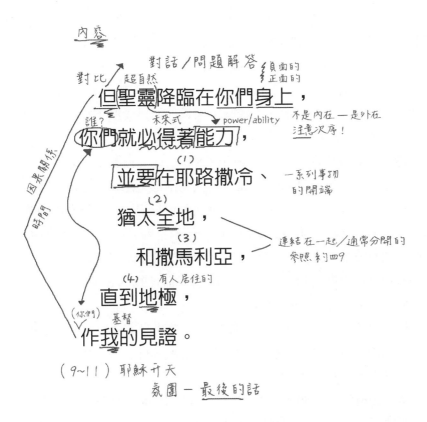

用在我身上。」儘管如此，耶穌卻告訴使徒們，他們要從耶路撒冷開始傳，這更加有趣，因為第5點是這樣說的：

5. 耶路撒冷是耶穌受釘的地方，使徒在那裡很出名。所以這個剛發生過喧騰一時大事件的中心點，就要成為傳福音的起點。

不過，以耶路撒冷為起點之後，他們接著就要去猶太全地。耶路撒冷和猶太全地有什麼關係？只要稍微看看一份畫得精準的地圖，就知道這兩個地方有如一座城跟一個州的對比，就像是達拉斯市之於德州，或是芝加哥市之於伊利諾州。耶路撒冷是在範圍更大的猶大省裡面的一個城市，所以主正要從一個城市把福音擴展到一個省。

在使徒的思想中有三個省是最核心的：南部的猶大省、北部的加

利利省、以及夾在中間的撒馬利亞省（在約旦河以東還有第四個省稱為比利亞省）。耶穌告訴他們要從耶路撒冷起始，然後去猶大省。

但請注意這裡有個小小的連接詞「和」，這又帶領他們來到第三個地方，那就是撒馬利亞。好棒喔，因為他們很愛撒馬利亞這個地方，是嗎？才不是咧！

還記得約翰福音四章在井邊的婦人嗎？經文裡面說，耶穌「必須」經過撒馬利亞（第4節）。祂當時人在南部，想要去北邊的加利利，猶太人會說：「不，你不應該從撒馬利亞經過。」他們會勸祂改道往東走，越過約旦河，從東岸往上，最後往西回到加利利。回程的時候，祂得照原路倒著走一遍。換句話說，祂應該要繞遠路才行，完全不該選擇經過撒馬利亞。為什麼？約翰福音四章9節解釋說：「原來猶太人和撒馬利亞人沒有來往」。

但在使徒行傳一章8節，使徒們在正常狀況下會避免進去的區域，耶穌卻要他們主動出擊：「你們要去那些界外之地、禁止進入的地方，以及受到鄙視的地方。」

下一個短句告訴他們還要去哪裡：「直到地極」。耶穌使用了一個字詞來講「地」，意思是指有人居住的地方。我查了聖經字典，發現新約中使用了幾個不同的字詞來講「地」。接下來我會讓你們看看如何查考字詞，並且找出它們的意義，以及其中的差異。在這裡，耶穌講的是有人在上面居住的地方；祂並不是告訴他們去天下各個地方，而是去普天下各個有人的地方。

關聯經節與全書脈絡

假設這是我第一次研讀查考這節經文，我到底發現了什麼？嗯，原來通常會被分開的猶大全地與撒馬利亞這兩個地方，其實在經文裡卻是連結在一起的。我也看到使徒們不該停止傳道，直到他們走遍世上有人居住的最後一隅。我也注意到，這段話是主在世最後的一段話。

所以我要問的問題是，有沒有可能這一節是這卷書的大綱？使徒是否真的有跟著這個模式去走？當我從整卷來查考的時候，我發現到這兩個問題的答案都是肯定的。他們是否從耶路撒冷開始傳福音？使徒行傳二章顯示出他們確實如此；那麼他們有到猶太全地去嗎？他們確實有去，但卻不是出於自己的選擇，而是因為受逼迫的關係（八1）。這開啓了他們向外傳福音的旅程，直到這卷書的最後章節，那時他們已經踏上往當時有人居住的世界的路程。

觀察是沒有限制的

現在來看一下我們在這個練習中所觀察到的事情，用手指算一算，你們就會發現我從使徒行傳一章8節中至少找出了三十個觀察點。（這只是聖經裡面的一節經文，我還沒有用到一個段落、一章或甚至整卷使徒行傳，這只是一節而已。）但是每一次，只要我回來進行這個步驟，都會看到更多的東西。事實上，我給過神學院學生的作業是，儘量單從這一節裡面去找到觀察點，愈多愈好，目前為止他們已經找出超過六百個不同的觀察點。

想像一下，當你在這段經文中看到六百個不同的觀察項目時，那會產生多少樂趣。你希望可以用那樣的眼光去看聖經嗎？我很樂意幫助你獲得這樣的技巧，我可以保證的是，這是查經方法中不可或缺的第一步驟。跟我一起進入下面幾課，我會讓各位看到一些增加你觀察能力的方法。

現在換你來　試一試

既然你已經看過我觀察使徒行傳一章8節，現在換你來試試看這個步驟了。請觀察下列這個段落，約書亞記一章8節：

> 這律法書不可離開你的口，
>> 總要晝夜思想，
>
>> 好
>> 使你謹守遵行
>>> 這書上所寫的一切話。
>
>> 如此，
>> 你的道路就可以亨通，
>> 凡事順利。

切記，在觀察的階段，主要考量的是：我看到了什麼？請特別注意詞彙和文法結構，也請你要記得看上下文。為你從經文及上下文中得到的觀察作筆記，看看你在這段引人入勝的段落裡面會找到什麼東西。

note

第 **7** 課

你必須學習閱讀

你曾否在闔上聖經後感到很沮喪，懷疑自己為什麼查經時不能有更多的收穫？第一課裡的溫蒂告訴我們，這就是她的經驗。或許你也跟她一樣，曾幾何時，你真的很努力逼自己坐下來不要跑，並且查考神的話。你聽到別人提及如何挖掘聖經的豐盛，你真的想親自開採出幾塊金子，但在付出許多時間及精力之後，就是無法成功。你找到的那一丁點金子與付出的精神體力不成正比。因此，最後你放棄了查經；或許別人因為查經而收穫豐碩，但並不是你。

可以容我提出你無法成功採到金礦砂的兩個可能理由嗎？第一，你不知道怎麼閱讀；第二，你不知道要在裡面找什麼。

我無意在此羞辱（insult）你，但我確實想要教導（instruct）你。我們的文化在上一個世紀進行了很激烈的轉移，從一個以文字為基礎的讀者社會，變成了以影像為基礎的觀眾社會，這個時代的媒體就是電影、電視及網路，不再是書籍。因此，不像只不過幾代以前的祖先，我們不懂得該怎麼閱讀，相當程度來說，我們已經失去了那種技藝。

然而聖經是一本書，是你要閱讀才能懂得並且欣賞；如果我們想要變成有效率的聖經學生，就必須重新去捕捉閱讀的技巧。因此在這

一課及下面幾課當中，我要教導大家如何閱讀，然後我會談談你需要在聖經中找些什麼。

耶穌在十一個不同的場合，對祂那時代的飽學之士說：「難道你們沒有在經上讀過這句話嗎？」當然，他們都讀過那些經文了，他們一輩子都在讀經，但是卻不明白自己所讀的是什麼。

他們就像是有一次我在圖書館裡遇見的一個學生，他拿著一本書卻呼呼大睡。我當時想跟他開個玩笑，所以就把頭湊到他耳朵邊說：「噗！」，結果他整個人差點就撞到天花板。

「你到底在讀什麼書啊？」在他恢復精神之後我這麼問他：「如果這本書真的這麼令人感到興奮，我得指定為課程的教材才行。」

他笑了起來。

「很好笑嗎？」我這麼問他。

「非常悲慘。」他回答我。

「你是指什麼？」

「嗯，我剛發現我讀到第三十七頁，然後幾乎搞不清楚在讀什麼。」

他說得很對，這樣真的很悲慘，如果你讀不懂你在讀的東西，那麼你就不是在閱讀，而只是在浪費時間。我擔心有很多人在看聖經時，基本上是在浪費時間，因為假使他們的生命有賴於這本聖經，他們卻不能告訴你讀到了什麼。

你也是這種情況嗎？如果是的話，我要提出三個建議，幫助你學習如何閱讀。

學習讀得更好更快

你觀察聖經的能力跟你的閱讀能力是直接相關的，因此，任何可以幫助你增進閱讀技巧的事情，對於改善你研讀聖經時的觀察技巧來說，都會是重大的躍進。

然而我卻發現愈來愈多美國高中及大學畢業生的閱讀能力低落。

事實上，我問過我神學院的學生：「如果你已經大學畢業，可是你卻不能閱讀、寫作、思考，那你能做些什麼？」

有個愛搞笑的學生大聲喊著說：「看電視啊！」

十分可悲，但卻是千眞萬確。幾年前，我的孩子已經上完小學一年級的半學年了，我才發現學校沒有教他怎麼閱讀。所以我就去找老師抱怨。

「你不懂，韓君時先生，」他這麼告訴我：「重要的不是讓孩子知道如何閱讀，重要的是要他快樂學習。」

雖然覺得不妥，我決定姑且先放下這件事情一陣子。但那整個學年結束時，我發現孩子快樂到討人厭，可是卻不會閱讀。我又回去找那個老師：「你有沒有想過一個孩子如果可以學會閱讀的話，他會更快樂？」

我花了近一個月的薪水讓我的孩子去上一個補習課程，而這可以說是我作過最好的投資之一。最後他的閱讀能力變得比我好又快，速度十分快，而且很優秀，十分令人滿意。這也就是爲什麼我堅信，我們可以爲人做的最重要的事，就是幫助他們學會閱讀。

假設你想要查考以弗所書，你剛好是個讀書很慢的人，得花半小時才讀完全部六章，然後假設你再利用十五分鐘從頭看過，增強一倍的理解力。這麼一來，只要用同樣久的時間，也就是半個鐘頭，你就可以把讀經的效率提高到四倍。這是很有價值的投資。

建議大家看一本書，這本書改變了我整個受教育的歷程，使它變成良好的經驗，那就是艾德勒（M. J. Adler）的經典作品《如何閱讀一本書》（*How to Read a Book*）。這本書的平裝本很容易買到，你一定要擁有這工具，會使你的生命得到革命性的改變。

你知道嗎？高中時我以榮譽成績畢業，甚至還得到英文獎。接著上了大學，不幸地，我在高中從來沒唸過書，連帶一本書回家都沒有過。所以當一進到大學校園時，作了能力測驗，結果被分到全校英語能力最差的班級。儘管我得過英文獎，這種成績還是挺丟臉的。（後

來這卻變成一件最棒的事情，因為他們指派給這些需要補習的學生一個最棒的教授。）

上學的前面六週我都在唸書，沒有去約會，沒有去運動。但我還是搞到三門課被當。這著實讓人傷腦筋，我那時心裡這麼想，天啊，我永遠都沒辦法做到的。

於是我去找教授談，他跟我講得很直：「小韓，你的問題出在你不會閱讀。」他把艾德勒的書介紹給我。我讀了，它扭轉了我閱讀技巧。事實上，它改變了我人生的整個方向。講到查經，它也能給你這樣的良好幫助。

艾德勒的書涵蓋了實用性的技巧，例如如何為書籍分類、如何找出一個作者的意圖、如何為一本書列出大綱、如何找出關鍵性詞語。他講到每個讀者都應該提問的四個問題、句子和命題之間有何差異，以及好書可以如何幫助你。他告訴你如何閱讀實用性的書籍、想像性的書籍、歷史性的書籍等等，甚至囊括了一份推薦書單，裡面都是值得你花時間去閱讀的偉大書籍。簡言之，雖然說《如何閱讀一本書》講的是閱讀一般的書，但同時也是優良的查經資源，因為它教導你如何去閱讀。

另一本可以買的絕佳工具書就是路易斯（N. Lewis）的《如何閱讀得又快又好》（*How to Read Better and Faster*）。這本書真的可以算是一本練習本，它承諾要幫助你加速50～60%以上的閱讀速度，而且可以理解得更清楚。路易斯準備了各樣的材料，讓你在閱讀中找出主要觀念、揣摩作者的思想，以及邊讀邊找問題。他把書分為四十二個段落，裡面有十幾種練習，讓你參與整個閱讀的過程。我極力推薦這本書。

學習擁有彷彿初次閱讀的心態

大家常說，熟悉滋生輕蔑；一講到查經，當你越熟悉，就越會產生的一個狀態就是無知。當看到某段聖經然後就說：「這一段我已經

滾瓜爛熟。」那你就遇上麻煩了。相反地，你需要在看到每一處經文時，彷彿你一輩子從來沒看過一樣。這可以說是一種紀律訓練，包含培養一種心智狀態，以及對神話語的態度。

可以幫助大家達成這目標的一個方式，就是去讀不同版本的聖經。如果你已經好幾年都讀同一種譯本的話，可以試試看轉換一些全新的和比較當代的譯本，例如《腓力斯現代英語新約》或是畢德生的《信息版聖經》。如果你真的想要給自己一些挑戰，就看一下《棉花田版》（Cotton Patch Version）的福音書。另一方面，如果你不熟悉最經典的《英皇欽定本》（KJV）聖經的話，你真需要把握這個機會好好讀一讀。去讀一本不熟悉的版本，可以刺激你的注意力，好讓你看聖經的時候有一個全新的眼光。

重點是，想盡辦法用全新的眼光去接近神的話語。讀經最大的致命傷就是：「這個我已經懂了。」

把聖經當作情書來讀

你是否曾經墜入愛河？希望你曾經有過這種經驗。透過書信往返的追求過程，我愛上後來變成我太太的女子，她名叫吉茵。我苦追了五年，直到有一天她終於懂得我表達的意思。

所以當我一收到她的信時，你猜我怎麼做？「喔，不，又是吉茵寫來的信了。唉，我想還是看一下吧。」我會這樣碎碎唸嗎？我會不會坐下來讀完第一段，接著說：「今天讀到這裡就好了，終於可以把這件事情從代辦事項中除去了。」我會這樣不耐煩嗎？

才不會這樣呢！以前我都是把每封來信讀過四五遍才罷休。我會在排隊等著進去大學餐廳時讀情書；晚上睡覺前我會讀信；我會把信藏在枕頭下面，這麼一來，如果半夜醒過來，還可以拿出來再讀一次。為什麼呢？因為我愛上了寫這些信的那個人。

這就是來到神話語面前的方式，把聖經當作祂寫給你的情書來讀。

測試你的閱讀技巧

你的閱讀技巧有多厲害？有一個練習可以加以測試。在少於或等於九十秒的時間內，請閱讀下列的材料，並且圈選出每一句問題的是與非（不可以再回去看上面的文章）。請設定一個鬧鐘，或者請某人計時整整九十秒。當時間超過時，馬上停止，不管寫完沒有。

乾冰

你可以想像有一種冰，不會融化而且不是濕的嗎？那麼你就可以想像得到所謂的乾冰。乾冰是用二氧化碳氣體去冷凍後製成的，跟一般的冰十分不同。一般的冰只不過就是冷凍起來的水而已。

乾冰是一九二五年開始生產製造的，自從它一現身，就滿足了發明者最瘋狂的盼望。它可以用在電影裡來製造人工霧氣（當水氣飄過乾冰的時候，很濃的蒸氣就會升起。）也可以用來殲滅穀物上的昆蟲。這比正常的冰還要實用，因為它比較不佔空間，而且溫度比正常的冰還低了一百四十二度。因為它是揮發而不是融化的方式，使用起來就比較乾淨。正因為這些關係，它十分受到歡迎。很多人愛用它的程度超過正常的冰塊。

乾冰的溫度非常低，如果你用手指頭去碰會灼傷！

回應

1. 乾冰是水做的，不過因為經過特殊的
   處理，所以不會融化。　　　　　　　　是　非
2. 第一塊乾冰在一九五〇年代生產製造。　是　非
3. 乾冰的用處比正常的冰還要多。　　　　是　非
4. 乾冰的溫度沒有正常的冰來得低。　　　是　非

5. 把水氣放在乾冰上就可以產生人工霧氣。　　　是　非

　　你是否已經在九十秒內作完這個練習了呢？希望你沒有感到十分焦慮，你不過正開始練習如何快速閱讀，並且正確地作答。你的目標是要逐漸和確實地增進閱讀能力，而不是馬上變成一個專家。（上述五個問題的正確答案在95頁）

上列的練習摘自路易斯所著《如何閱讀得又快又好》一書。

當艾德勒的書剛出版的時候，《紐約時報》上面登了廣告，寫著一句標語：「如何讀一封情書」。廣告附上一張照片，照片裡的青年滿臉困惑地仔細閱讀一封信，下面有這一段文字：

這個年輕人剛剛收到第一封情書。他可能已經讀過這封信三四次了，然而他才正在開頭。如果他真的想要正確讀清楚這封信，他就需要好幾本字典，以及花費許多時間請教幾個語源學和文獻學的專家。

不過，就算沒有查字典或請教專家也沒關係。

他思考每個詞語和逗點的意義是否有細微的差別。她寫的信一開始是這樣的：「親愛的約翰」，他捫心自問，這幾個字真正的重要性在哪裡？她不用「我最親愛的」是因為她害羞嗎？而「我親愛的」是否聽起來又太正式了？

天哪，或許她對每個人都說：「親愛的這個跟那個！」

這時候他皺眉，出現擔憂的神色，但等他開始真正思考第一句話時，這種憂慮就消失了。她當然不可能隨隨便便向誰寫那幾個字。

所以，他努力讀完了這整封信，一下子是雀躍到飛上九霄雲外，下一刻卻又陷入悲慘境地。這封信已經在他內心激發出一百個問題，他已經可以把整封信倒背如流。事實上，在接下來的幾週裡面，他真的會這麼背給自己聽。

接著那則廣告作出如此的結論。

如果大家都用這類的專注力去讀書的話，我們就會變成一個擁有巨人心智的種族了。[1]

同樣的，如果大家都用同樣的專注力去讀聖經的話，我們也會變

成一個屬靈巨人的種族。

　　如果你想要了解聖經，你就一定要學習閱讀，而且要學會更優質、更快速地閱讀，就好像你從沒讀過一樣，也好像在讀情書一樣。你只要這麼想：神想要跟你在二十一世紀進行溝通，而且祂把自己的信息寫在一本書裡面。

附註

1. 引用自崔南（R. A. Traina）所著《方法研經》（*Methodical Bible Study: A New Approach to Hermeneutics*），永望文化事業出版，2005。

哥林多前書十三章四種版本

《英皇欽定本》

Though I speak with the tongues of men and of angels, and have not charity, I am become as sounding brass, or a tinkling cymbal.

And though I have the gift of prophecy, and understand all mysteries, and all knowledge; and though I have all faith, so that I could remove mountains, and have not charti, I am nothing.

And though I bestow all my goods to feed the poor, and though I give my body to be burned, and have not charity, it profiteth me nothing.

Charity suffereth long, and is kind; charity envieth not; charity vaunteth not itself, is not puffed up,

Doth not behave itself unseemly, seeketh not her own, is not easily provoked, thinketh no evil;

Rejoiceth not in iniquity, but rejoiceth in the truth;

Beareth all things, believeth all things, hopeth all things, endureth all things.

Charity never faileth: but whether there be prophecies, they shall fail; whether there be tongues, they shall cease; whether there be knowledge, it shall vanish away.

For we know in part, and we prophesy in part.

But when that which is perfect is come, then that which is in part shall be down away.

When I was a child, I speak as a child, I understood as a child, I thought as a child, but when I became a man, I put away childish things.

For now we see through a glass, darkly; but then face to face: now I know in part; but then shall I know even as also I am known.

And now abideth faith, hope, charity, these three; but the greatest of these is charity.

即使我使用人類及天使的語言來講論，但心中卻毫無仁愛，我就成了聲音響亮的號，或不過是個叮璫作響的鈸。

即使我有恩賜說預言，也聽得懂諸般奧祕，以及全備知識；即使我擁有完全信心，讓我可以挪移諸山，但心中卻毫無仁愛，我就算不得什麼。

即使我贈與所有財產去救濟窮人，即使我獻上己身叫人焚燒，但心中卻沒有仁愛，就對我毫無一點益處。

仁愛是長久忍耐，充滿仁慈，仁愛是不嫉妒，仁愛是不自誇，不吹捧自己。

不做不得體的行為，不求自己的益處，不輕易被激怒，不思想邪惡的事。

不享受罪中之樂，卻因真理而欣喜。

忍耐一切，相信一切，盼望一切，忍受一切。

仁愛永不停息：預言，有朝一日也要消失；方言，有朝一日都要停止；知識，有朝一日也會消失無蹤。

因為我們所知不完全，故所預言的也不完全。

但等那完全的來臨，那不完全的也要廢去。

當我還是個蒙童，說話童言童語，理解力及思考皆為童真，但等我長大成人，稚氣不再。

因為現今我們是透過鏡子觀看，晦暗不明；之後就要面對面相見：如今我所知未臻全貌，接著我就要像祂知我般，得知一切。

如今尚存的有信心、盼望、仁愛三樣。而其中最偉大的就是仁愛。

《新英皇欽定本》

Though I speak with the tongues of men and of angels, but have not love, I have become sounding brass or a clanging cymbal. And though I have *the gift of* prophecy, and understand all mysteries and all knowledge, and though I have all faith, so that I could remove mountains, but have not love, I am nothing. And though I bestow all my goods to feed *the poor*, and though I give my body to be burned, but have not love, it profits me nothing.

Love suffers long *and* is kind; love does not envy; love does not parade itself, is not puffed up; does not behave rudely, does not seek its own, is not provoked, thinks no evil; does not rejoice in iniquity, but rejoices in the truth; bears all things, believes all things, hopes all things, endures all things.

Love never fails. But whether *there are* prophecies, they will fail; whether *there are* tongues, they will cease; whether *there is* knowledge, it will vanish away. For we know in part and we prophesy in part. But when that which is perfect has come, then that which is in part will be done away.

When I was a child, I spoke as a child, I understood as a child, I thought as a child; but when I became a man, I put away childish things. For now we see in a mirror, dimly, but then face to face. Now I know in part, but then I shall know just as I also am known.

And now abide faith, hope, love, these three; but the greatest of these *is* love.

Holy Bible, *New King James Version* (Nashville, Tenn,: Thomas Nelson, 1982), pp. 1107-8.

　　我若能說萬人的方言，並天使的話語，卻沒有愛，我就成了鳴的鑼，響的鈸一般。我若有先知講道之能，也明白各樣的奧祕，各樣的知識，而且有全備的信，叫我能夠移山，卻沒有愛，我就算不得甚麼。我若將所有的賙濟窮人，又捨己身叫人焚燒，卻沒有愛，仍然與我無益。

　　愛是恆久忍耐，又有恩慈；愛是不嫉妒；愛是不自誇，不張狂，不舉止粗魯，不求自己的益處，不輕易發怒，不思想惡事，不喜歡不義，只喜歡真理；凡事包容，凡事相信，凡事盼望，凡事忍耐。

　　愛是永不止息。先知講道之能終必歸於無有；說方言之能終必停止；知識也終必歸於無有。我們現在所知道的有限，先知所講的也有限，等那完全的來到，這有限的必歸於無有了。

　　我作孩子的時候，話語像孩子，心思像孩子，意念像孩子，既成了人，就把孩子的事丟棄了。我們如今彷彿對著鏡子觀看，模糊不清，到那時就要面對面了。我如今所知道的有限，到那時就全知道，如同主知道我一樣。

　　如今常存的有信，有望，有愛這三樣，其中最大的是愛。

《腓力斯現代英語新約》

If I speak with the eloquence of men and of angels, but have no love, I become no more than blaring brass or crashing cymbal. If I have the gift of foretelling the future and hold in my mind not only all human knowledge but the very secrets of God, and if I also have that absolute faith which can move mountains, but have no love, I amount to nothing at all. If I dispose of all that I possess, yes, even if I give my own body to be burned, but have no love, I achieve precisely nothing.

This love of which I speak is slow to lose patience—it looks for

a way of being constructive. It is not possessive: it is neither anxious to impress nor does it cherish inflated ideas of its own importance.

Love has good manners and does not pursue selfish advantage. It is not touchy. It does not keep account of evil or gloat over the wickedness of other people. On the contrary, it is glad with all good men when truth prevails.

Love knows no limit to its endurance, no end to its trust, no fading of its hope; it can outlast anything. It is, in fact, the one thing that still stands when all else has fallen.

For if there are prophecies they will be fulfilled and done with, if there are "tongues" the need for them will disappear, if there is knowledge it will be swallowed up in truth. For our knowledge is always incomplete and our prophecy is always incomplete, and when the complete comes, that is the end of the incomplete.

When I was a little child I talked and felt and thought like a little child. Now that I am a man my childish speech and feeling and thought have no further significance for me.

At present we are men looking at puzzling reflections in a mirror. The time will come when we shall see reality whole and face to face! At present all I know is a little fraction of the truth, but the time will come when I shall know it as fully as God now knows me!

In this life we have three great lasting qualities—faith, hope and love. But the greatest of them is love.

J. B. Phillips, *The New Testament in Modern English*, rev. (New York: Macmillan, 1955), pp. 361-62.

如果我講話像人與天使一般滔滔雄辯，卻沒有愛，我就

只不過是大鳴大放的銅管樂器，或者是響亮的鈸一樣而已。如果我有預言未來的恩賜，而且我不只得知全人類所有的知識，也知道屬神的奧祕，我又有絕對的信心相信自己能夠移山，可是卻沒有愛，我就不能完成些什麼。如果我把所有一切都分給人，是的，我甚至把自己的身體都給出去，讓人來焚燒，卻沒有愛在裡面，其實我恰好什麼都沒有達成。

我所說的這種愛是不容易失去耐心的，它尋求一種有建設性的方法。它不求佔有：既不急著表現，也不急著過度誇耀自己的重要性。

愛極有禮貌，不追求自己的好處，愛不容易發怒，他不記錄邪惡的事情，或是觀看他人的惡行惡狀就心滿意足。相反地，它分享倚靠真理的人生的喜樂。

愛的忍耐限度永無止盡，它的信靠也沒有盡頭，它的盼望絕不退去，它比一切事物都要持久。愛永遠不停止。

如果世上有預言，被應驗過後也要歸於無有；如果有方言，總有一天會不再需要；如果是知識，總有一天會被真理給吞噬。因為我們的知識總是不完整，預言也總是不完整的，而當那完整的來到的時候，那不完整的就不復存在了。

當我還是個小孩子的時候，我的講話、感覺和思想都像個小孩子。一旦我是成人，我就不再沉溺於幼稚的事物。

現在我們是看著鏡子裡面令人困惑反影的人。時候就要來到，我們將看到完整的實存，而且是面對面地觀看！現在我所知道的只不過是真理的小片段，時候就要來到，屆時我就可以完整地知道，像神知道我一樣。

在今生裡面，有三種可持久的特質——信心、希望、愛。但是裡面最偉大的就是愛。

《棉花田版》

亞特蘭大城十三街一號（1 Atlanta 13）

Though I speak with the tongues of men and of angels, but have no love, I am a hollow-sounding horn or a nerve-wracking rattle. And though I have the ability to preach, and know all the secrets and all the slogans, and though I have sufficient faith to move a mountain, but have no love, I am nothing. Even though I renounce all my possessions, and give my body as a flaming sacrifice, but have no love, I accomplish exactly nothing. Love is long-suffering and kind. Love is not envious, nor does it strut and brag. It does not act up, nor try to get things for itself. It pitches no tantrums, keeps no books on insults or injuries, sees no fun in wickedness, but rejoices when truth prevails. Love is all-embracing, all-trusting, all-hoping, all-enduring. Love never quits. As for sermons, they shall be silenced; as for oratory, it shall cease; as for knowledge, it will vanish. For our knowledge is immature, and our preaching is immature; but when that which is mature arrives, it supersedes the immature. For example, when 1 was a child, I was talking like a child, thinking like a child, acting like a child, but when I became an adult, I outgrew my childish ways. So, on the childish level [i.e., *without love*] we look at one another in a trick mirror, but on the adult level [i.e., *with love*] we see face to face; as a child [i.e., *without love*] I understand immaturely, but as an adult [i.e., *with love*] I'll understand just as I'll be understood. Now these three things endure: faith, hope and love; but the greatest of all is love. Seek diligently for love.

Clarence Jordan, *The Cotton Patch Version of Paul's Epistles* (New York: Association Press, 1968), pp. 66-67.

即使我可以用人和天使的語言來說話，但卻沒有愛，那我就變成一隻聲音聽起來空洞的號角，或是一只使人神經備受折磨的博浪鼓。就算我有傳道的能力，也知道所有的奧祕，以及所有的廣告標語，就算我有充足的信心，可以挪移山脈，但卻沒有愛，我就什麼都不是。就算我拋棄所有的資產，把我的身體獻上當作燔祭，卻沒有愛，我根本就一事無成。愛是恆久忍耐，又充滿仁慈。愛是不嫉妒，也不會炫耀或自吹自擂。它不會胡鬧，也不會處處為自己著想。它不會大發雷霆，不會把每一筆侮辱或傷害都記下來，它看到惡事不會感到有趣，但是當真理四處傳佈時會欣喜萬分。愛擁抱一切，信任一切，盼望一切，忍耐一切。愛永遠不會放棄。一提到講道，有一天終會消逝；口才，也會停止；知識，會消失。因為我們的知識是不成熟的，我們的講道也是不成熟的。但是當那成熟的來到的時候，就要取代那不成熟的。例如，我還是個孩子的時候，我講話的樣子就像個孩子。我思想像個孩子，行為舉止像個孩子。但等我長大成人之後，我就不再那麼幼稚。因此，在幼稚的層面上（也就是說沒有愛），我們在一個哈哈鏡裡面看著彼此，而我們在成人的層面上（也就是有愛的時候），我們就可以面對面看見。身為一個孩子（沒有愛），我的了解是不成熟的，但身為一個成年人（有愛的時候），我會去認識，就像我會被認識一樣。只有這三樣東西是會持久的：信心、盼望和愛。但其中最大的是愛。要勤奮不懈地去尋找愛。

十種最優等的
查經策略

仔細地讀

反覆地讀

有耐心地讀

有選擇性地讀

以禱告的心來讀

以想像力來讀

以默想的方式來讀

有目的地讀

用掌握力來讀

用望遠鏡來讀

仔細地讀

觀察這個步驟需要你扮演聖經偵探的角色,來尋找經文意義的線索。但正如任何偵探會跟你說的,要破案不只有一種方法。

福爾摩斯這個大師級的偵探,常常被人家看到他整個人趴在地上,檢查地板上的雪茄屑屑或是腳印。其他時候他則是花好幾個小時沉思、在手上滾動著東西、絞盡腦汁要想出答案。他擅於喬裝、裝病、作實驗,只要能解開謎題,他什麼都願意做。

同樣的,要在聖經經文中找出線索,所需要的不只是一種方式;聖經必須有人研讀,才能被了解,可是讀經方法不是只有一種。事實上,我要提出十種策略,可以把你變成最優等閱讀的聖經讀者。每種策略都可以產生出不同的線索,找出聖經的經文到底在講什麼。第一種策略就是:

仔細地讀聖經

仔細地讀,包括研讀查考。絕對不會有無聊這種事。當你一看到聖經,要用心思考,不要腦袋空空。你對任何深感興趣的主題,會採取什麼樣的一種心智訓練?那就把它應用到聖經上來。你是個股票經紀人嗎?那麼就採取像你絞盡腦汁讀《華爾街日報》同樣的方式去

讀聖經。你是個飛機駕駛嗎？那麼就對神的話語付出像你對飛行計畫或氣象諮詢同樣的注意力。你是個護士嗎？那麼就觀察聖經經文裡的「生命跡象」，正如你會對待任何一個躺在你病房樓層的病人一樣。聖經不會對懶惰的人結出果子。

箴言二章4節給我們一個很有趣的洞見。講到神話語的豐盛，它勸誡我們要「尋找它（智慧），如尋找銀子，搜求它，如搜求隱藏的珍寶。」換句話說，聖經中的智慧就像是珍貴的礦藏，並不是隨手挖掘就可得，而需要向深處探究。對你我這個時代來說，一個最好的類比，就是深藏在中東乾枯沙漠中的豐富石油礦藏。幾千年以來，人們經過那一片人跡罕至的荒廢土地，渾然不知在離地表幾千英呎下的地方，就有價值難以估計的天然資源。

聖經也是這樣，聖經的真理就在這裡，它能夠轉變你的生命，但你必須去探查它。你得深入地表，不能只靠表面上草率地看一眼。換句話說，你得好好想清楚。

如果要用另一種暗喻來說，你的目標必須是去發展一種屬靈的「反芻能力」，好讓你有東西可以思考咀嚼。你需要用神的真理去重建心智。

一本拒絕被寫出來的書

關於仔細地讀經，我所知道最好的一個例子，是講到莫理遜（F. Morison）的故事。莫理遜是在二十世紀初的一位英國記者，他試圖反駁耶穌基督復活的事情。

> 我還很年輕，就開始嚴肅地查考基督的生平。在我這麼做的時候，我心中有一種十分篤定的感覺，那就是祂的故事所賴以生存的根基，十分地不穩固，如果我夠資格這麼說的話。（《墓石懸謎──復活的千古反思》〔*Who Moved the Stone?*, London: Faber and Faber, 1930〕）

莫理遜深受他那個時代一些學者的影響，他們刻意想「揭穿」聖經敘述的真面目，並且摧毀聖經的可信度。除此之外，在很多方面，科學似乎一直在挖聖經的牆腳。

> 差不多就在這時候，我產生了一種想法，那就是要寫一篇簡短的論文，探討基督生平中我自己看來是最為重要和不可或缺的一段時期，那就是最後七天……（這麼做較多是為了獲得內心的平靜，而不是為了出版作品。）
>
> 　　對我來說似乎只要我可以發掘真相，找出這個人為什麼要慘絕人寰地死於羅馬政權之手，祂自己又如何看待這一回事，特別是祂如何能在諸般試煉中仍不踰矩，那麼我就幾乎能解決這個問題。

莫理遜想要解決的「問題」，是許多現代人都想問的問題：在這個很明顯被自然律和自然的力量掌管的世界中，怎麼會有人相信超自然的神蹟？聖經中最大的神蹟就是基督的復活，如果一個人可以解釋這件事情，其他的事情當然也就可以解釋得通了。

莫理遜鍥而不捨地質疑復活，直接帶領他進入福音書裡面，鉅細靡遺地研究了基督的生平，特別注意到祂被釘十字架前的最後七天；他分析了耶穌在猶太領袖及羅馬巡撫彼拉多面前受審的情況；他評估了各個事件發生的時機和所處空間；他思想了彼拉多和他的太太克勞蒂雅行為背後的心理因素；他也比較了背棄耶穌和一直跟在耶穌身邊的人的行為。

莫理遜也問了一個優秀的問題：造成耶穌所有跟隨者，這麼快速且一致地宣稱，祂已經從死裡復活的原因是什麼？他仔細觀察了這兩個門徒：漁夫彼得及耶穌的弟弟雅各。他也檢視了大數的掃羅悔改歸信的事件。

簡言之，查考基督生平的時機終於到來，我長久以來一直想要這麼做。我想要調查有關基督的文字記錄的起源，想要第一手地過濾一些證據，並且就這些問題的調查結果形成我自己的判斷。我只能說這結果在我的思想中激起了一場革命。從那個古老世界裡的故事，某些事物慢慢浮現，我先前以為這不可能會發生。漸漸地，卻是十分確定地，我的信念慢慢增強。在人類歷史那令人無法忘懷的幾週當中，整個戲劇事件比它表面上看來還要奇特與深刻。一開始使我備感興趣的就是，故事中許多值得注意的事情有其奇特之處。直到後來，我才看出它們裡面的意義蘊藏著令人無法抗拒的邏輯。
（作者加註紅色楷體字）

　　你看得出來莫理遜是多麼深入地運用理智，參與在查經的過程中嗎？這個人很仔細地讀經。在研讀新約聖經時，他同樣應用了新聞工作者的的思考邏輯。

　　結果呢？他一開始所要寫作的書籍，變成了一本「拒絕被寫下來的書」。最後，跟原來所預料的恰恰相反，出於正直，他寫下《墓石懸謎——復活的千古反思》。在一九三○年出版的這本書，目前仍然是捍衛基督復活這個題目出版過的最佳書籍。其實它可以說是莫理遜歸信基督教的故事。更棒的是，這是第一條優等查經策略最為典型的例證：要仔細地讀。

現在換你來　試一試

這個計畫可以幫助你培養仔細地研讀聖經的技巧。這次要你讀的書卷是新約中很簡短的腓利門書。只用了二十五節這麼多的經文，腓利門記錄了保羅給一個老朋友的勸告，這個人的奴隸阿尼西母逃跑了。阿尼西母在羅馬遇到保羅，信了主，現在保羅派他回到主人身邊，同時給他一封信。

請用仔細讀經的原則來讀腓利門書。用各式各樣的問題來轟炸經文。你會發現保羅、腓利門和阿尼西母之間有著什麼樣的關係呢？重新建構整個情況。他們可能會有哪些感覺？可能有哪些實際的考量？當你讀這封信的時候，有哪些問題一直沒有得到解答？這造成了什麼問題？它回答了什麼議題？你為什麼覺得這夠重要，該放在聖經裡面？今天我們面對什麼問題，是這本書可能可以解答的？你會怎麼把這卷書，以及你從中獲得的洞見講給另一個人聽？

note

_____

_____

_____

_____

_____

_____

第 *9* 課

反覆地讀

幾年前我讀到一本關於聖經的書，作者寫到：「當我讀這段經文到第一百遍的時候，我想到了下面這個想法……」

我心想，你一定是在開玩笑吧！在那段日子裡，如果我能一段經文讀過兩遍，就很了不起了。如果我可以讀三或四遍，那必定是有神蹟發生。但這一位偉大、老練的聖經學生卻告訴我，我需要一而再再而三地去研讀，不只是一次兩次，而是為了得到洞見，有必要的時候，要讀個一百次。

今天我明白一件事，他所操練的是最優等閱讀的第二個策略，而這麼做是很明智的。

反覆地讀聖經

神話語的厲害之處在於它有持續的能力；它禁得起重複曝光。事實上，這就是它跟其他書籍為何這麼不同的緣故。或許你是某個領域的專家，所以只要你讀那個領域的書兩三遍，你就懂了，大可以把書擺在書架上，接下去看別的。但聖經不能這樣對待它，即使一次又一次地讀，你仍然會看到過去沒有看到的東西。

我給大家提出幾個建議，幫助你可以反覆地讀聖經。

一鼓作氣地讀完整卷書

我知道你心裡在想什麼。你想到以賽亞書和耶利米書這種書卷，你心裡嘀咕著：「天啊，還沒讀完我就已經掛了。」容我提醒你，聖經中多數書卷只不過就像一般報紙的兩三個專欄那麼長而已。就算是篇幅比較長的書卷，也比多數的小說來得短。因此儘管一鼓作氣地去讀聖經書卷。

這種價值在於：你將能夠欣賞每卷書的一貫性。這就是那些總是跳著讀的多數人抓不到的精髓，他們從來沒有辦法感覺某卷書的整體感。這麼一來，他們的認知就是片斷式的，像是一直切換不同的電視頻道，只抓到某些畫面和片段，卻從來無法看完一整個節目。

我還記得有一次讀馬太福音的經驗；在那之前我已經查過這卷書，甚至還教過這門課。但老實說，我未曾完整地抓到作者要說的話。因此我刻意撥出週六早上的一點時間，把二十八章都讀過一遍。生平第一次，我終於開始明白馬太這本書到底想要說些什麼。

其他書卷也是同樣的，每一卷書都是以一個單元的方式寫成。就像其他的書一樣，只有以整體的方式來讀的時候，才能連貫。一鼓作氣讀完一卷書，會幫助你捕捉整幅圖畫。

從一卷書的最前面著手

讀者往往習慣從聖經書卷中間開始讀，然後他們想不透爲什麼看不懂經文。如果他們要看小說，絕對不會從第五章或第六章開始讀，然後又譴責那本書過於枯燥乏味。但他們就是這樣對待聖經，找一節經文，把它從上下文中撕扯下來，直到它幾乎尖叫，又不懂爲什麼自己無法了解經文。

還記得我們讀過使徒行傳一章8節嗎？很幸運地，第一個字詞是但，這個字警告我們要回去檢查一下上下文。而既然我們看到的是那一章的第八節，要從頭去找前面敘述的因果並不難。這麼做可以幫助我們發現這卷書的目的爲何、作者是誰、寫作書信的對象是誰、以及

第8節事件發生的背景。

但是，假設我們選擇查考使徒行傳二章8節、八章8節或二十八章8節，如果這幾節單獨存在的話，幾乎看不出其中的意思。除非我們把它們跟前後文的段落連結起來，又把前後文的段落跟篇章連結起來，然後把篇章跟整本使徒行傳連結起來。這麼一來，那幾句經文才變得有意義。

我們又回到原來那個問題：聖經是以書卷為單元來寫作。如果你隨意切割開這些經文，它們可是會血流不止。所以如果在第七章已經得了麻疹，你可以確定在第六章和第八章也得了同一種病。

讀不同版本

反覆讀經的危險在於對經文過度熟悉，一下子就會很想睡覺。一種可以避免這種狀況的方式，就是多讀幾種譯本。這麼一來，一旦你已經對某版本滾瓜爛熟時，就可以試試另一種版本，這有助於維持讀經的活力，你也一定可以注意到一些新東西。

聽有聲聖經

近幾年最令人感到興奮的發展，就是有聲版聖經的廣為流傳，幾乎任何一種譯本都找得到有聲產品。我喜歡邊開車邊聽聖經朗讀，而且不論你是在院子裡工作、替車庫上油漆、在海灘上作日光浴或是在街道上慢跑，沒有人可以阻止你聆聽聖經朗讀。

培養這個習慣有諸多的價值。首先，你把感官的經驗從視覺轉移到聽覺。對很多聖經經文段落來說，這樣的經驗比較接近聖經材料一開始被呈現的方式，而不是現在我們所見書寫的形式。比方說，耶穌所有的教導，包括所有比喻和登山寶訓都是用講的；約伯記很可能一開始是以口耳相傳，很久之後才書寫下來；詩篇多數都是吟唱出來的，而不是用來看的。聆聽話語比閱讀文字，讓人參與、體驗得更深入。

　　朗讀者的聲音也會有所助益。沒有兩個人朗讀起來會一模一樣，所以聽錄音帶就像是又讀了一本新譯本。字句可能相同，但強調的東西卻不一樣。此外，如果朗讀者知道自己在做什麼，就能夠十分投入其中，使經文活靈活現。

　　有聲版的聖經另一個好處是，可以反覆播放錄音帶或CD，得著循環反覆的價值。我剛提過有個人曾經讀一段聖經至少一百遍，那麼，你可以想像聽一段經文一百遍又會如何。你想你是否會記得那段經文的某些真理呢？

大聲地朗讀聖經

　　這一點跟我剛剛說過的一切有接續關係。再沒有什麼媒介能比自己的聲音更讓你投入聖經了，大聲誦讀會迫使你注意每個字詞。

　　除此之外，聖經有這種前例可循。申命記六章7節教導父母，特別是父親：「也要殷勤教訓你的兒女。無論你坐在家裡，行在路上，躺下，起來，都要談論。」換句話說，神的話語應該變成在你家中對話的一部分。根據這段經文，我想問你，上一次你讀聖經給孩子們聽是什麼時候？

　　事實上，我鼓勵你讓整個家庭參與其中。叫你的孩子讀經給你聽，接著再讀給他們聽。一起朗讀四福音，或是舊約歷史書，或者是一卷書信；使用容易朗讀的譯本。我保證你會把聖經的真理導向它該去的地方，那就是進入你的記憶裡面。

為讀經設一個進度表

　　這個說法已經存在很多年，而且大有存在的理由。我們有許多人光是看聖經一眼就已經感到筋疲力竭，真的能讀完整本聖經，大概已經是坐在老人用的搖椅上了。但事實是，一年讀完整本聖經是有可能的，只要一天讀幾章就可以，甚至很多版本的聖經後面還附有全年讀經進度。

　　想像一下年復一年按照那個進度來讀經，不久你就可以把聖經每一節的經文讀過十次、二十次、或甚至三十次。

　　當然，你不一定需要採取一年讀一遍聖經的方式，你可以試試早上讀一篇詩篇，晚上再讀一篇，這樣一來，整卷詩篇一年幾乎可以讀過五遍；或者是每天讀一章箴言，每個月就可以讀完整卷書；或者是一個月專心讀一卷書：週一到週六每天讀以弗所書或加拉太書一章，總共可以讀四次；或是每天讀一章約翰一書，連續讀個三十天。

　　你可以自行擬定讀完所有書卷的進度，想出你自己的讀經計畫。重點在於，想出一個方式來幫助你呈現你的進展。如果你是一個需要架構或喜歡達成目標的人，這是一個反覆讀經的好辦法。

現在換你來　試一試

你是否已經認同反覆讀經的價值了呢？這裡有個小練習可以驅除任何仍然縈繞不去的疑問：一週七天，一天讀一章舊約以斯帖記，每天大約半小時。使用本課提到的一些建議，例如用不同的版本、大聲地朗讀出來、甚至是聽有聲版聖經。當然，你也應該使用我前面提過的其他觀察技巧，看一看每天你可以看出多少新東西。把你的觀察列出來，或是把它們記在你的聖經裡面。到了一週的最後一天，看看你是否可以透過告訴別人，清楚準確地重組故事。同時，你從這則故事中得著什麼樣的洞見？

note

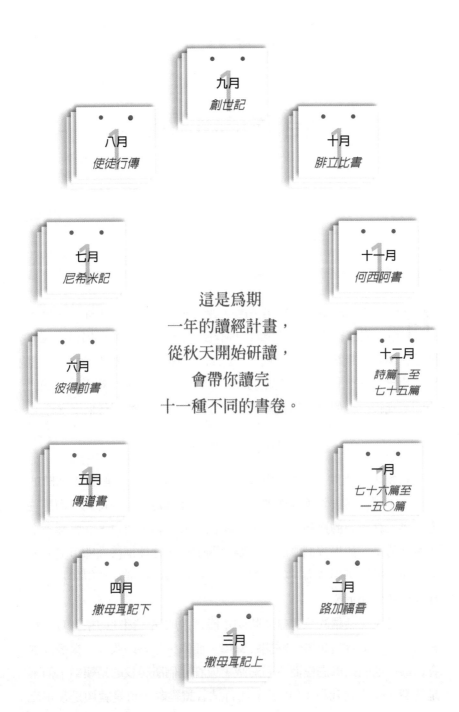

九月
創世記

八月
使徒行傳

十月
腓立比書

七月
尼希米記

十一月
何西阿書

六月
彼得前書

十二月
詩篇一至
七十五篇

這是為期
一年的讀經計畫，
從秋天開始研讀，
會帶你讀完
十一種不同的書卷。

五月
傳道書

一月
七十六篇至
一五○篇

四月
撒母耳記下

二月
路加福音

三月
撒母耳記上

第 *10* 課

有耐心地讀

有一句古老的話說，好事多磨。我不知道這句話是否完全正確，但針對聖經來說，它確實有道理。除非你已經發展出很高超的閱讀習慣，否則極不可能只用五分鐘看神的話語，就馬上看出許多重點。事實上，就算是技巧高超的讀者，也往往必須用遠超過五分鐘的時間來查經。他們已經學會使用最優等閱讀的第三種策略來讀聖經：

有耐心地讀聖經

對多數人來說，這是很困難的作業。我們活在一個講求即時的社會中，那些過去隔天才想要的東西，現在則是馬上要得到；而那些過去馬上就需要的東西，現在卻已經拋諸於昨日。所以，一點都不令人驚訝的是，如果我們真的決定要打開聖經，往往期待立即可見的成果，並且絲毫不想費力。如果我們不能在短時間就成功贏得頭彩，往往容易產生挫折感。

可是聖經話語的果實需要時間才能長大成熟，因此如果你有一絲絲的不耐，就容易想早一點擺脫麻煩，而錯失豐盛的收成。很多人都會這樣，他們因為過程而感到幻滅，或許他們所尋找的是娛樂，而不是啟發。有人對我說：「你看，我有試著讀經啊！可是就像是在水泥

上耕地一樣。」

其他人放棄聖經經文，轉而尋求第二手資料。當一發現聖經超過自己所能理解的那一刻，就馬上瘋狂地去找解經書，想看其他一些重要的聖徒對那段經文的看法。雖按部就班，但操之過急。就我的判斷來說，大家往往太早這麼做，他們通常已經到了即將採到金礦的地步，卻去讀第二手的資料。使用第二手資料沒有什麼錯，但你先要將整個心思都泡在聖經經文裡面。

長時間投入

我上大學時有練田徑，我跑的是低欄，這很合理，因為我的身材離地面比較近。那時有個人名叫吉爾·杜斯（Gil Dodds），他是世界室內一英哩賽跑冠軍，常到學校來找我，我們兩個建立了親近的友誼。

我永遠忘不了初次認識他的情景。我們站在田徑場上，他輕輕地拍拍我說：「小韓，我們跑一圈吧！」於是我就起跑了，我發現自己比他快了幾步，那時心裡有點納悶。我心想，如果你真的是世界室內一英哩賽跑冠軍，為什麼不跑快一點？

我不知道的是，他計畫還要再跑，而我卻是用盡力氣在跑。當終於跑完一圈，他又拍拍我的肩膀，喊著說：「小韓，快點，再跑三圈。」

我心想：很好，我會死在這裡！

你知道，短跑和越野賽之間有很大的差異，跑馬拉松要突破撞牆期，等到「在生氣效應」（the second wind；編按：指長跑運動中，脫離疲憊、重新恢復力氣的階段。）出現。跑長跑需要好好作準備，有耐心地讀經也是一樣，必須訓練出一些耐力，讓你可以持續看著一段經文，直到有進步為止。我提出幾個建議，希望可以幫助大家。

一個月查一卷書

我發現生活中存在一種節奏,對許多人來說,一次的循環大約一個月到六週。我們可以在一次循環的時間中堅持做某件事情,然而之後就有改變步調的需要。

在查經的時候,用五週來查考一卷書,通常足夠你達成一些重要的進展。五週內你可以把一卷書讀很多遍,也可以觀察結構,找出關鍵性詞彙,查出核心人物,用第二手材料查考背景,並且決定以一些實際的方式,在生活中應用書卷的真理。接下來的幾課中,我會一一探討這些任務。

重點是,一個月的時間,你已可以開始掌握聖經當中的單卷書卷,一卷書或許看起來不太多,可是也許已經超過你目前可以了解的內容。只要花一年的時間,你就可以讀完十二卷書;只要利用五年半的時間,你就讀完六十六卷書了。不到六年的時間,就可以親自領會整本聖經,你相信嗎?

任何書卷都可以被放進一個為時五週或六週的研讀計畫中,但我建議你先從尼希米記、約拿書、馬可福音、哥林多前書、腓立比書、雅各書或彼得前書開始。尼希米記、約拿書和馬可福音是「讀者容易親近」的敘述文,裡面有劇情也有人物刻劃。我另外提到的四本書是寫給基督徒的書信,篇幅都很短,也很實用,不難知道作者在說些什麼。

放大再縮小

用一個月單看一卷書,好像是很長的時間,但事實上真的不會。既然在任何的聖經段落中都有那麼多重點要看(還記得單單是使徒行傳一章8節,我們就找出不下三十個觀察點了嗎?),你必須限定觀察目標。

我們的策略是使用放大縮小的鏡頭幫助你。先從廣角開始來看,往後退幾步,來鳥瞰一下整卷書的全景,看看你是否察覺文章中的脈

絡、事件或概念的發展。接著，將某件看起來似乎很突出的事物放大觀察；如果你採取的是一個月看一卷書的方法，就用一週左右的時間來研讀那一個事件或是概念。

例如，在創世記中，前面十一章概述整個宇宙的受造、洪水、以及在巴別塔變亂口音；接下來的三十九章經文卻只描寫了四代的人事物，由其中四個人帶頭：亞伯拉罕、以撒、雅各和約瑟；這是創世記的大概全貌。而之中值得近距離觀察的事件，包括創造天地的敘述（第一～二章）、洪水（第六～十章）、亞伯拉罕獻以撒（第二十二章），以及雅各關於眾子的預言（第四十九章）。

一旦你花了時間去查考這些小事件，就可以再持續放大觀察，研究查考某個項目的細節。例如，在創造的記載裡面，神設立了婚姻（二18～25），這一段記載值得我們深入查考，因為這裡所建立的原則適用整本聖經。耶穌提過這段經文（太十九4～6），保羅也提過（弗五31）。這邊的記載也促使你去問這個問題：婚姻在創世記佔什麼地位？

在你放大研讀過某一個特別的事件、概念或字句之後，記得要回復到正常的視野，重新調整回全景。千萬要記得這件事，你不會想要到最後只讀出一大堆沒有關聯的片段記載；你想要的是讀到有一貫性的整體，在這個整體當中，所有的細節都可以跟整卷書總體信息吻合。

轉換你的查經方式

正如我們所看見的，不只一種方式可以查經，使用的策略愈多，就會得到愈多洞見。要能夠堅持長時間讀經，就需要不時改變你進展的方式，正如訓練跑步的人會變換他們的步伐。在接下來的幾課當中，我們會談談針對不同種類的材料，你可以使用的一些技巧。

耐心的兩個原則

要能耐心地讀經，關鍵在於：要耐心看待經文，也要對自己有耐心。我建議過大家一些耐心看待經文的方法，給經文一個機會來啟示出它的信息。

特別對比較沒有經驗的聖經學生來說，或許比較困難的原則是要對自己有耐心。一個人往往參加過一堂教會的聚會或特會，聽到講員把一段神的話語解得十分精闢，就等不及要查考經文。他備受激勵要親自去發現還不能看清楚的真理，能這樣做太棒了。

但是他忘記的是，那位講員已經多年勤奮地研讀聖經，一個新手絕對不可能一開始就有這種程度。還記得我跟吉爾·杜斯賽跑的事嗎？一開始我就跑得像閃電一樣快，但是那位冠軍得主卻知道要怎麼樣才能跑得更遠，而我並不知道。

因此當你開始自行鑽研神的話語時，要放輕鬆，並去享受那個經驗。神的真理就在那裡面，只要給自己時間，就會找到。

第 *11* 課

有選擇性地讀

我的幾個兒子會告訴你們，我不是很會釣魚；我很喜歡釣魚，但很少釣到。我們一家以前會去科羅拉多州度假，那裡有座小池塘，裡面有體型大得像半條獨木舟的鱒魚，但你覺得我可以釣上那種珍品嗎？

漁具店裡面可以買到的各式玩意兒我都試過了，還是一籌莫展。那些魚在岸邊跳來跳去，而我就在牠們鼻子前面晃動勾子，但是總而言之，很少抓到魚就對了。

最令我感到挫折的是，沿著海岸線不遠處總是有兩個行動遲鈍的老人家，帶著兩三套釣魚用具，而他們總是來不及把魚拉上岸。在我們一起聊天的時候，魚竿上也正拉起一條魚，同時他們的另外幾條釣魚線也在舞動，魚兒上鉤了。

他們的秘訣是什麼呢？他們不只對那座池塘很熟悉，對鱒魚很熟悉，他們還很清楚該用什麼樣的魚餌。

他們正好示範了最優等閱讀聖經方法的第四項策略：

有選擇性地讀聖經

有選擇性地讀經，就像把聖經當成一條魚，要使用對的曳繩釣

餌。你可以在任何一處經文上使用下列六樣「釣餌」，也就是用來詢問任何經節的六個問題。

是誰？（who）

經文中的人是誰？這是很容易回答的問題，只要讀經文就可以找到答案。一旦辨識出在這個經節裡的人是誰時，我建議你找出兩樣東西。

首先，關於那個人或那些人，聖經說了甚麼？例如，約書亞記二章1節介紹了喇合這個人物，但聖經只說她是「一個妓女名叫喇合」，從此以後大家都知道這個「妓女喇合」。如果有人這麼稱呼你，你會作何感想？聖經接下來的記載，她每次出場都被掛上這個名號。

那麼至於西門彼得的兄弟安得烈呢？你是否認識哪個人，他們有個很有名的兄弟或姊妹、或有名的父母？每次介紹他的時候，都是這樣：「這是安得烈，你知道的，就是彼得的兄弟。」感覺就像是沒有自己的身分一樣，這就是安得烈的惡劣處境。無論如何，要記得，當聖經說到某個人物的某項特色，你就要在筆記上記下來。

要記得也查閱其他經文段落，使你能了解關於一個人物的所有事情。例如，詩篇八十八篇的前言告訴我們，是「以斯拉人希幔的訓誨」（順道一提，最前面的註解也屬於聖經經文的內容）。到底以斯拉人希幔是誰啊？詩篇並沒有告訴你這件事。你得回到歷史書裡面去找看看這個人是誰。當你這麼做之後，就可以拼湊出一幅引人入勝的肖像畫，能夠解釋為什麼詩篇八十八篇如此黑暗又令人不安。

或者以希伯來書十一章為例。這裡面列出了超過十二位舊約人物，除非你回到舊約去研讀那裡發生的事蹟，否則就無法欣賞希伯來書列舉他們的意義。

其次，第二件要觀察的就是那個人說過什麼話？以登山變像中的彼得來舉例說明（太十七1～8）。他在那次事件中享受了最令人難以置信的經驗，這可是難得的經歷，而當時他說了什麼呢？「主啊，我

們在這裡眞好。」（這一定是第一世紀的人含蓄的說詞）;「我們來搭三座帳棚……三間小屋……然後就留在這裡不要回家了,讓這次的會議永遠持續下去。」你瞧,彼得是抱持這種座右銘的人:別光站在那裡,講點話啊!

　　你可能會懷疑,神爲什麼要在聖經經文裡四處散落這類的記載?爲什麼會有這麼多愚蠢、不尋常的評論和細節?原因是因爲祂想要你看到一般人的人生經歷,以至於可以得出他們所得到的結論。

發生了什麼事情?(what)

　　第二個需要問的問題是,這段經文發生了什麼事情?有哪些事件?依照什麼次序?在人物身上發生了什麼事?或者如果這是一段辯論某觀點的經文,那麼要問:主要的論述是什麼?重點是什麼?作者試圖要表達的是什麼?

　　這類問題的另一種類型就是問,故事情境中是否有什麼蹊蹺?例如撒母耳記上十五章1節,掃羅王掀起了一場與亞瑪力人之間的戰爭,他把敵人全數殲滅,抓住他們的王,劫掠戰利品,準備好要獻祭讚美神。但這個情境中有何不妥呢?撒母耳明白指出他的問題(十五19):「你爲何沒有聽從耶和華的命令?」掃羅有遵守,但並沒有完全遵守。而在神的制度中,部分的順服就是不順服。

在哪裡?(where)

　　這告訴你地點。這段敘事是在哪裡發生的?故事中的人身在何處?來自何方?要去哪裡?作者人在哪裡?這段經文的原始讀者又在何方?

　　針對「在哪裡?」這個問題,它本身就是一個查經時身邊要準備地圖或地圖集的好理由。這也是爲什麼很多聖經最後面都附有幾張地圖,可以讓你知道聖經中的事件發生在何處。

　　你是否正在查考一段旅程?那麼就在地圖上一一找出那些地點;

你是否正在查考哥林多前書？那麼就在地圖上找出哥林多這個地方；你是否正查考使徒行傳第八章腓利與衣索匹亞太監的那段經文，那麼就找出從耶路撒冷往南走到迦薩的路線，揣摩該名官員經過的鄉間會是什麼樣子。

有一次我教一門課，有個女學生已經拿過好幾個高等學位，某次上課時這位同學舉手問說：「韓君時博士，請問這件事是發生在南美洲哪裡啊？」當時我們正在研讀馬可福音。

顯然，她是一個聰明的高知識分子，但我卻忽略了這個事實，就是她完全不懂新約地理。其實這樣的人不只她一個，這是我們文化中一個令人吃驚的盲點。當你讀到聖經各種地方的時候，先不要帶著先入為主的觀念，你將不會失望的。多數人對聖經事件發生的地點沒有絲毫頭緒。

什麼時候？（when）

這是關於時間的問題。經文中的事件發生在什麼時候？與聖經中其他事件發生的前後順序為何？作者寫作的時間為何？

簡言之，你每次都需要確定一件事發生的時間。例如，馬可福音一章35節裡我們讀到：「次日早晨，天未亮的時候，耶穌起來，到曠野地方去，在那裡禱告。」這段記載夠清楚，我們挺容易去辨識這件事發生在什麼時候：「次日早晨」。但這是哪時候的早晨？記錄上顯示，這是我們的主最忙碌的一天之後的那個早晨。在聖經福音書裡只提到五十二個早晨，而那特別的一天充滿了奇蹟、教導和醫治。

我可以滿懷敬意地這麼說嗎？其實耶穌大有理由在那天早晨睡過頭；祂甚至可以用這個藉口：「父神啊，我是為了忙祢的事情啊！」但在行事曆上，祂與無限的神的關係居於優先，以至於祂老早在天都還沒亮的時候就起床了，然後到一個沒有人的地方去禱告。如果耶穌基督，這個與父神的團契和相交關係未曾間斷的神子，都需要禱告，那麼我必須要去做什麼？你必須要去做什麼？

　　我們透過問一個簡單的問題：「這是發生在什麼時候的事情？」，學習到上述眞理。

為什麼？（why）

　　我們可以對聖經的經文問出無窮的「爲什麼？」。爲什麼要把這個包含在內？爲什麼要放在這裡？爲什麼這個要接在那個後面？又爲什麼要放在那個前面？爲什麼這個人要說那句話？爲什麼那個人什麼都不說？「爲什麼？」是一個窮究意義的問題。

　　例如，浪子回頭的比喻只有出現在路加福音，馬太、馬可或約翰裡面都沒有記載。爲什麼呢？爲什麼只有路加記載了這個強而有力的比喻？

　　或者，我們一起來看使徒行傳，老實說，使徒行傳並沒有結局。保羅當時在羅馬，一邊教導一邊講道。但我們一直不清楚他到底發生了什麼事情，或者早期教會、其他使徒發生了什麼事。爲什麼？爲什麼路加不繼續敘述下去？爲什麼沒有其他人繼續他的記載呢？

　　「爲什麼？」這個問題，比其他問題還更能深入探究經文的內容，詢問這個問題必然將使你得到新的看見。

這是為了什麼？（wherefore）

　　我喜歡把這個問題講成「然後呢？」（so what?），如果我應用了這個眞理會有什麼不同？

　　「這是爲了什麼？」是讓我們可以開始對我們所讀的東西，再做些什麼的一個問題。請記得，神的話寫下來不是爲了滿足我們的好奇心，而是要改變我們的生命。因此無論是哪一段經文，我們都需要這麼問：「然後呢？」，等我們講到應用那個步驟，我會讓你看見回答這個問題的幾個方法。

在三萬英呎高空有選擇性地閱讀

上述的六個問題真的可以為你解開聖經的奧祕嗎？畢竟，它們真的非常簡單。為要得知所報導事件的真相，記者使用這些技巧已經行之有年，這幾個問題會產生多大的能力呢？

許多年前我坐著七四七飛機從達拉斯飛往舊金山，不管你相信不相信，那架班機上只有八位乘客，空服員卻有十五名。飛上天際的時候，我正在讀新約聖經，當時一位空服員從走道走過來，當她看到我正在閱讀聖經的時候，就停下來問我說：「喔，你是個信徒嗎？」

「是啊，」我回答說。「那你呢？」

「我也是，」她帶著微笑回答我。

她坐下來，我們開始談論一些屬靈的事情。最後我對她說：「你介意我問你一個問題嗎？」

「當然不介意。」

「你是否固定參加查經聚會？」

「沒有，我沒有固定參加。」

「你為什麼不參加呢？」

她說：「我不知道怎麼查經啊！不知道該從哪裡開始。」

於是我問她：「你想要學嗎？」

「我很樂意啊！」

「你現在有時間嗎？」

剛好在那班飛機上她有充裕的時間。於是我拿出機上的嘔吐紙袋（很適合當作筆記紙）寫下上面提到的六個問題：是誰？發生了什麼事情？在哪裡？什麼時候？為什麼？這是為了什麼？

接著我們一起查考馬可福音四章35～41節，平靜風和海的那段記載。我請她讀經文，接著我們一起回答這些問題：裡面講到哪些人？這一段裡面發生了什麼事情？這件事發生在哪裡？那是什麼時候？你想神為什麼把這件事記載下來？這對你的人生會造成什麼影響？

　　我很少看到一個人這麼興奮的。當我們查經結束後她問我：「為什麼作了基督徒七年之久，都沒有人教我怎麼讀經啊？」

　　這是一個好問題，但其實是個悲劇。你知道，今天的教會正在領人歸主，但有時候他們信了主十年、十五年，甚至二十年，卻未曾學會研讀聖經。原因何在？因為他們不知道怎麼開始讀，不知道怎麼著手查經。

　　他們跟我在科羅拉多的那座池塘邊的時候一樣，我只能呆呆地看著魚，卻一隻也釣不到；如果你只是在渡假那也沒什麼大不了。可是如果你靈裡飢餓（其實多數的人都這樣），那麼就該有人教導你如何去釣魚。

　　我建議你去試用上面所提到的六個魚餌，那可以幫助任何人抓到大魚。

現在換你來　試一試

　　針對有選擇性地讀經提出的六個問題很有趣，特別當你開始查考聖經故事的時候。路加福音二十四章13～35節記錄了最令人著迷的故事：耶穌復活後，在前往以馬忤斯的路上遇見兩個門徒。把那段記載讀個兩三次，然後用這一課所提出的六個問題去細細調查。不要忘了把自己的觀察記下來。

note

以禱告的心來讀

解開聖經奧祕的第五個策略就是：

以禱告的心來讀聖經

我們傾向於把查經及禱告當作分開的學科，但是事實上，它們是息息相關、缺一不可的。禱告真的是有效查經的關鍵，你要學習讀經前、讀經時，以及讀經後禱告。

當你讀經卡住了並且深感困惑時，這時候禱告特別至關重要，這是個停下來、跟神對話的好時機。「主啊，我完全無法理解這段經文，就是不能明白，請賜給我眼光，幫助我找出你的真理。」

然而，當我們需要禱告的時候，多數人都會備感掙扎。你會這樣嗎？你是否想要學習如何禱告？這裡有兩個建議：有些事要避免不做、有些事要去做。

不要嘗試模仿其他基督徒

如果你聽了太多其他信徒的禱告詞，就只能學會那一堆陳腔濫調、行話術語，以及讓你可以穿越約旦河的通關密語「示播列」（請

參：士十二4～6）。毫無疑問地，基督徒應該參與禱告會，但那並不表示每個人都要用同樣的內容禱告。

我發現有兩種人可以教你作最好的禱告。第一種，孩子。他們的禱告很新鮮、很實際。你猜目前有多少教會每週還在唸誦主禱文？每一週背的內容都一模一樣，同樣的詞句、同樣的韻律、同樣的集體呢喃。但是，當一個四歲的孩子在晚餐前或上床前開始作一段很簡單、動人心弦的禱告時，是多麼的不同。

可以聆聽並學習的另一群對象就是初信者，他們還沒有學會所有的教會術語。我們的教會有個人信了基督，決定去參加週三晚上禱告會和查經聚會；在這聚會中我們會先一起查經，然後分組禱告。

「嘿，小韓，我們要去哪裡啊？」他問我，當時我們正朝著走廊前進。

「我們要去那裡禱告。」我跟他說。

「那就有問題了。」

「是什麼問題？」

「我不會禱告，」他向我承認：「我是說，我沒辦法像你們那樣禱告。」

我說：「這位朋友，這並不是個問題。你可以為這件事感謝主。」

於是我們就開始禱告，我知道他很想參與，但是有點遲疑。終於，我伸過手去，鼓勵他可以開聲禱告。我願意用任何東西交換下面所發生之事的實況錄音。

他說：「主啊，我是吉姆。我是上週四遇見祢的那個人，祢還記得嗎？」（我心想他可能想把郵遞區號給神也說不定）「我很抱歉，我沒辦法像身邊這些人所說的那樣禱告，但我真的很愛祢。我是說真的。而且我希望，在我認識祢一陣子之後，我可以禱告得更好。我很謝謝祢。下次見囉！」

你知道那個男人做了什麼事情嗎？他讓一個禱告會動了起來。你知道，我們其他的人都在說一堆禱告詞。一如往常地，我們在檢視

我們的神學，去宣教工場巡邏一番，把銀河系拆成碎片。這個人的禱告，是單單地向神說話；他還不知道，其實他已經大幅超越我們其餘的人，因為他在他的天父面前是誠實的，而惟一可以感動祂的就是我們的心。

要把經文化為禱告

神很喜歡人提醒祂曾經作過的應許。所以告訴祂吧！提醒祂，支取祂的應許。

讓我從尼希米記中提供你一則很美麗的實例。在第十八課我們還會回頭提到這個人，那時是要學習如何查考一個段落，但現在我要你看尼希米是怎麼把神的話語化為禱告。如果你想要學習禱告，就先查考這段禱告文吧！這是一則經典。（你可以翻開本書163頁，或翻開尼希米記一章4～11節。）

當時的上下文背景是，尼希米是巴比倫宮廷內位高權重的猶太官員，從家鄉耶路撒冷來的信差告訴他，目前那裡正處於可怕的困境，城牆被毀、百姓民不聊生。

因此尼希米就跪下來禱告，他直覺的反應就是要禱告。這裡有一堂課我們要學習，他禱告的時候，做的第一件事就是崇敬神。

> 「耶和華──天上的神，大而可畏的神啊，祢向愛祢、守祢誡命的人守約施慈愛。」 （尼一5）

我們可以把「崇敬」這兩個字寫在這一節旁邊。在尼希米講別的事情之前，他的心中先充滿對神本性的認識。

我們也是這樣禱告的嗎？不，我們更可能會說：「喔，主啊，我可不可以不要卡在困境中，請把我救出去。」我們往往把注意力放在自己身上。

但聖經中的禱告有一種共同的特性：總是把焦點放在禱告者求告

的「那一位」身上。每當要開支票或把信用卡交給售貨員的時候，我們首先需要問的是銀行裡還有多少錢；在禱告時我們也需要這樣做。當我們看著自己的需要時，應該要問，我們是在跟誰說話？那一位是什麼樣的？尼希米的心裡滿滿的都是那一位。

接著，他轉換了禱告的內容。在他心中被神佔滿之後，下一步就是承認他自己和百姓的罪惡。

> 「我與我父家都有罪了。我們向祢所行的甚是邪惡，沒有遵守祢藉著僕人摩西所吩咐的誡命、律例、典章。」
>
> （尼一6～7）

我們可以把第二個詞「認罪」寫在這段經文旁邊。現在，禱告專注在罪上面，不只是人民的罪，還有尼希米所犯的罪。如果你有孩子的話，你可能會知道孩子很懂得揭發其他兄弟姐妹的罪狀，但是尼希米在此設立了一個不同的模式。事實上，他說：「我想要主知道的第一件事就是我們都犯了罪，我也是整個國家的一分子。」不是那些罪人犯了罪，而是我們這些罪人犯了罪。

你是否注意到，尼希米是在專注於神之後才專注於罪，這兩者有何關係呢？這裡的關係很清楚了，不是嗎？對於罪的承認，總是隨著對神聖潔的認知而來。你瞧，我們之所以認為自己多麼地有能力，理由是我們真的不知道，那位跟我們有關係的是什麼樣的神；但是當心中充滿了對神的認識，我們真實的景況就接著浮現出來。

現在請你特別注意下面的經文，因為這對整段禱告文產生畫龍點睛的功效。尼希米一開始是崇敬神，先專注於神的本性，接著他繼續認罪。現在在最後的結論時，他支取神的應許。

> 「主啊，求祢側耳聽祢僕人的祈禱，和喜愛敬畏祢名眾僕人的祈禱，使祢僕人現今亨通，在王面前蒙恩。」　（尼一11）

尼希米接著進行我們所謂的「祈求」。他的焦點放在百姓的需要上，提出要求時，他倚靠神的應許。很明顯的，他是個很優秀的聖經學生，因為在8～9節裡面，他想起了聖經前五卷書中的幾段經文，神闡明祂賜福與懲罰的條件，並且是以百姓忠心或不忠心事奉神為根據。尼希米提醒神這件事：「好的，主，記得祢答應過的事嗎？我只是請求祢履行承諾。」

這裡面有著偉大的教訓：總是要根據神的應許來禱告。畢竟，關於承諾，我們都要去問是誰給的？我可以這樣說：「為了你的緣故，我要給你一百萬元。」，這是一個很偉大的承諾；但是這是誰給的承諾呢？是個超級百萬富翁嗎？或者是個現在可能只有十塊錢的人？每當有人承諾要做一件事情，你一定要問那個人是誰。

你是否想要知道如何禱告？尼希米會告訴你。先從崇敬開始，先在自己的心中想清楚神是誰。這會帶領你認罪，因為你會用合宜的眼光來看自己。這麼一來，就準備好為你的需要向神祈求。

順道一提，試試看比較另一些經文，例如出埃及記三章和以賽亞書六章。從創世記開始到啟示錄，你都可以找到與此相同的禱告模式。

以禱告的心來讀聖經

講到讀經時懷著禱告的心，聖經中有個很有力的例子，那就是詩篇一一九篇。意味深長的是，它是聖經中最長的詩篇；事實上全部的經節（一百七十六節）比聖經正典中任何一章都長。而其中每一節都對神的話語有所著墨（神話語的目的、對人產生的好處以及價值）。我衷心地推薦各位仔細去讀每一節。

有許多節特別提到懷著禱告的心來讀經。比方說，詩人使用話語來讚美神（12節）；他求神來幫助他可以成為觀察細膩的讀者（18節）；他禱告求神給他對神真理的悟性（27、34節）；他尋求幫助，要在生活當中應用聖經的真理（33、35～36、133節）；他指出神的律法

被破壞了，因此這是神行動的時間了（126節）；他根據神的本性祈求神憐憫（132節）；他根據神的應許來祈求（169～170節）；在反省神的命令之後，他祈求赦免（176節）。

關於以禱告的心來讀聖經，這是個絕妙的範例，你可以想像今天的基督徒若用這種方式來接近聖經，會是什麼樣子。

現在換你來 | 試一試

講到最優等閱讀的查經策略裡面，最需要耕耘的很可能是以禱告的心來讀經。下列三個習題可以幫助你開始：

詩篇二十三篇

詩篇二十三篇可能是聖經中最出名的經文，理由十分充裕，它刻劃出神與祂孩子之間溫柔關係的一幅美麗圖畫。你可以把這篇詩篇當作個人的禱告，把你自己的名字放進每一個「我」出現的地方。

以賽亞書四十章28～31節

這是另一段可以變成自己禱告的經文。看一下此處神絕妙的應許！你是否需要把祂在這裡的應許也讓你經驗到？把這段經文變成你自己的禱告，求神在你身上這麼成就。

腓立比書四章8～9節

這裡有另一處經文，提出諸多的應許及條件，是你可以存著禱告的心去閱讀和學習。複習保羅所列出來的特質，問自己這個問題：我的人生裡面有哪些實例？接著，在第8節的基礎上，我需要開始練習些什麼，才能得知神的平安？跟神說這幾節裡面提到的事情，以及你的反應。需要祂在哪些地方改變你？需要祂幫助你培養什麼樣的態度和思想？

note

第 *13* 課

以想像力來讀

一般人都以為讀經是極其無趣的事情，這雖令人難過，但卻是真的；事實上，惟一一件更無聊的事情就是聽某人教導聖經。然而我卻堅信，對那麼多人來說，聖經之所以看來很無趣，是因為我們遲鈍。但若是我們應用最優等閱讀的第六項策略，事情就會變得截然不同。

以想像力來讀聖經

「你們為什麼不讀聖經呢？」我問過大家。

「聖經？」他們用懷疑的眼光看著我，並且說道：「算了吧！還有別的更有意義的事情，值得花時間去做。」你可以想見如果曾把一本聖經交給他們，他們在打開以前，得先把灰塵吹掉。

這就難怪了，往往當我們看聖經的時候，我們使用的都是最不具想像力、最耗力氣的方式。例如，有多少次你進到一個小組，聚會的主領人說：「好，請大家翻到聖經某卷書某章某節。」每個人都在翻找經文時，你在旁邊等待，因為要花點時間。

接著那位主領人繼續下去，「好，我們要一起開始讀這段經文。吉姆，可以請你唸第一節嗎？接著請蘇西來唸第二節。大家輪流來

唸。」

於是吉姆就開始讀了。不幸地，他讀的不是很順，而且他手上拿的是《英皇欽定本》，裡面一大堆汝啊爾的這類用語，可以說他是一路跌跌撞撞，努力想要搞清楚古代國王的英語。等到他唸完那一節的時候，其他人幾乎都已經意識昏迷了。

接著輪到蘇西，只有她手上有新奇的現代翻譯版本，沒有人可以知道她在唸哪裡。然而，接下來那個人開始讀第三節時，災難終於降臨。他唸的是另一個書卷的第三節，等到他唸得差不多了，根本還沒有人搞清楚那節經文到底在說什麼。但是這沒有關係，因為多數人早就魂遊象外了。

相對的，我們的教會曾有個擅長用戲劇化方式呈現聖經的牧師，曾在劇場工作的背景成為他的助益。他經常在全會眾面前扮演聖經人物的角色，他會化妝、換上服裝。為要讓我們感受整個文化背景，他作了很多背景研究。接著他會用第一人稱，並且使用日常生活的語言，來講述那個人物的故事。

因此，等到他講完的時候，我們不只是看得很高興，還領受了很多教導。我們的想像力發揮了作用，可以進入整段經文中。我們了解到聖經真理和人類經驗可以如此密切地結合。

有一件我希望更多人讀經時會做的事情，是去作這個簡單的禱告：「主啊，請為事實披上迷人的外衣，幫助我潛入這些人的身體裡面——以他們的眼睛來看，以他們的指頭來感覺，以他們的心來領受，以他們的頭腦來明白。」那麼神的話語就會變得活生生的。

我有許多的建議，教大家如何用想像力閱讀神的話語。

使用不同的翻譯版本

我會一再重提這件事情，閱讀不同版本的聖經是刺激你想像力的絕佳方法。

今天的我們極蒙福，可以擁有這麼多種類的翻譯本。到近幾年

之前，基督徒基本上都只有一種英文聖經譯本可以讀。事實上，在一八三二年威克理夫（J. Wycliffe）的翻譯本出版之前，並沒有英文譯本。幸虧我們對古希伯來文和希臘文的了解有了重大發展，現在才能有一些特別出眾的準確譯本，也能有一些可讀性高的譯本。

　　我最喜歡其中一本是《腓力斯現代英語新約》（修訂版），腓力斯有一種行雲流水的風格，能絕妙地捕捉經文的氣氛。例如，在使徒行傳十七章16～21節保羅遇見雅典哲學家的那一段記載，《新美國標準本聖經》有十分準確的翻譯：

> 正當保羅在雅典等候他們的時候，他看到整座城都是偶像，這時候，他的靈裡頭被激動。於是他就前往會堂與猶太人以及敬畏神的外邦人辯論，每一天還去市場裡跟當場路過的人辯論。還有一些伊比糾魯以及斯多亞派的哲學家在跟他對話。有些人說，「這個沒事亂說話的人會想要說些什麼呢？」其他人則說，「他似乎在鼓吹一些奇怪的神祇。」因為他傳的是耶穌和祂的復活。他們就把他帶到亞略巴古那裡，對他說：「你正在宣傳的新教訓是什麼，可以告訴我們嗎？因為我們聽到你講了一些希奇的話。因此，我們想知道這些事情是什麼意思。」（所有到那裡的雅典人和陌生人，向來都慣於花時間，單單就為了要聽聽有什麼新花樣。）

再把上述的譯本跟腓力斯版聖經譯本作個比較：

> 保羅剛好空出一段時間，可以在雅典等西拉和提摩太抵達。當他在那裡的時候，他心中充滿氣憤，因為看到整座城的人都沈迷於偶像崇拜。他忍不住要去跟會堂裡的猶太人以及敬畏神的外邦人討論這件事，他甚至還天天在公開的商業中心廣場跟路人辯論。當他在那裡講話的時候，有些伊比糾魯和

斯多亞派的哲學家偶然碰見他，有些人脫口就說：

這隻公麻雀到底想要說什麼？」

其他人則說，

「他似乎是試著要向我們宣揚介紹更多神祇，而且是外邦的神。」

因為保羅真是在宣揚「耶穌」和「復活」。所以他們就抓著他，並且把他帶到他們的議會上去，那議會名叫亞略巴古。在那裡他們問他說：

「我們是否可以知道你的新教訓的真正內容是什麼？你講的事情我們聽起來很奇怪，我們想要知道到底是什麼意思。」（對所有雅典人來說，甚至是來雅典的外國觀光客，都很沉迷新奇的事物，樂意花所有的時間去談論或者聆聽新事物。）

你看出來腓力斯的譯本多麼富有想像力了嗎？如果你已經厭倦了過度曝露在聖經的某種翻譯之下，我鼓勵你去找些新的譯本，刺激一下腦子。

用你自己的話重寫一遍經文

這是上面那段內容的延伸，翻譯者需要使用很多想像力，才能把原文的聖經經文轉換成英文。同樣的，如果要把英文版聖經改寫成對你自己有意義的字詞，也會挑戰你的想像力。

例如，在上述新美國標準本的使徒行傳十七章16節中，翻譯者形容保羅對偶像的感覺是「他的靈裡頭被激動」（his spirit was being provoked within him），而腓力斯版則說「他心中充滿氣憤」（his soul was exasperated）。你會怎麼形容這種感覺呢？「他氣死了」？「他氣急敗壞」？「他氣到不行」？「他氣到胃痛」？「他氣到快把頭髮拔光了」？

試著用自己的話重寫一次使徒行傳十七章16～21節。看看會不

會激發你的想像力，以及你對經文的興趣。

用不同的語言讀經

如果你會不同的語言，就去讀那個語言的聖經譯本，你會發現經文裡面出現各式各樣的新事物。這麼做具有我在前面提過閱讀不同譯本，以及改寫版本的優點。

請某人大聲誦讀聖經經文

在前面幾課，我提過人的聲音有一種使紙上字句活過來的能力。一定要叫你的孩子們把聖經故事大聲讀出來；如果你剛好認識外籍交換學生，或者是一個生長於不同文化的人，邀請那人到家裡來，請他唸聖經經文給你聽。他們的腔調會讓整段經文穿戴上完全不同的外衣，這是對你極有好處的事情。

改變你的周遭環境

我深信在固定時間和地點查經的價值，但如果你想要重新激發想像力，可以去開發閱讀神話語的不同環境。

例如，耶穌有很多比喻都是在加利利海邊說的。因此，如果你正好住在靠近湖邊或海邊的地方，可以考慮把聖經帶去讀，並且思考反省主的教導。同樣的，詩篇有很多篇是大衛寫的，當時他是個牧羊童，在野地裡牧羊。你可以開車到鄉下去，花一些時間查考那幾段經文。

這裡所講的是想盡辦法用不同的觀點來看聖經，如果我們一直用同樣的方式去讀經，又是在同一個地方讀，週而復始，我們就冒了一種危險，會把讀經當作例行公事，是沒啥樂趣也不會令人興奮的練習。這多麼悲哀啊！特別當我們想到，歷史上最偉大的藝術及音樂作品，不就是由一群學會用富有想像力的方式去讀經的人所創造的嗎！

現在換你來　試一試

接下來給你一個伸展想像力的機會。看看針對下列的習題，你可以如何採取創意讀經法。

使徒行傳十六章16～40節

這段記載生動地記錄了保羅與西拉在腓立比的事蹟。仔細地研讀，觀察這一段經文裡面發生的事件，接著跟你的家人或朋友用戲劇的方式演出這段記載。

詩篇十九篇

這篇詩篇讚美神的工作以及神的話語。仔細地加以觀察，並試著針對大學物理或哲學課程來重寫一次。

撒母耳記上十七章

這是關於大衛與歌利亞一段史詩性的記載；雖然多數人都知道這個故事，可是他們對真正發生的事情卻幾乎毫無所悉。仔細地研讀這幾章，重新寫成市中心貧民區成長的青少年幫派可以感同身受的文字。

使徒行傳十五章22～29節

路加重新寫了一封信，是耶路撒冷的教會會議，要寄給腓尼基和撒馬利亞初信主信徒的書信。仔細地查考上下文，接著再重寫成另一種版本，像寫給在市中心聚會的一群初信基督徒的傳真。

棉花田版的聖誕節

這裡列出一個用想像力讀經的例證，十分引人入勝。就是佐頓（C. Jordan）改寫出來的一則不太恭敬的聖誕節故事（路二1～20）。也就是《棉花田版的路加福音》。佐頓在這封從喬治亞州阿梅里克斯（Americus）城寄出的信中，把耳熟能詳的聖誕節故事加上了「美國南方風味」。你可以看看他是否達成了目標，成功地把聖經解說成「幫助現代讀者可以在這段記載中，跟早期基督徒一樣擁有同樣參與感」的記載。

在那時候，奧古斯都總統公開下令，每個公民都要去登錄戶口。這是居里紐做戰爭部長時第一次登錄戶口，所以每個人都回到自己的家鄉去報戶口。約瑟也是一樣，他從南喬治亞州的瓦多斯塔（Valdosta）城向北走，要回到他的家鄉，北喬治亞州一個叫作甘斯維爾（Gainesville）的地方。要去跟他的新娘馬利亞一起登錄戶口。馬利亞這時候身孕已經重了。

當他們還在那裡的時候，她臨盆的時候到了，於是就生下第一個男孩子。她用毯子把孩子包起來，把他放在一個蘋果盒裡頭。（醫院裡沒有地方可以容納他們。）

那個地區有一些農夫，很晚了還沒入睡，忙著照顧小雞。主所差遣的使者向他們顯現，主的榮光圍繞著他們。差點把他們的魂都嚇跑了。使者告訴他們：「不要害怕，請聽好，我要帶給你們大好的消息，是要給所有人共享的。今天你們的拯救者生在大衛家族之城了。他是主，這裡有個線索供你們參考：你會發現一個嬰孩用毯子包起來，躺在蘋果盒子裡。」

突然間，使者身邊出現一群天使，高唱著讚美神：

至高之處榮耀歸給神，

在地上，

平安歸給

祂所喜悅的人。

　　當使者離開他們升上天時，農夫對彼此說：「我們一起去甘斯維爾，看看主顯明給我們看的一切事情如何實現。」

　　因此他們就用最快的速度去到那裡，找到了馬利亞和約瑟，以及躺在蘋果盒裡面的孩子。一看到這個景象，他們就能夠理解所聽到關於這個小孩子的事情。當眾人聽到農夫的話時，他們都非常驚訝。馬利亞把這些話都存記在心裡，在回憶中不斷反覆地思考。那些農夫回到家，把功勞歸給神，為著他們所見所聽的一切高唱著讚美詩，因為一切正如天使所形容的一樣。

註：本段經文來源為佐頓的《棉花田版路加福音與使徒行傳：耶穌所做的，以及發生在祂身上的事》(*The Cotton Patch Version of Luck and Acts: Jesus' Doing and Happenings* [New York: Association Press, 1969], pp. 18-19.）

第 *14* 課

以默想的方式來讀

對我們多數人來說，要以最優等閱讀的第七策略來讀聖經是有難度的：

以默想的方式來讀聖經

換句話說，我們要學習在閱讀過之後反芻思考。這很困難，因為我們有愈來愈多人活在「雷射光束」裡；以前如果有人沒趕上驛馬車，他們會說：「沒關係，我們下個月再坐就好。」而今，如果有個人沒趕上旋轉門的其中一格，就會慌亂抓狂。

因此，以默想的方式來讀聖經已經失寵了。我還記得唱過的一首聖詩《成聖須用工夫》，但現在已經很少聽到這種話了，我可以了解這是為什麼。成聖的確就是要花時間，我們不可能匆忙之間就變聖潔。然而，正如我先前說過的，我們活在一個即時社會中，有許多事同時讓人分心，電視、手機、電子郵件、「蝸牛信件」（snail mail）、藍莓機、衛星連接、有線電視節目及多媒體檔案播放器（podcast）提供了那麼多東西，我們根本沒時間反應，更別說是省思了。可是我們不能「下載」靈性。

這就是為什麼聖經經常提到默想的原因。我想要給大家看五段經

文，在這方面刺激你的胃口。

約書亞記一章8節

這律法書不可離開你的口，總要晝夜思想（何時？），（請注意！）好使你謹守遵行（不只知道，而是去行！）這書上所寫的一切話。如此，你的道路就可以亨通，凡事順利。（作者加註紅色楷體字）

這一節顯示出，在默想和實行神的話語之間有緊密的關聯。等我們進行到第三步驟「應用」時，這會是關鍵。在這裡我想要指出，聖經真理滲入你心中的頻率應該是「晝夜」不息。這讓我想要問：一天開始的時候，我想到的是哪一處聖經？我在工作的時候、在回家的路上呢？講到這個，上一次我有意識地反省聖經的真理和原則是在什麼時候？

箴言二十三章7節

有一天我讀箴言時，有句話從書裡跳出來：「因為他心怎樣思量，他為人就是怎樣。」（二十三7）那真的抓住我的目光，這或許是因為我剛在某人的辦公室裡面看到一個牌子，上面寫著：「你不是你以為的那個你，你怎麼想，你就是那種人！」聖經教導的是基本原則，你怎麼想就會變成什麼樣的人。所以要小心你怎麼思想！

詩篇一篇1～2節

詩篇第一篇也有類似的信息：

不從惡人的計謀，
不站罪人的道路，
不坐褻慢人的座位，

惟喜愛耶和華的律法，

晝夜思想，這人便為有福！（作者加註紅色楷體字）

又是那個晝夜不息的模式了，這是典型的默想，這不只是一種你練習個十五或二十分鐘然後就告退的事情，而是心智上的訓練，是一整天都要操練的。這是一種心態及生活方式，讓神的話語流經你的腦袋。

默想聖經跟在我們社會中的冥想是完全不同的，廣受歡迎的東方哲學式冥想告訴你要放空自己的腦袋，但這跟聖經所說的卻是恰恰相反。聖經的默想，意指用神所啟示的真理來充滿你的頭腦。

詩篇一一九篇97節

詩篇一一九篇加強了上述的想法，正如詩人所呼喊的：

我何等愛慕祢的律法，

終日不住地思想。（作者加註紅色楷體字）

你是否曾經觀察到，我們多數人都浪費很多時間去做例行公事，例如等電話、排隊、開車上班？我問過一個住在洛杉磯的朋友，他花多少時間通勤。「我花一個半小時去上班，再花一個半小時回家，」他這麼告訴我。也就是說，他一天花三小時上下班，一週五天，甚至有時候是六天，這可是很長的時間。有上百萬的通勤族花了這麼多時間，甚至是更多的時間在上下班。

但是在這段時間當中，他們的心思都做些什麼事情？我猜多數的人通勤時，腦袋是停擺的，他們聽著廣播、CD或iPod隨身聽，對周遭其他的駕駛人怒火中燒。但是如果每個人的頭腦都能就緒運轉，那會成為多麼美好的一段時間！

這就是為什麼正如我在第九課裡面提到過的，我開始一邊開車

一邊聽有聲版的聖經；很不可思議的是，聽神的話對我產生的影響極大，特別使我預備心面對一整天的活動。這麼做容讓眞理包圍住我的心。

詩篇十九篇

詩篇十九篇對我們進入聖經提供了一些深奧的洞見。你必須查考那一段經文，它專注在神的話語上，告訴你神的性格是什麼樣子。「耶和華的律法全備……；耶和華的法度確定……。耶和華的訓詞正直……」等等。

它也告訴你神話語的影響是什麼，例如：它「甦醒人心」。你是否曾感覺到整個人快沒電了？神的話語可以讓你重新起步！它也會「讓愚人有智慧」，不論你是否上過大學或你的智商多少，重要的是你有多麼受教，你有多麼願意把心思重組，裝滿聖經所提供的智慧。

在那篇詩篇的高潮，詩人這麼禱告：

> 耶和華——我的磐石，我的救贖主啊，
> 願我口中的言語、心裡的意念
> 在你面前蒙悅納。　　　　　（14節，作者加註紅色楷體字）

這是富啓示性的禱告，顯示出詩人把默想看爲他屬靈生命的絕對必要內容。如果這對他所生存的時代有這種意義，對活在這一代的我們來說，當面對這世界的壓力之時，又何嘗不是有其絕對必要！我們需要把自己的頭腦浸泡在神話語裡面，如此一來，我們說的話語和心思意念就會在神面前蒙悅納。

善用你的時間（在清晨、喝咖啡休息時分、在午餐時、從公司坐車回家時、上床睡覺前），可以省思一下你所查考的眞理。

誠實地說，神在我生命中帶給我最大的改變，是透過默想而達成，就是容許神的話語來濾淨及滲透我的腦子，並且進入我的生命。

我明白了上好的讀經方法，不是追求快照般的瞬間感受，乃是長時間的沉浸其中。

現在換你來　試一試

如果你不習慣在讀經時默想，我給大家一個建議，你可以開始這麼做：分出一天的時間，不做例行公事。不用工作，不會被打擾，沒有答應人家要做的事情。或許你有個最喜歡的鄉間，或者是海邊，或者湖邊小屋。不論在哪裡，去找一個可以單獨待上幾個小時的地方。

花時間默想約翰福音四章1～42節，耶穌拜訪撒馬利亞城的記載。求神幫助你對祂的話語看出新的洞見，告訴你如何應用。接著把那個段落多唸幾遍。使用第九課裡面重複讀經的建議。

檢查約翰福音之前與之後的段落，這樣有助於用上下文的角度看這段經文。接著仔細地看那段經文，回答下列問題：例如，這個故事中的人是誰？撒馬利亞人是什麼樣的人？為什麼耶穌跟這個婦人談話是不尋常的事情？她的鄰居有何反應？門徒又如何？當他們回來的時候耶穌告訴他們什麼？關於傳福音給其他人，這段經文教導了什麼樣的功課？

在你了解故事全貌之後，想一想這可能對你有什麼隱藏的含義？例如，你通常會遠離什麼樣的人？為什麼？那些人會對福音有什麼樣的回應？你可以做些什麼或者說些什麼，好幫助他們跟基督靠得更近一點，最終可以相信祂？一講到傳福音，你是撒種的人還是收割的人（36～38節）？或兩者都不是？在這段故事裡對哪一個人物你最能感同身受？為什麼？

　　你是如何歸信基督的？是誰告訴你關於基督的事情？你的回應是什麼？你跟誰說過關於耶穌的事情？你說了什麼？你得到什麼回應？在這個故事中是否有什麼原則，是你下次跟人分享基督時可以派上用場的？

　　你可以多想一些問題。目標是要咀嚼神的話語、尋找洞見，以及自我檢驗、尋找應用聖經的方式。確定要把你從這段經文裡面觀察到的一切東西，以及你的結論都記下來。也要花時間禱告。以你所查考的為基礎，加以默想。神告訴你什麼？你需要告訴祂什麼？在哪些地方你需要祂的資源與幫助？你希望神為你打開什麼傳福音的機會？

note

第 *15* 課

有目的地讀

還記得我們在第二課中提及的提摩太後書三章16～17節嗎？上面說聖經都是神所默示的，而且對我們是「有益的」。換句話說，聖經有其寫作目的。事實上有四種目的：教訓、督責、使人歸正、教導人學義。這提出最優等聖經閱讀的第八種策略：

有目的地讀聖經

有目的地閱讀，尋求作者的寫作目標。沒有一節經文是意外被丟進聖經中的，每一個字詞都對其中的含義有所貢獻。身為讀者，你的挑戰是要辨別出那個意義。

這要怎麼達成呢？決定目的的關鍵之一就是尋找架構。聖經每一卷書都有文法及文學架構，我們一起透過實例來看，思考它們在意義上的貢獻。

文法架構的目的

許多聖經作者透過慎選文法來溝通自己的想法。我知道今天有一種趨勢，那就是不論性別或職業，一概都不重視文法，並且把它當作嚇人的怪物。但在字詞的選擇和排序上，聖經作者並未如此毫不在

乎。事實上，文法對教義的影響舉足輕重。所以我們需要格外注意下列聖經經文中的文法特性。

動詞

　　動詞很重要，是代表行動的字詞，告訴我們誰在做什麼。例如，在以弗所書五章18節裡面，保羅寫到：「要被聖靈充滿」，「被充滿」這個動詞是被動的。他並沒有說：「你要用聖靈充滿自己。」他正在挑戰我們打開自己，順服於他的旨意，讓聖靈來掌管我們。這是很重要的觀察，因為以弗所書告訴我們，在教會裡面所謂活在聖靈中的生活看起來是什麼樣子。

　　這個動詞的另一個有趣用法，在創世記二十二章10節。亞伯拉罕帶他的孩子以撒到摩利亞山上去，要把他獻給神為祭。「亞伯拉罕就伸手拿刀，要殺他的兒子。」

　　英譯本中讀者無法察覺，但是註釋書會告訴你這裡的動詞表示一種已經完成的行為，彷彿亞伯拉罕真的殺了自己的兒子。在他心目中，這行動已經完成了，他已經順服神到了極點。這對了解作者的意圖至關重要，他正向我們展現亞伯拉罕的信心，這是由順服所闡釋的信心。正如保羅稍後在羅馬書中所說的，亞伯拉罕信靠神的信心是，就算他犧牲自己的兒子，神也可以讓他從死裡復活，以保存他的後裔（羅四16～21）。亦見希伯來書十一章17～19節。

主詞和受詞

　　一個句子的主詞負責行動，受詞則是接受行動，很重要的是不要把兩者混淆。腓立比書二章3節勸告我們「各人看別人比自己強」，這樣的次序很重要。「看」是動詞，「各人」是主詞，「別人」是受詞，保羅寫的是在信徒的關係中要讓人看到基督的謙卑，這些是具挑戰性的句子。

　　相關的經文在加拉太書六章4節：「各人應當察驗自己的行為；

這樣，他所誇的就專在自己，不在別人了。」這是所謂「屬靈果子稽核員經節」，因為我們有許多人在需要更注意自己的屬靈果子之時，傾向於先去檢查別人的。

　　我再說一次，動詞是「察驗」，主詞是「各人」，以此推論，主詞是「你們每一個信徒」，而受詞就是「自己的行為」。所以保羅是在討論關於自我反省的主題，這個主題在加拉太書這個部分具有重要的意義。他說的是當信徒自己犯罪的時候，卻干預其他信徒的事情。

修飾語

　　修飾語就是一些用來形容的字詞，例如形容詞和副詞。這些可以擴大所修飾字詞的意思，往往他們會使文句整個意思完全不同。例如，在腓立比書四章中，保羅感謝腓立比人所贈與他的禮物，我們不完全知道那個禮物是什麼，但是保羅用這個他時常重複的應許鼓勵那些人：「我的神必照他榮耀的豐富，在基督耶穌裡，使你們一切所需用的都充足。」（腓四19）

　　這一節經文照例會被抽離上下文來看待，讓它看起來像是神應許要供給我們所有的欲望，而不是滿足所有的需要，但事實上它不是設計來刺激我們的物質主義用的。這是保羅對神的供應充滿信心而說的一句話。他究竟多麼有信心？這裡的修飾語「一切」是個限定詞：「我的神必使你們一切所需用的都充足」，直譯的意思是「你們的一切需要」。祂不會虧負我們，祂不只供應我們所需要的，祂供應的是我們一切的需要。

介系詞片語

　　介系詞是短短的字詞，告訴你行動在哪裡發生：在裡面（in）、在上面（on、upon）、透過（through）、去哪裡（to）等等。可以思考一下聖經中出現的幾個介系詞片語，你就會明白，當你看到的時候把它們標明起來有多麼重要：「在基督裡」、「（在）起初」、「藉著聖

靈」、「按著靈性」、「按著肉體」、「在律法以下」、「因信」、「按著主的話語」。

連接詞

聖經中最強有力的兩個詞語就是*以及*（and）和*但是*（but）。我們見識過在使徒行傳一章8節中，*但是*佔了多麼重要的地位。請參考民數記十三章31節、撒母耳記下十一章1節、路加福音二十二章26節、約翰福音八章1節和約翰一書三章17節，你會看到更多關於連接詞的效力。

*以及*也是同樣的重要。「又要以耶和華為樂，祂就將你心裡所求的賜給你。」（詩三十七4）；「你們要常在我裡面，我也常在你們裡面。」（約十五4）；保羅和巴拿巴（徒十三42～43）；「你們親近神，神就必親近你們。」（雅四8）

另一個很重要的連接詞是*因此*（therefore）。每當你看到*因此*這個詞語時，回去看看它是因為哪一個「此」。整本羅馬書裝滿了*因此*這兩個字，保羅透過緊密的文法結構奮力呈現他的論述要點；舊約的先知很廣泛地使用*因此*這兩個字，一而再再而三，先知向以色列百姓陳明他們的現況，接著就呼喊著：「因此，耶和華如此說。」

文學架構的目的

除了文法之外，聖經作者也透過文學架構表達他們的書寫目的。就算你不常閱讀，都可能對文學架構感到熟悉，電影和電視劇本一再地使用同樣的架構。

例如，想一想有多少懸疑片和動作驚悚片使用過這個架構：（1）人物和背景介紹；（2）發生犯罪事件，通常是謀殺或搶劫；（3）主角展開調查；（4）犯罪者逃逸；（5）危機產生，例如飛車追逐或槍戰；以及（6）問題得到解決，這時候壞人被銬上手銬帶走，主角贏得美人歸。這是太常見的電影劇本架構。

　　聖經也有文學架構，雖然通常還要更複雜一點。當我們進入第二步驟「解釋」時，會看到不同類型的文學如何使用不同的文學架構。但現在，我們先來看五種文學架構。

傳記性架構

　　這在敘事性書卷中十分常見，傳記性的架構建立在故事的關鍵人物之上。正如我曾指出的，創世記十二～五十章的焦點在於四位族長的經歷：亞伯拉罕、以撒、雅各和約瑟。士師記的架構則圍繞在以色列的領袖身上，時間是介於約書亞和該國的第一位國王掃羅之間。在撒母耳記上和撒母耳記下，整個故事從撒母耳到掃羅然後到大衛。在使徒行傳的後半部，使徒保羅主導了行動。

地理性架構

　　地點是此類架構的關鍵。出埃及記的架構著重在以色列人從埃及到應許之地，途中所造訪過的地方。

歷史性架構

　　關鍵事件是歷史性架構的基礎，約書亞記是個很好的例子。這本書卷一開始就記載約書亞從神那裡領受命令，接著以色列人越過約旦河，然後他們攻下耶利哥，接著在艾城吃了敗仗。整卷書就是這樣進行，以色列人就這麼進去取了那地為業。

　　約翰福音是另一個使用歷史性架構來陳述重點的書卷。約翰在裡面呈現了七個關鍵的神蹟，這些神蹟總和起來帶出一個核心目的，在二十章30～31節說到：

> 耶穌在門徒面前另外行了許多神蹟，沒有記在這書上。但記這些事要叫你們信耶穌是基督，是神的兒子，並且叫你們信了祂，就可以因祂的名得生命。（作者加註紅色楷體字）

歷史架構最有趣的用法之一出現在啟示錄。約翰一開始就告訴我們，這卷書記錄了神給他的異象，那時是他人生中最後一段年日，被拘禁在拔摩海島上。在異象當中，全球性的驚人事件一一發生，整段敘述從一個事件進展到另一個事件，直到第二十一章的高潮，出現新天新地為止。

編年史架構

編年史架構跟歷史性架構有密切的關係，透過這種架構，作者圍繞著關鍵的時間去組織材料。事情隨著時間進展，整個故事的事件按照順序發生。正如我所指出的，撒母耳記上和撒母耳記下採用傳記性架構，但是他們也使用編年史架構。以色列王國初期的整段敘事，就像日記一樣進行，一件事接著另一件事，總是以「然後……」、「後來……」、「接著……」這類詞語來起頭。

大部分路加福音和使徒行傳的記事也是如此。

意識形態架構

保羅給初成立不久的教會所寫的大多數書信，是以想法和概念為架構，羅馬書是其中經典之作，為了主題想法提出強而有力及全面性的辯論，如羅馬書一章16節所歸納的：福音是神拯救的大能。在發表他的論點時，保羅提及某些概念，例如罪惡、律法、信心、恩典，以及聖靈中的生命。

憑藉意識形態架構，我們便可容易抓出書卷的大綱；一旦了解核心主題和目的，就可以確定這卷書的每個段落，對於了解整體主題和目的具有何種意義。

尋找意義

找出架構是查經過程中關鍵性的一步；當我們進入「解釋」的步驟時，就會問經文是什麼意思？但我們永遠不能準確地回答這個問

題，除非先回答「觀察」的問題。我看到了什麼？架構是了解作者寫作目的途徑。

結構的規則

規則	描　　述	例　　子
因果	某個事件、概念或行動,它們造成另一些事件、概念或行動。(關鍵詞:因此、所以、接著、如此一來)	可十一27~十二44;羅一24~32,八18~30
高潮	一個事件或想法的進展,慢慢進展到某個高點,然後才往下降。	出四十34~35;撒下十一;可四35~五43
比較	兩個或者兩個以上的要素,彼此間很相似。(關鍵詞:類似、像、也)	詩一3~4;約三8、12、14;來五1~10
對比	兩個或者兩個以上的要素,他們並不相像。(關鍵詞:但是、然而)	詩七十三;徒四32~五11;加五19~23
解釋或理由	一個觀念或事件的展現,後面接著它的解釋。	但二,四,五,七~九;太四13~20;徒十一1~18
交替	當某種行動、對話、或者概念換成另一個,然後又換回來。	創三十七~三十九;撒上一~三;路一~二
介紹與總結	就一個主題或是情況一開始或是結束的談話。	創二4~二十五3;書十二;太六1

規則	描　　述	例　　子
樞紐	上下文的方向或者文思有突然的改變；次要的高潮。	撒下十一～十二；太十二；徒二
分量	作者為某個主題所書寫的文字分量，以表現他的重視。	創一～十一，十二～五十；路九51～十九27；弗五21～六4
目的	宣告作者的意圖。	約二十30～31；徒一8；多一1
問題與解答	使用問題或問答的內容。	瑪拉基書；可十一27～十二44；路十一1～13
反覆	使用了兩次或超過兩次的詞彙或片語。	詩一三六；太五21～48；來十一

上面圖表改編自漢瑟（J. Hansel）未出版作品。蒙允使用。

現在換你來　試一試

聖經書卷在在充滿表達作者目的的論述。約翰福音二十章30
～31節是最直言不諱的一處，其他部分的經文則沒有這麼明
顯。但一個善於觀察的讀者通常都可以找出這個目的。下列是
幾個關於目的的陳述，小心地讀清楚每處經文，然後快速瀏覽
書卷中剩下的經文，看看作者如何用他的方式去呈現材料，完
成他的目的。

- 申命記　　　　一1，四1，三十二44～47
- 箴言　　　　　一1～6
- 傳道書　　　　一1～2，十二13～14
- 以賽亞書　　　六9～13
- 瑪拉基書　　　四4～6
- 路加福音　　　一1～4
- 哥林多後書　　一8，十三1～10
- 提多書　　　　一5，二15
- 彼得後書　　　三1～2
- 約翰一書　　　五13

note

第 *16* 課

用掌握力來讀

多年前有一天早上我起床，進到浴室去在洗臉盆放水，開始刮鬍子。但是當我把刮鬍刀放進水裡時，才發現裡面根本沒有水。我心想，可能是太早起床還沒清醒吧！於是我在洗臉盆裡又放一次水，繼續刮鬍子。但再一次，水又流光了，於是我決定稍微觀察一下。那個年代用的是橡膠塞子，我檢查後發現有一個很有創意的孩子，拿碎冰錐在上面戳了五個小洞，那些小洞還排列成星形，這景象我從沒見過。

這是個絕佳的例子，因為我們很多人接受教育的情況也是如此。我們的心裡都有些小洞，就像篩子一樣留不住什麼東西，至少，留下來的都沒有什麼價值。我們讀完一本書，過了一週就記不起來那本書講了什麼；我們去上一堂課，上完之後卻完全無法記清楚老師上了什麼內容；主日早上聽到一段講道，主日晚上我們甚至不記得那段經文是出自哪一卷書。就像是我們的腦子上了一層鐵弗龍薄膜：徹底不沾，沒有任何東西可以黏在上頭。

但如果我們想要真正獲得聖經的真理，就一定要學點不同的方式。我們需要採用最優等聖經閱讀的第九個策略：

用掌握力讀聖經

也就是說，不只是接收訊息，而是要把信息留住；不只是理解，而是要完全佔為己有。主張這段經文的所有權，讓它成為你自己的產業。

這要怎麼辦到？關鍵在於個人要主動地參與讀經過程。講到這個，有個古老的格言這麼說：「我聽到我會遺忘；我看到我就記得；當我做過這件事，我就了解了。」（I hear, and I forget. I see, and I remember. I do, and I understand.）

現代心理學的研究以科學數據支持了這個說法：我們聽過的東西最多只會記得10%，看到的東西最多記得50%，但是如果是看過、聽過又去做過的事情，最多會記得90%。

這就是為什麼我教查經方法五十多年以來，從來不讓學生考試，學生都感到無法置信（有些教授也不相信），你知道嗎？我寧願讓學生參與查經過程，而不是為了考試讀書。如果一個年輕孩子可以考滿分，我為什麼要在乎？真正的問題在於，他或她是否可以投入經文當中，來了解、擁有，以及應用。

我不考期末考，而是要求學生策劃出一種具創意的方式來讀經，並作口頭報告，可以獨力完成，也可以分組進行，上課最後一天在全班前面報告。這類的報告從來沒有令我失望過。

例如，由六個男生組成的小組，根據使徒行傳一章8節編出一段劇碼，在裡面他們扮演了三雙腳，把福音帶到地極去。他們使用富創意的寫作技巧，把幽默、戲劇和洞見都投注進去。

另一個小組創作出布偶劇展示聖經的真理。我還看過影音表演、魔術秀、繪畫，甚至是創意舞蹈；我聆聽過詩詞、歌曲、戲劇朗讀、短篇故事，都是根據聖經改編的，而且都忠於經文。

現在請特別注意：這可不是在玩把戲或者搞噱頭；當然，也有人會這樣去使用這些創意。但對那些參與的學生來說，這些是對於用掌握力讀聖經的練習。就算是今天你針對他們作一個調查，我保證，

在那次作業中真正花心力的學生，到今天都不只能告訴你他們做了什麼，還可以說出他們學了什麼功課。（打從高中、大學和研究所之後，有多少作業你還記得？）

參與在過程當中

同樣的，這本書的價值在於讓你能參與在查經的過程中。如果你翻過每一頁，甚至在經文上畫過線，但是最後你還是把聖經放在書架上，從不進入神的話，那又有何差別呢？我的目標（也希望這是你的目標）就是，因著跟神的話有個別的互動，可以看見生命被改變。

你可以想出什麼樣的方法，讓自己在研讀聖經時所下的功夫發揮持久的功效？你是否正在研讀迦密山上的以利亞？要不要跟你的家人或朋友把這故事表演出來？一群營會裡的輔導為學員們作了演出，最後還有從天上降下火來的場景，這個情景令那些孩子永難忘懷。

或者是試著用自己的句子改寫經文，例如傳道書三章1～8節：「天下萬務都有定時……」；路加福音十九章1～10節（撒該的故事）；或是哥林多前書十三章（愛篇）。

或者嘗試用一個月時間，針對聖經中的特定人物，進行深入的傳記式查經，查考經文中每一處提到這個人的相關資訊。去找一本聖經字典，讀讀文化和歷史背景（請看第三十四課，那裡有更多關於聖經字典的討論）；參考地圖集，看那個人生活及旅行過的確實地點。

此外，也要建立一個心理檔案：他是什麼樣的人？有怎樣的態度和感覺？有什麼偏見？有怎樣的抱負？家庭背景如何？驅使他行事為人的動機是什麼？成為一個懂得那人生平的專家，這麼一來，如果你在街上遇到他，第一眼就會認出來。

簡言之，無論做些什麼，你要想辦法成為用掌握力讀聖經的人。透過自己參與在讀經的過程中，結合神話語的真理，以及你個人的興趣和經驗，好讓你不只是記住一段聖經而已——而是把聖經變成自己的。

現在換你來 │ 試一試

下列有個想法，可以幫助你把某段經文變成自己的。請翻到民數記十三章，這裡記載了摩西派遣探子進應許之地的故事。仔細讀那段記載，使用我們目前提到過的所有原則。接著寫下你對這個故事的改編版。下列是幾個建議：

1. 決定整個故事的主要重點是什麼。發生了什麼事？這個事件為什麼這麼重要？
2. 想一想在你的家庭、教會、國家或你自己人生的歷史中，有沒有發生過類似這段故事的經歷。
3. 決定你想要採取的「角度」。例如：寫一則報導，講到某以色列公司的特別工作團隊（從生意角度來寫）、部族會議（從原住民的角度來寫）、介乎兩個派系之間的一項政治競賽（從政治或政府的角度來寫）。重點是，選擇配合當時情況並且會讓你對這個事件永難忘記的角度。
4. 根據你所選擇的角度，重寫一遍那個故事。使用適合那個中心思想的語言，讓那些人物聽起來栩栩如生。更改名字和地點，以吻合整體的風格。（請看第135～136頁佐頓寫的棉花田版路加福音）
5. 當你寫完時，把你所編寫的版本念給朋友或家人聽。

note

第 *17* 課

用望遠鏡來讀

身為聖經學生，這就是發展最優等閱讀策略的第十個，也是最後一個策略。

用望遠鏡來讀聖經

用望遠鏡來讀經，意思是說透過整部聖經來觀看個別經文。

過去當日本還主導全球的消費性產品市場時，新力公司總裁盛田昭夫到德州參觀訪問，談到日本人為什麼不喜歡在美國製造產品。他的解釋是這樣的：他們找不到合乎日本品管標準的美國零件。

以手提錄影機為例，新力的品管標準是一百件機器裡面只能有一件瑕疵品。這標準聽起來好像很容易達成，可是你得了解那整台機器裡包括兩千種零件，這麼多零件中的每一個都必須完美無瑕疵地運作（或許十萬或甚至百萬分之一的錯誤，都能造成失敗），這樣整件機器才能符合標準。你瞧，整體遠比所有細部的加總要繁複浩大多了。

聖經也是這樣，它不只是一本簡單的文集，在它裡面有一個統合完整的信息，以致聖經整體遠超過所有細節的總和；這是糟糕的數學，卻是很好的方法。然而在很多查經和聖經課程當中，我們一直把聖經愈分愈細，最後只剩下一籃一籃的碎屑。今天我們需要的是，可

以重新把零碎部分組合起來，成為有意義、有力量的整體的人。

因此，每當你閱讀又分析聖經，每當你將經文拆開來看，就該知道你只是做了部分的工作，接下來的任務是要再度把經文組合起來。

但這要怎麼做呢？

找出連接詞

在第十五課裡面，我們看過但是、以及和因此這些簡短字詞的力量有多大。這類的字詞是「連接詞」，因為把文章連結在一起，是把一連串有關的、一起用來表達意義的字詞組合起來的連結梢。用望遠鏡來讀，指的是你必須注意這些連接詞，這麼一來你可以在心裡面把作者的信息結合在一起。

注意上下文

當我們研讀使徒行傳一章8節時，已經看過上下文的重要性，當我們開始進行步驟二「解釋」的時候，還會回頭來仔細看。該記得的原則是，無論何時當你讀到一節或是一段經文，要記得洽詢一下這節或這段的前後鄰居，以便知道更廣大的上下文背景。用望遠鏡來讀就是根據這個原則，它不僅僅滿足於近距離觀看，還要求廣角的視野。它總是問：「什麼才是那幅大圖畫？」

根據書卷整體來評估經節

這是所謂查考上下文的終極延伸，就像駕駛飛機飛越一個特定的地區，以評估距離及四周的關係。

例如，如果你想要慢慢地一節一節查考馬可福音，可能會享受在這段故事當中，但你可能會錯失掉作者的信息。明顯地，這是關於耶穌的故事，但新約其他三卷福音書也是啊！又是什麼讓這一卷書跟別卷有所不同呢？

直到你整個人向後退，把整卷書作整體考量時，才會發現馬可把

整卷書分成兩大部分。從第一章1節直到八章26節，你看到了基督這個人，從八章31節到十六章20節，你看到基督來世上的目的。整卷書的關鍵樞紐是八章27～30節，在此基督問了很重要的問題：「人說我是誰？」各式各樣的洞見從這個架構中流露出來，但這只有靠著這卷書的衛星照片才能偵測得到這個關鍵樞紐。

考慮書卷的歷史背景

我開始覺得歷史是最引人入勝的主題之一，歷史賦予其他不起眼的小細節重大意義。例如，我們都很熟悉路加福音第二章的聖誕故事，一開始是這麼說的：「當那些日子，凱撒奧古斯都有旨意下來，叫天下人民都報名上冊。」（二1）

但我們有多少人察覺到，凱撒是羅馬第一任皇帝這個事實呢？這事後來的走向如何？或許你看或讀過莎士比亞的悲劇《凱撒大帝》（*Julius Caesar*），也知道他在西元前四十四年遭到謀殺。在當時他已變為一位獨裁者，但在此之前羅馬是個共和國，很像現在的美國。凱撒一死，權力鬥爭隨之而起，有個名叫渥大維的人崛起勝出。就在基督出生前三十年，渥大維被奉為皇帝，受封凱撒奧古斯都的頭銜。

另一個有趣的事實是，羅馬在西元前六年併吞了猶大國，這是基督的降生之地。

因此當路加在第二章一開始提及凱撒奧古斯都的時候，他是在提醒讀者，當時正在發生劇烈的政治改變。這在他的寫作中有什麼意義嗎？他是否提供了任何洞見，讓我們更能深入明白關於耶穌生活及死亡的情境？那是否可以幫助我們了解使徒行傳的敘述（而事實上使徒行傳接續了耶穌的生平故事）？那是否提供什麼線索，讓我們能了解路加書信的讀者？而關於在路加福音一章3節及使徒行傳一章1節那裡講到的提阿非羅，有什麼事情可能是很重要的？

每當你看到一卷聖經書卷，就要問，這本書有何歷史意義？它是什麼時候寫的？裡面的事件是什麼時候發生的？那時候的世界歷史正

經歷什麼事情？

　　同時也要問，這卷書如何放進聖經的大脈絡中？是寫於基督之前、在世時、還是離世後？當寫作這卷書的時候，聖經中有多少內容已經寫好了？換句話說，作者和書卷裡的人對神有多少認識？

　　你可能必須使用一些參考資料，來找出聖經書卷的歷史背景。我會在第三十四課討論這方面的內容。至於現在，只要切記神是歷史的神，他透過真實世界裡面真正的人去達成他的目的。只要你用望遠鏡來讀他的話，就可以找出很多這樣的目的。

現在換你來　試一試

用望遠鏡讀聖經，就必須看清楚更廣大的圖畫。一開始你必須綜合性地讀，而不是用分析的方式。也就是說，先調查一下地形，然後才挖洞。先廣泛地看一下作者所談的範圍，特別是他談論每個主題的分量。

就這個主題有一本很好的書卷可以讀，那就是士師記。它涵蓋了約書亞剛去世後、以色列還沒有君王之前的那段期間。神興起人作領袖，為了帶領百姓在應許之地安居樂業，這批領袖被稱為士師。

為了取得更寬廣的視野，先一口氣讀完整卷書，並且列出裡面的主要人物是誰（有哪幾個士師），他們又是什麼時候開始出現在經文當中的。（關鍵片語是「接著以色列的子孫行耶和華眼中看為惡的事」）

接著，畫出一個圖表，說明每個士師在書卷中出現的地方，以及他或她所佔的篇幅有多少。（請看第二十五課的例子，裡面有各式各樣的圖表。我的建議是列出類似第219頁的路加福音圖表。）

當你完成這個練習，你就擁有絕佳的開始，可以像用望遠鏡一樣地讀士師記這卷書。也就會看到大圖畫，以至於當你讀每個士師的故事時，就已經知道它可以擺放在整體故事中的哪個位置。

可以用這種方式來讀的其他舊約書卷，還有撒母耳記上下、列王紀上下，還有歷代志上下。

第 *18* 課

查一整段經文

討論「觀察」步驟時，我從一個經節（徒一8）開始，現在我要更進一步到觀察一個段落的經文。說真的，查經最基本的單位不是一節，也不是一章，而是一個段落；當然一個段落很可能只有一節那麼短，也有可能是一整章。不論什麼狀況，一個段落的經文代表一個完整的思想，是一整組講到一個主題或想法的相關句子及論述。這是觀察時最理想的長度。

順道一提，我要在此指出聖經一開始並沒有劃分成章、段落或節，而是段落長而不間斷的類似卷軸文件。直到主後一千二百年的時候，學者們才開始把聖經切割成我們現在看到的樣子。這麼做是為了要方便閱讀，但絕非出於聖靈的啟示；事實上，很多斷開之處是人強加在經文上，所以，有時候為了能正確讀懂聖經，我們要忽略那些章節標記。

尼希米的禱告

接下來，我們要看的段落是尼希米記一章4～11節，我建議你把自己的聖經翻到那個地方，不過在這裡我還是把經文列出來：

4　我聽見這話，就坐下哭泣，悲哀幾日，在天上的神面前
　　禁食祈禱，説：

5　「耶和華——天上的神，大而可畏的神啊，祢向愛祢、守
　　祢誡命的人守約施慈愛。

6　願祢睜眼看，側耳聽，祢僕人晝夜在祢面前爲祢眾僕人
　　以色列民的祈禱，承認我們以色列人向祢所犯的罪；我
　　與我父家都有罪了。

7　我們向祢所行的甚是邪惡，沒有遵守祢藉著僕人摩西所
　　吩咐的誡命、律例、典章。

8　求祢記念所吩咐祢僕人摩西的話，説：『你們若犯罪，我
　　就把你們分散在萬民中；

9　但你們若歸向我，謹守遵行我的誡命，你們被趕散的人
　　雖在天涯，我也必從那裡將他們招聚回來，帶到我所選
　　擇立爲我名的居所。』

10　這都是祢的僕人、祢的百姓，就是祢用大力和大能的手
　　所救贖的。

11　主啊，求祢側耳聽祢僕人的祈禱，和喜愛敬畏祢名眾僕
　　人的祈禱，使祢僕人現今亨通，在王面前蒙恩。」我是
　　作王酒政的。

在我討論這個段落的時候，會特別去問顏色字部分的問題，如同
在第六課所做的那樣。

檢查上下文

第4節的開頭：「（現在）我聽見這話。」，現在這兩個字在這裡
具有什麼意義？它是連接詞，把這一段經文跟其他東西連接起來；除
此之外，這話則使我不得不去問：哪些話？所以，這兩個問題促使我
回到整卷書的一開始去看上下文。

1a	
1b	（亞達薛西王）二十年 　　基斯流月， 　　我在書珊城的宮中。 　那時，……哈拿尼……從猶大來。 　　我問他們 　　那些……猶大人 　　和耶路撒冷的光景。 　他們對我說： 　「那些被擄歸回剩下的人……遭大難，受凌辱； 　　並且耶路撒冷的城牆拆毀， 　　城門被火焚燒。」
3	
4	我聽見這話， 　　就坐下 ⎰ 哭泣 　　　　　　　悲哀 　　　　　　　禁食 　　　　　　　祈禱
5	說： 　我求您
11a	

　　第1節的開頭爲整卷書作了介紹。我在那裡找到什麼線索？有三個非常重要的線索，但大多數人會忽略掉。第一，我找出這卷書的屬性或內容——這是由一個特定的人所說的話；第二，我找出來那個人是誰——尼希米；第三，我知道了尼希米出身自哪一個家族，這特別有幫助，因爲尼希米這個名字別處也看得到，但講的卻是不同人。

　　第2節的開頭我讀到：「那時」，然後我注意到什麼呢？這之前（第1節後半）有三個隱藏的介系詞片語：「（在）二十年、（在）基斯流月、（當時）我在書珊城的宮中」，所以我問自己：這個牽涉到什麼？在這句話旁邊我可以寫下什麼？時間，因爲那告訴我這是哪年哪月發生的。

　　聖經字典可以幫助我找出基斯流月（Chislev）是哪個月。我發現，古希伯來人的年曆跟我們的完全不同，他們不是用一月、二月、三月這樣區分，基斯流月是他們的第九個月，是從我們的十一月開始，一直到十二月才結束。所以假設這件事發生在北半球的話，就是發生在初冬。

　　同時我也發現，希伯來人的年曆跟波斯人的年曆也不一樣，當我明白尼希米是流亡到波斯的外國人時，這就變得很重要；事實上，他在政府裡位居高位，但是他用猶太年曆在記錄時間。

　　接著他指出，這事發生於「二十年」，這促使我提出疑問：根據什麼的第二十年？我暫時無法回答，在這裡並沒有講清楚；一直要到第二章一開頭，我才得到答案。（譯者註：作者使用的是《新美國標準本聖經》，而《中文和合本》則在第1節就已經標明是亞達薛西王第二十年。）

　　最後，「書珊城的宮中」代表什麼意思呢？這回答了——在哪裡？——這個問題。但我還是忍不住好奇，書珊城的皇宮是什麼地方？我去翻聖經字典，發現波斯有兩座宮殿，而書珊城的皇宮是冬宮（記得，這件事發生在十一月／十二月。）；還有另一個夏宮是在埃克巴坦那（Ek-batana）。尼希米當時所在的書珊皇宮，可不是什麼簡陋

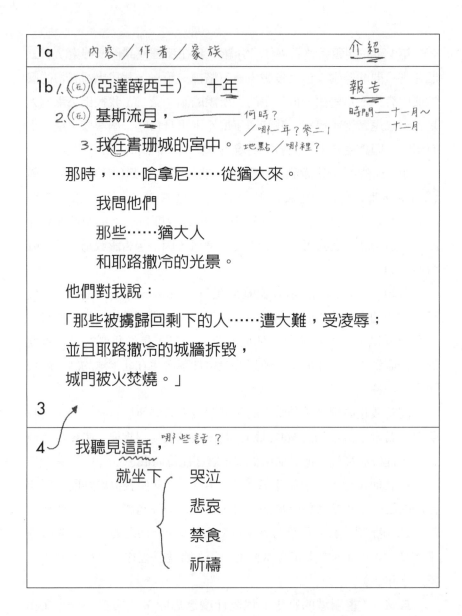

```
1a      內容／作者／豪族                    介紹

1b  1. (亞達薛西王) 二十年                  報告
    2. 基斯流月，————————何時？           時間——十一月～
                          ／哪一年？參二1         十二月
      3. 我在書珊城的宮中。 地點／哪裡？

    那時，……哈拿尼……從猶大來。

      我問他們

      那些……猶大人

      和耶路撒冷的光景。

    他們對我說：

    「那些被擄歸回剩下的人……遭大難，受凌辱；

    並且耶路撒冷的城牆拆毀，

    城門被火焚燒。」

3
4   我聽見這話， 哪些話？

        就坐下 ┌ 哭泣
               │ 悲哀
               │ 禁食
               └ 祈禱
```

的小屋哩！事實上，這個城的面積廣達五千畝，而且極盡的豪華。

所以這裡有個人，他身在奢華富貴、特權階級的環境中，然後哈拿尼來找他，給他一個報告（2節）。尼希米當時做了什麼？他問了問題。他問了哪兩件事情？首先，他問「猶大人」的光景，這關於他的

同胞；接著又問「耶路撒冷」的光景，這關於他的家鄉。

第3節是哈拿尼的回答。我注意到這裡有一段對話，是一段問問題和回答的時間。問題與答案存在什麼關係呢？是尼希米所關切的人民和地點。這些弟兄給他三方面的答案：（1）「那些被擄歸回剩下的人……遭大難，受凌辱」（這跟同胞有關）；（2）「耶路撒冷的城牆拆毀」（這跟地點有關）；（3）「城門被火焚燒」（這也跟地點有關）。

所以，答案的次序完全跟著問題的次序走：先講人，接著講地方。我想這讓我們認識到尼希米這個人，他第一個關心的是同胞，而不是地點。稍候我發現這一點在整個故事中有多麼重要。

標註出你的觀察點

好，我已經找出上下文的關係了，現在我來到第4節這個段落。當他聽到他的同胞和家鄉的光景時，尼希米做了什麼？四件事情：他哭泣、哀悼、禁食，並且禱告。

我可以找到什麼方式把他的反應整理起來嗎？嗯，哭泣和哀悼是跟情緒有關的，對嗎？那麼禁食和禱告呢？那指明了靈命上的回應。

查經時有一件你需要做的事，就是在觀察時貼一些標籤，這可以幫助你掌握經文。例如，在第1節後半段旁邊我可以貼上報告。如果你想用不同的字眼，那就替換掉；但可要選擇能夠總結整段內容的字詞才好。

如果第1節後半是報告的話，第4節就是回應了。尼希米在情緒上及靈命上對那個報告作出完全的回應。

往下看到第5節，我看到一個禱告；或者，為了遵循同一種模式，我可以把它標示為尼希米所作的請求。我們已經在第十二課看過這個禱告，你還記得那個模式嗎？尼希米一開始先提出崇敬（5節），讚美神永恆不變的愛；接著他開始悔改（6～7節），以神的本性去看祂，總是可以幫助我們看到自己的本相──我們都是需要祂憐憫的罪人；接著，只有在承認他的罪和他同胞的罪之後，尼希米才開始以神

```
┌─────────────────────────────────────────────────────┐
│ 1a    內容／作者／家族              介紹            │
├─────────────────────────────────────────────────────┤
│ 1b 1.(亞達薛西王) 二十年           報告            │
│                                     時間—十一月～   │
│    2. 基斯流月，————— 何時？         十二月       │
│                    ／哪一年？零二1                  │
│       3.我在書珊城的宮中。 地點／哪裡？            │
│                                                       │
│    那時，……哈拿尼……從猶大來。                  │
│    問題 我問他們                                    │
│     ┌ 1.那些……猶大人     人                       │
│     └ 2、和耶路撒冷的光景。 地方                    │
│                                                       │
│  答案 他們對我說：                                  │
│   人 「那些被擄歸回剩下的人……遭大難，受凌辱；      │
│      並且耶路撒冷的城牆拆毀，                        │
│ 地方 城門被火焚燒。」                                │
│                                                       │
│   3 ↗                                                │
├──────↑──────────────────────────────────────────────┤
│   4  我聽見這話， 哪些話？                          │
│                      回應                            │
│       就坐下 ┌ 1 哭泣                               │
│              │         ＞情緒上                     │
│              │ 2 悲哀                               │
│              │                                       │
│              │ 3 禁食   ＞屬靈上                     │
│              └ 4 祈禱                               │
└─────────────────────────────────────────────────────┘
```

的應許為根據來祈求。

　　尼希米的禱告是我們如何接近神的典範，但如果從上下文來看，我注意到這與哈拿尼和弟兄們的報告有直接關聯。他們來到他面前並且說：「那些被擄歸回剩下的人……遭大難，受凌辱；並且耶路撒冷

的城牆拆毀。」尼希米的立即回應是禱告，然而是根基於神話語的禱告；只要他們歸向神，祂就會恢復他們的地土（8～9節）。尼希米聽到了報告，他重溫神的話，接著他就跪下禱告。

沒有微不足道的細節

這一個段落是否就在此劃下句點了呢？不是的。在第11節的最後一部分我應該注意什麼？尼希米加入了一個有趣的細節：「我是作王酒政的」，這十分重要，然而大多數人卻正好忽視掉這句關鍵的聲明。在觀察步驟中，要問的是：我看到了什麼？我扮演聖經偵探的角色，因此沒有一個細節是不重要的。

酒政是怎樣的人？我發現多數人以為他是一個拿著杯子走來走去的人，好像沒別的事可以做的樣子。但我再說一次，一本好的聖經字典可以幫很多忙。去查考「酒政」（cupbearer）這個詞條，我發現他的頭銜取自他負責品嚐國王要喝的酒。正如你可以想像得到的，那時代有很多陰謀，一直都有人想要除掉別人，所以一個統治者是誰也不相信的，除了酒政之外。

酒政實質上就像是內閣總理，他是一人之下萬人之上，擁有一個私人開支帳戶，並且貼身接近國王。

因此聖靈把這個關於尼希米的細節也列了進去，讓我看見神如何成全祂的目的。在這本書卷後面，我發現正因為尼希米是酒政，所以國王才允准他回以色列去，重建城牆和城市。神把屬祂的人放在一個策略性的位置上，尼希米因此可以發揮影響力，透過那個地位來完成神的目的。

你是否曾問過自己，神把你放在什麼地方？或許是一位學校老師、護士、電腦專家、木匠或醫生，不論你的情況為何，不論神給你什麼樣的機會來達成祂的目的，我保證祂把每個孩子都放在戰略性的位置上。祂要使用你，彰顯祂的榮耀。

1a 內容／作者／家族		**介紹**

1b 1.（伍）（亞達薛西王）二十年　　　**報告**

2.（伍）基斯流月，———— 何時？　　時間—十一月～
　　　　　　　　　　／哪一年？參二 1　　十二月
　　3. 我在書珊城的宮中。　地點／哪裡？

那時，……哈拿尼……從猶大來。

問題　我問他們

　　{ 1. 那些……猶大人　　　人

　　{ 2. 和耶路撒冷的光景。　地方

答案　他們對我說：

人　「那些被擄歸回剩下的人……遭大難，受凌辱；

　　並且耶路撒冷的城牆拆毀，

地方{ 城門被火焚燒。」

3

---

4 我聽見這話，哪些話？

　　　就坐下 { 1 哭泣　　　回應
　　　　　　{ 　　　　 }情緒上
　　　　　　{ 2 悲哀
　　　　　　{ 3 禁食
　　　　　　{ 　　　　 }屬靈上
　　　　　　{ 4 祈禱

5 　說：　　　　**請求**

　　　我求您　　崇敬 (5)

　　　　　　　　悔改 (6~7)

11a 酒政 (Cupbearer)　懇求 (8~11)

「我不知道要從哪裡開始。」

關於尼希米記這個段落，還有很多觀察點。事實上，這卷書是我所研讀過的神的話語中，最引人入勝的記載之一。但我一開始也沒辦法像現在一樣看出經文中的內涵，那時候可差得遠了。

在我成為基督徒後不久，有人鼓勵我：「既然你已經信主了，就需要讀神的話。」

「太好了。」我說：「要從哪裡開始咧？」

「都可以，弟兄，哪裡開始都對你很有益處。」

於是我回家去，打開聖經來看，翻到了以西結書，正好看到一堆關於輪子的描述。我跟經文奮戰了一陣子，然後我心想，這應該只是個例外吧；於是我試著從聖經另一頭的啟示錄開始看，那裡好多碗、玻璃和忿怒，讓我好困惑。現在說來真丟臉，後來我有整整一年不看聖經。我那時深信小時候的神職人員告訴我的是真的，專家才可能講解神的話語。

因著神的恩典，有人來問我：「韓君時啊，你有讀經嗎？」

「沒有，說真的我沒有讀，」我這麼告訴他。「我不知道要怎麼讀，不知道從哪裡開始。」

現在，你已經比我從前開始讀聖經時知道得多多了。你已經會觀察一節經文，現在又知道如何觀察一段經文；你也已經發現必須學習閱讀，用更快又更好的方式閱讀聖經，就像是第一次讀一樣，或是像看情書一樣；你已經看過十種策略，那保證可以把你變成最優等的聖經閱讀者。

但你不只必須學習研讀，也必須學習尋找。接下來的幾課當中，我會提供大家六個線索，幫助你進一步解開聖經的奧祕。

現在換你來 | 試一試

在這一課裡面我針對「段落」下手，觀察尼希米是如何回應哈拿尼和弟兄們的報告。現在換你了，下面是保羅寫給提多的信中的一個段落，提多是第一世紀在克里特島牧會的牧師。

　　仔細讀這段經文，使用最優等閱讀的十個策略，注意詞彙和文法結構。看看你可以在裡面找出什麼樣的生活方式，可以用來描述所有信徒，特別是領袖們的特質。

> 我從前留你在克里特，是要你將那沒有辦完的事都辦整齊了，又照我所吩咐你的，在各城設立長老。若有無可指責的人，只作一個婦人的丈夫，兒女也是信主的，沒有人告他們是放蕩不服約束的，就可以設立。監督既是神的管家，必須無可指責，不任性，不暴躁，不因酒滋事，不打人，不貪無義之財；樂意接待遠人，好善，莊重，公平，聖潔自持；堅守所教真實的道理，就能將純正的教訓勸化人，又能把爭辯的人駁倒了。
> 　　　　　　　　　　　　　　　　　　　（多一5～9）

note

六件要尋找的事情

特別強調的事情

一再重複的事情

有關聯的事情

相似的事情

相異的事情

合乎現實的事情

第 *19* 課

特別強調的事情

你曾否因為喉嚨痛去看醫生？他要你做的第一件事情，就是把舌頭伸出來。醫生看了一下你的喉嚨深處，然後說：「啊哈！」他馬上就知道你怎麼了。如果是我，就算我把你的喉嚨從現在看到永遠，還是毫無用處，因為我不知道我要看些什麼。

同樣的原則可以應用在查經這件事情上。你大可以花費數小時翻閱聖經，但是，如果你不知道你要找些什麼，就是在浪費時間。這就是為什麼，在觀察的時候，我們要自問自答：「我看到了什麼？」把自己化身為查聖經的偵探，尋找線索，任何細節都不會太過於瑣碎。

聖經裡有六條需要注意的線索。只要每次都注意這些線索，你就會挖到金礦。神已經提供了絕佳的工具，幫助你記憶這些線索，這項工具就是你的手。每一個手指頭代表一個線索，你的手掌則代表另一個線索。在本課及接下去的四課，我會示範如何標誌這六條重要的線索。

從拇指開始。第一條應該注意的線索是：

尋找……的事情

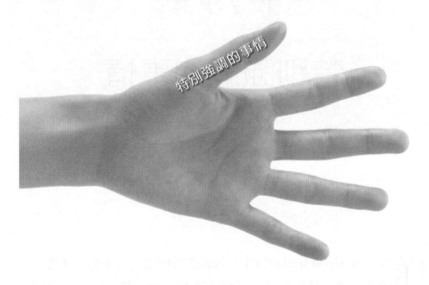

特別強調的事情

特別強調的事情

神的靈使用多種工具，強調聖經的想法、事件、人，以及其他事項。容我提供其中四項工具。

佔多少篇幅

透過佔用很多篇幅的敘述，書本強調出某個重點來。這件事我們在創世記已經看見。創世記有五十章，前面十一章敘述了創造、墮落、洪水，還有巴別塔及其他細節。那些重要事件都濃縮在短短的十一章當中。相較之下，作者把十二到五十章全都用來描述四個人的生平：亞伯拉罕、以撒、雅各及約瑟。透過加長篇幅的強調法，神的靈教導我們：這書卷裡最重要的，就是神選召作為祂子民的那個家庭。

我們在看福音書時，也有同樣的狀況。例如，馬太福音共有一〇六二節，裡面至少有三四二節（佔該書三分之一篇幅）記錄救主的談

話。這與該卷書的目的有重要的關聯。同樣的，有些福音書用較多的篇幅描述釘十架的過程，遠超過描述基督的生平。

在保羅書信，我們經常發現在教義後面，緊跟著以該教義為基礎的實務教導。例如，以弗所書第一到三章，告訴我們神為我們做了什麼事情。接著，第四到六章，就告訴我們因此我們該怎麼做。這是一種介於神學和實務操作之間結構複雜的平衡。在歌羅西書，也可以找到同樣的模式。然而，在羅馬書裡，該比率是：十一章的教義，對上五章的解釋應用，這讓我們知道保羅在這裡想要強調的部分。

因此，無論何時，在我們觀察某段聖經時，要問的是：這個主題佔了多少篇幅？作者要強調什麼？

陳述的目的

聖經作者可能會用另一種方式強調他們的重點，就是直接告訴我們他們想說些什麼。請記得，我們在約翰福音二十章30～31節看過一個絕佳的例子：

> 耶穌在門徒面前另外行了許多神蹟，沒有記在這書上。但記
> 這些事要叫你們信耶穌是基督，是神的兒子，並且叫你們信
> 了祂，就可以因祂的名得生命。

正如我在第十五課所指出的，約翰在前面的敘述中，提出了七種他慎選過的記號（signs），以達成下面的目的：顯明耶穌是基督、神的兒子，因此，祂配得人的信任。

或是以箴言為例。所羅門以直截了當的方式，告訴讀者為什麼該讀這卷書，展開了這卷引人入勝的智慧文集：

> 要使人曉得智慧和訓誨，分辨通達的言語，
> 使人處事領受智慧、仁義、公平、正直的訓誨，

使愚人靈明，使少年人有知識和謀略，

使智慧人聽見，增長學問，使聰明人得著智謀，

使人明白箴言和譬喻，懂得智慧人的言詞和謎語。

（箴一2～6）

上述讀箴言的種種益處，令人印象深刻。箴言以下的部分，則依據這些應許來進行。透過開宗明義講清楚寫作的目的，作者建構了讀者讀這些資料時的思想。無論我們還期待從箴言裡得到哪些額外的東西，我們都知道這卷書強調的是智慧。

次序

第三種強調的方式，就是在素材中作策略性的位置安排，如：把這個安排在那個之前，或者在那個之後。

例如，創世記第二章的經文說，神把亞當和夏娃放在一個園子裡，要他們「管理看守」（二15）。接著在第三章，這對男女犯了罪，神把他們趕出伊甸園，咒詛全地（三17～24）。在我們討論人的工作時，經文的次序顯得很重要，因爲有些人相信工作是咒詛的一部分。但是，從創世記裡事情發生的順序來看，並不容許這種解釋的存在。

另一個例子來自基督的生平，這段經文記載在路加福音三章及四章。在第三章，我們看到救主受洗；在第四章，我們看到祂受試探。請注意該次序：在洗禮中，祂被神認可；在試探中，祂受到撒但的試驗。這個次序很重要。

或者，再舉第三個例子來說明，經文也是出自路加福音。第六章14～16節，詳細敘述耶穌揀選十二使徒的經過。請仔細看一下揀選的順序：先是西門彼得和安得烈，雅各和約翰，腓力和巴多羅買，馬太和多馬，亞勒腓的兒子雅各以及奮銳黨的西門，雅各的兒子猶大，還有加略人猶大。請注意誰先被提名？誰跟誰一起被提出來？誰被放在最後面？

作者透過選擇，為人、事件、想法等內容作安排，吸引人注意某些事情。因此，先找出作者寫作的順序，可以讓我們對內容產生深刻的理解。

從小事件導引至重大事件，反之亦然

在我們剛剛看過、關於次序的這條線索中，導引是很特殊的狀況。作者往往會朝向某個高潮建構文章，並在高潮中，呈現關鍵性的訊息。在大衛的一生中，撒母耳記下十一至十二章記錄了大衛生平最關鍵性的事件，就是他跟拔示巴犯姦淫，以及謀殺她先生烏利亞的事情。這幾個章節構成這卷書的樞紐。之前發生的事情，都用來導引到這件事情上；之後發生的事情，也都從這一件事情開始，往下發展。

或者可以拿使徒行傳二章為例。在讀使徒行傳時，我們會發現第二章是整卷書的樞紐。如果沒有這一章，整卷書都失去了重心。一切事情都是從第二章的事件開始發展，這是路加強調這些素材的方式。

因此，在看聖經時，我們要找的第一條線索就是特別強調的事情。作者大費周章地掛了個牌子，上面寫著：「嘿，這件事很重要喔！千萬要注意。」找出上述我所提的四種強調法，就能很快找出經文的重點。

現在換你來 試一試

下面列出兩段聖經，請你練習觀察經文所強調的重點。

撒母耳記上下

列出這兩卷書的綜覽圖，找出這兩卷書主要的人物：撒母耳、掃羅和大衛各佔多少篇幅。（你應該在第十七課161頁那裡，就已列出類似的圖表了。219頁最上面的圖表，是很好的例子。）哪個人物對作者來說最重要？你認為撒母耳記上下的寫作目的是什麼？

使徒行傳一章8節

這裡如何排列地點的次序？這些地點之間各有什麼關係？（我們在第六課看過這個重點了。）使徒行傳一章8節各個地點的排列次序，跟使徒行傳其他章節所提福音的擴展次序，是否相同？試試看你能否判定路加醫生描寫這些地點的篇幅有多長，以及使徒每到一處所待的時間有多久。這點對使徒行傳的寫作目的可能具有什麼重要意義？

note

_____

_____

_____

_____

第 *20* 課

一再重複的事情

世上大概沒有比一再重複更有力的教學工具。如果我想確定你是否眞的了解我所說的話，我會一再重複說，因爲重複具備強調的功能。這就是爲什麼每當讀經時，要找的第二條線索是：

一再重複的內容

你是否曾注意到耶穌經常跟門徒重複講某些事情？在福音書中至少記錄了九次他這麼說：「有耳可聽的就應當聽。」在約翰寫下啓示錄的內容時，請猜猜：主告訴他要寫給七個教會什麼話？對了，正是「有耳可聽的就應當聽。」

強調了這麼多次。這讓人有個印象：耶穌要門徒（還有我們）注意他所要說的。透過持續地強調，給他的話語打上旗號，提供了聽眾有關他教導重要意義的線索。

容我提出幾種你可以尋找的重複手法：

詞彙、片語及子句

聖經不斷重複某些詞彙、片語及子句，爲了要強調它們的重要性。例如在詩篇一三六篇，我們讀到：

你們要稱謝耶和華，因祂本為善；

　　祂的慈愛永遠長存。

你們要稱謝萬神之神，

　　因祂的慈愛永遠長存。　　　　　　　　　（1～2節）

在這一篇詩篇中，詩人一直重複*祂的慈愛永遠長存*，不下二十六次。難道作者沒有別的事情要說嗎？當然不是，他只是在強調一個事實，就是神的慈愛永遠長存。等你看完整篇詩以後，你就知道詩中的基調是：神的慈愛永遠長存。事實上，詩人是在說：「你還需要知道什麼呢？」

以希伯來書十一章的「屬神名人堂」──或者說「信心名人堂」──為例。這是一則一再重複的經典例子。因*信*這兩個字在此章中出現了十八次。作者所講的是活在不同時代、面對不同處境的不同個人，而所有這些人都同以「憑信心而活」的方式生活。

再舉一例，請看哥林多前書十五章簡短的字*若*。保羅在第12～28節，使用這個字有七次之多。在這裡，保羅談到基督的復活對我們的信仰而言，至關緊要。*若*強調了一個事實，那就是：我們所相信的一切都取決於復活。如果復活不是真的，那麼一切關於基督教的事情也都不是真的。

人物

若作者要強調某個重點，片語和詞彙不是惟一會重複出現的東西。有時候，某個人物也會重複出現。

巴拿巴是個很好的例子。關於這個人，我們所知的資料真的不多。他本來的名字是約瑟，但是，使徒稱他為巴拿巴，意思就是勸慰之子（徒四36）。勸慰之子確實是關於他最重要的一點：他是個會鼓勵人的人。無論何時，只要早期教會的信徒有需要，他就跳出來給予幫助，例如：掃羅（徒九27）、在安提阿信主的外邦人（徒十一

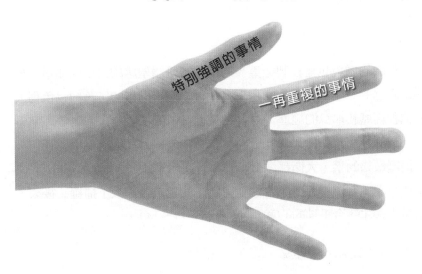

尋找……的事情

特別強調的事情

一再重複的事情

22），以及稱呼馬可的約翰（徒十五36～39）。路加在故事的關鍵處引入巴拿巴這個人物，作爲屬靈導師的角色。

事件和景況

有時候，作者會透過重複事件或情況，表達要強調的事物。

例如，在士師記，作者在每一段的開頭都說，以色列人行耶和華眼中看爲惡的事。這個重疊句布置好了背景，在這樣的情況下，神興起了士師。這些士師通常會把人民帶回神面前，但卻爲時不久。遲早以色列民的靈性又會墮落。這樣的循環不斷重複，直到整本士師記結束。最後，作者指出問題的核心：「那時，以色列中沒有王，各人任意而行。」（二十一25）

重複出現的景況還有另外一個例子，是在馬太福音。在整卷馬太福音中，作者營造耶穌和法利賽人之間的緊張關係。主耶穌一再做一些事情或說一些話，觸怒這些領袖。馬太運用這些事件，吸引我們注意存在於舊有自以爲義的律法主義系統，和在基督裡的救恩新方法，

兩者之間的拉扯。

模式

　　相關的處境也是在製造重複的模式。研讀聖經的人早就知道，舊約中約瑟的一生與我們主的生平有平行之處。同樣的，舊約以色列人的種種經歷和耶穌的經歷，兩者之間也有平行之處。

　　或許，可以舉撒母耳記上一～二章中的掃羅和大衛為例：任何一件掃羅做錯的事，大衛都做對了。作者使用了並列（juxtaposition）的手法呈現。雖說神答應了百姓要有國王的祈求，指派了掃羅，後來，卻是大衛才「合乎神的心意」（撒上十三11～14）。

在新約中引用舊約經文

　　最後一個，也是最明顯的重複類型，就是在新約中引用舊約經文。研究如何引用舊約經文，十分引人入勝。顯而易見的是，如果神的靈迫使某位新約作者記起舊約的某段經文，很可能是因為祂想強調那部分的話語。

　　以約拿的故事為例，早期的基督教會，有人不想讓約拿書列入聖經正典中。但耶穌引用了這卷書，使約拿書成為神的啟示中不可或缺的一部分。（太十二39～41）

　　或者請看希伯來書，如果這本書不那麼倚重舊約經文的話，很難想像它會談些什麼內容。

　　簡言之，每當你研讀聖經，注意到裡面一再重複出現某些事物時（也就是不只提一次），就要特別記下來。這不是因為那些作者想不出其他的話，而是因為這是他們指出關鍵事物的方式。

現在換你來　試一試

聖經最常使用的強調手法就是重複。在此提供各位讀者幾個練習，希望幫助讀者透過找出重複的事物，解開聖經的話語。

詩篇一一九篇

大衛在這篇詩篇的每一節都提到神的話。仔細觀察這篇詩篇，並把大衛提到的聖經分門別類。

馬太福音五章17～48節

觀察耶穌在這段登山寶訓的經文中，怎麼使用「你們聽見有吩咐古人的話，……只是我告訴你們……」這種表達方式。這個片語賦予該段經文什麼樣的結構？為什麼耶穌這樣說意義重大？

使徒行傳裡的算術

使用聖經彙編，找出使徒行傳裡所有提到「算術」的片語，如：神「加添」（加法）給教會的人數，以及信徒自己「倍增」（乘法）出來的人數。當時，甚至還有一些「分裂」（除法）與人數上的「減少」（減法）。你可以找得出來嗎？路加如何使用這些詞彙，描述早期教會的成長？

哥林多前書十五章12～19節

研究在保羅的話語中，若這個不起眼的小字有何重要性。

第 *21* 課

有關聯的事情

到目前為止，我們已經在大姆指上標示了特別強調的事情，在食指上標示了一再重複的事情。現在，查經時你要找的第三條線索（這條線索要放在你的中指上）是：

有關聯的事情

我所謂的有關聯，指的是互有關係的事物，它們彼此之間有一些互動。我們了解，把兩件事情放在一起，不見得會使它們產生關聯。有關聯表示，事與事得在某種程度上互相作用，多少須有一種關係，緊緊地把兩者綁在一起。

在研讀聖經時，請尋找這三種關係：

從一般性轉移到特定的

這是指整體和部分的關係，某個類別及其組成成分的關係，整幅圖畫和畫中細節的關係。我們過去已經多次看過這種關係。

容我為各位舉馬太福音六章登山寶訓的記載為例說明。那裡一開始這麼寫著：

尋找……的事情

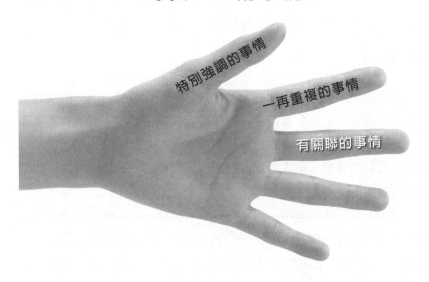

特別強調的事情
一再重複的事情
有關聯的事情

> 你們要小心，不可將「善事」行在人的面前，故意叫他們看
> 見，若是這樣，就不能得你們天父的賞賜了。　　　　（1節）

你會得到賞賜：在你行義時被人看到，那就是你的賞賜了。但
是，耶穌說，天父看的不是這種義行。

接著，耶穌從這個一般性的原則，講到三個特定的例子：首先
祂講到施予（2～4節）；接著講到禱告（5～15節）；最後談到禁食
（16～18節）。

另一個從一般性的事件轉移到特定事件的好例子，是在創世記裡
面。創世記第一節已經給讀者一個概覽：「起初神創造天地。」

如果整段記載就停在這裡的話，讀者將無法得知神創造天地的
細節，只知道神創造了天地而已。創世記接下去的篇幅，的確把特定
的細節交代得很清楚。第一天神創造了光（3～5節）；第二天祂把水
分為上下（6～8節）；第三天祂造了旱地，地上生出菜蔬（9～13節）
等等。

當你在聖經中遇到範圍很廣的普遍性說法時，要注意看作者接下去是否寫出特定的細節，在某種程度上作進一步的解釋。

問題與解答

問問題是溝通上最強而有力的工具之一。如果我問你一個問題，是否多少會逼你思考？當然會。假設有人光問問題卻不提供答案，那會令人感到很挫折。你會開始懷疑，這個人是否真的知道自己在講些什麼。我們將發現，聖經的作者對於這兩種技巧——策略性的發問和有用的解答——通通採用。

羅馬書是經典的範例。這本書像一本法律條約，保羅彷彿是一位律師，不斷地提出問題，然後加以回答。例如，羅馬書六章1節說：「這樣，怎麼說呢？我們可以仍在罪中，叫恩典顯多嗎？」接著，他就回答了這個問題：「斷乎不可。」

在第15節，保羅再次使用修辭學的問題：「這卻怎麼樣呢？我們在恩典之下，不在律法之下，就可以犯罪嗎？」這是一個問題。他再次回答說：「斷乎不可！」接著，他鉅細靡遺地加以說明。

有時候問題本身極有分量，根本不需要回答。你有否仔細觀察神連珠砲似地向約伯丟出問題？「你要如勇士束腰；我問你，你可以指示我。」（伯三十八3）

「我問你！」這是一句譏諷的話。神展開了一段又一段的問題，連續問了兩章之多，直到約伯簡短地打了岔（四十3～5）。接著，又是一長串的問話。而這些都是自問自答的問題。

那麼，我們的主丟給門徒的尖銳問題，該怎麼說呢？「你們哪一個能用思慮使壽數多加一刻呢？」（太六27），或「為甚麼膽怯？你們還沒有信心嗎？」（可四40），或是「怎麼樣？你們不能同我警醒片時嗎？」（太二十六40）

問題和答案會引起你的注意，那是助你了解經文的重要關鍵。

因果關係

因果關係就是所謂的撞球原則，你用撞球桿撞白色母球（這是因），把色球都打進袋子裡（這是果）。在聖經中，我們可以找到各式各樣圍繞著經文彈跳的因果關係。

我要指出使徒行傳八章1節後半段所說的生動例子：「從這日起，耶路撒冷的教會大遭逼迫……。」我們自然會問，到底是哪一日？查考一下前面所說的經文，便會發現是指司提反殉道的那一天。這樣一來，就強化了逼迫的意義，並且除了使徒之外，所有的信徒都分散到猶大和撒馬利亞去。不過，第4節說：「那些分散的人往各處去傳道。」

換句話說，逼迫是因，傳福音是果。信徒不是單單站在那裡，大聲呼喊說：「神到底對我們做了什麼？我們祈求祂使用我們，現在我們所面對的卻是逼迫。」不是這樣，信徒把這些壓力當作手段，讓福音得以傳到地極去。

在尼希米記第十八章，我們讀到一段尼希米的記載。還記得尼希米的禱告嗎？他提醒神祂在摩西所寫的書裡曾許下的承諾。神說過，如果人不聽從祂的命令，最後祂就會使他們分散到全地。當然，以色列人確實悖逆（這是因），神信守承諾，容許巴比倫人把他們擄去別的地方（這是果）。

事實上，尼希米正在支用這種因果關係，因為神也曾應許只要人悔改（因），祂就會使他們回到原來的土地上。這就是為什麼，尼希米對於承認自己的罪和他同胞的罪這麼有興趣。神有回應嗎？有的，並且祂使用尼希米來實現祂的承諾。

你支用了神的哪些應許呢？例如，詩篇第一篇說，那些喜愛耶和華律法的人，要像一棵樹栽在溪水旁。請注意，這種關係是存在於聖經和神的祝福之間，直接的因果關係。你是否經驗到這種果效？真正的問題在於，你是否喜愛神的話語，晝夜思想而活化了因？

當你默想時，請尋找特別強調的事情、一再重複的事情，和我們

在本課所說的有關聯的事情。

現在換你來　試一試

觀察的主要目的之一，是在聖經經文中看到關係。試用下面三段經文測試你的觀察技巧。

馬太福音一章1～18節

多數人直接跳過家譜，因為聖經一再單調地重複「某某人生了某某人」，使他們感到無聊。但是，實際上家譜是聖經作者用來傳遞意涵的重要方式。

請讀一遍馬太福音第一章所提及的人名，這些人跟耶穌有什麼關係？彼此之間有什麼關係？有哪四個人特別突出？為什麼？你對這裡所提到的人，有什麼發現？把這張名單跟路加所記載的家譜加以比較（路三23～28），有些什麼不同？有哪些相同點？你覺得馬太所列的名單跟他寫書的目的有何關聯？

阿摩司書

你需要一本地圖集，好幫助你找出舊約阿摩司書裡各種重要的關係。請找出第一至四章所提及的各個地點。在第五章，先知最後抵達何處？兩者間有什麼關係？阿摩司用這種方式提及這些地點，有何目的？

第 *22* 課

相似和相異的事情

我的六個孫女有兩個是同卵雙胞胎。事實上，她們長得真的很像，連我都認不太出來，多半時候她們的父親也認不出。特別當她們還小的時候，到公眾場合去，你可以看到陌生人對她們的反應，就像看到複製人。大家都會指著她們說：「你們看，你們看，是雙胞胎耶！」為什麼會這樣呢？因為當你看到兩個極其相似的東西（尤其是根本在你預期之外時），它們的相似處馬上會吸引你的注意力。

同樣的現象也發生在查經中，相似的東西顯得突出，完全相異的東西也是一樣。這就是為什麼查考聖經時，我們要尋找的第四和第五條線索就是：

相似和相異的事情

我們已經把特別強調的事情分派給拇指，一再重複的事情分派給食指，有關聯的事情分派給中指。因此，可把相似的事情分給無名指，而相異的事情就分給小指。

明喻

　　聖經作者提供我們若干標示雷同之處的辭彙。最常見的兩種說法就是如（as）和像（like），這兩個語詞表示出明喻的修辭法。明喻就是一幅比較兩樣事物的文字畫。

　　例如，詩篇四十二篇一開始就說：「神啊，我的心切慕你，如鹿切慕溪水。」（第1節，作者加註楷體字）這影像令人記憶深刻，不是嗎？這營造出一種氣氛。詩人將他對神的渴求比喻成一隻口渴的鹿。

　　請回想彼得前書二章2節，這一節稍早已看過，當時我們問了一個問題：為什麼要自己讀經？彼得用明喻說：「就要愛慕那純淨的靈奶，像才生的嬰孩愛慕奶一樣，叫你們因此漸長，以致得救。」（作者加註楷體字）。彼得將小嬰孩渴望母親的奶水，和信徒渴望神話語的滋養相提並論。

　　請思考另一個比較的例子，事實上，這是不能相比的事物。在以賽亞書四十四章6～7節，主問了一個尖銳的問題：

　　耶和華──以色列的君，以色列的救贖主──
　　　　萬軍之耶和華如此說：
　　我是首先的，我是末後的；
　　　　除我以外再沒有真神。
　　誰能像我。（作者加註紅色楷體字）

　　答案是：沒人能像祂。只有神是神，至高獨特，掌管萬有。像這個字通常是指相似處，在這裡則表示一種對比。

暗喻

　　有一種跟明喻相關的手法，那就是暗喻。用暗喻的手法進行比較時，不需要用到如（as）或像（like）。耶穌說：「我是真葡萄樹，我父是栽培的人。」（約十五1）耶穌顯然是用象徵手法，而不是按字面

尋找……的事情

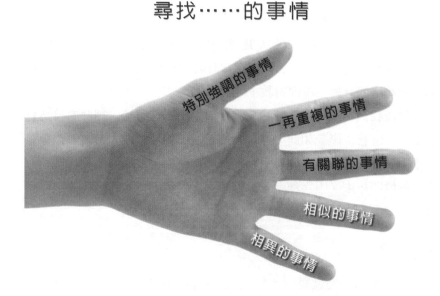

特別強調的事情

一再重複的事情

有關聯的事情

相似的事情

相異的事情

解釋。祂繪出一幅圖畫，說明祂跟天父的關係，隨著情節的發展，也說明了祂與信徒的關係。

在約翰福音三章，耶穌與尼哥底母說話時，祂用擴展性的暗喻告訴尼哥底母：「你必須重生」（3、5、7節）。耶穌在進行一種比較。「尼哥底母，正如你需要在肉身出生，領受今生所需的裝備，同樣的，你也需要在屬靈上重生，領受裝備進入永生。」

這番話難倒了尼哥底母。尼哥底母一點也不笨，只是他以人的層次去思考問題，所以他才問：「我豈能再進母腹生出來嗎？」（第4節）你看出來了，他沒有聽懂耶穌所用的暗喻。這就是為什麼主會回應說：「人若不是從上頭生的，就不能進神的國。」（5～6節，作者加註楷體字）

接著，耶穌用了一個明喻：「（如）摩西在曠野怎樣舉蛇，人子也必照樣被舉起來。」（14節，作者加註楷體字）現在，祂踏入了尼哥底母專長的領域。尼哥底母是個法利賽人，所以，他比任何人都清楚曠野中銅蛇的重要性（民二十一4～9）。耶穌拿那個舊約的事件和祂

自己將釘十架作比較。

耶穌所用的比較有效嗎？顯然是的。在後幾章，尼哥底母協助埋葬耶穌的身體（約十九39）。就當時的情勢來說，這是個危險的行動，因此這個行動展現他對救主的信靠。

稍後我們將回頭來看暗喻。到目前為止，請記住，相似處自然會吸引人注意它。儘管如此，還是請培養找出相似之處的習慣。在智慧文學中，尤其是詩篇，運用了特別多的相似處。每逢你找到一個相似處，就標明起來。因為作者正試著透過比較這個有效的工具，跟你溝通。

相異的事情

比較的另一面就是對比，也就是相異的事情。我們可以說，查經就像談戀愛一樣，異性相吸。至少，相異處會吸引善於觀察者的眼光。聖經的作者用幾種方法來標示對比。

但是的用途

但是這兩個字是個線索，暗示快要改變方向了。我們已經在好幾個段落裡，看到這個重要辭彙。在登山寶訓，耶穌重複地說：「你們聽見有吩咐古人的話，說……只是我告訴你們。」（太五21～22，作者加註楷體字）。

在加拉太書第五章，保羅寫道：「情慾的事都是顯而易見的。」（19節）接著，他列出一長串的事情……在接下去的22節，他回過頭來說：「（但是）聖靈所結的果子，就是……。」並把聖靈的果子都列出來。所以，他將肉體所產生的行為，與聖靈所產生的行為作了對比。

我們要仔細看使徒行傳一章8節這節經文，經文一開始就有但是兩個字。還記得這兩個字是要引導我們回去看上下文嗎？回頭一看，我們發現主正在跟使徒討論。他們想知道祂是否要建立祂的王國。祂

回答說，神的國是否建立不是他們可以知道的，但是……接下去就是我們在第8節所看到的。

在使徒行傳後面幾章，腓利在撒馬利亞展開巡迴各城的福音佈道會，十分成功（八5～8）。事實上，迴響十分熱烈，以至於在耶路撒冷的眾使徒差遣彼得和約翰前往，進行宣教旅程，為要得知實際情況。等他們完成任務之後，在回家途中，第26節說：「（但是）有主的一個使者對腓利說：『起來！向南走，往那從耶路撒冷下迦薩的路上去。』（那路是曠野）。」（作者加註楷體字。）

再一次，但是在此處表示方向的改變在於與彼得和約翰之間拉出對比。他們兩人正從某座城市要前往別的城市，腓利卻突然發現自己奉差遣，去曠野傳福音。

這就像我跟葛理翰佈道團一起去休士頓佈道，很多人因此信主，聖靈在動工，我們用福音翻轉了整個城市。接著，有天晚上主對我說：「老韓，請你坐上巴士，前往德州西部。我會告訴你什麼時候下車。」如果真是這樣，我肯定會覺得自己被降級了。在大城市裡有這麼棒的佈道大會正在進行，我卻得去某個鳥不生蛋的地方。

可是，腓利不這樣覺得，他順服了，結果聖靈把他帶到一個衣索匹亞的官員面前。腓利領那個人信基督，福音因此傳到非洲去。第26節裡的但是就是用來表示這樣的對比，並為後面的經文鋪路。

但是是查經時最重要的詞彙之一。只要看到這個詞彙，就該停下來，看看其中有什麼對比。

暗喻

暗喻可以指出相似之處，也可以展現相異之處。

還記得耶穌在路加福音十八章，告訴我們那個不義的官的比喻嗎？某個窮寡婦成天對著不義的官高聲喊叫，要他幫她伸冤，他卻充耳不聞。到最後，婦人的堅持驅使不義的官照她的請求為她伸冤。

這個故事我們該怎麼解釋？歸根結柢，那個不義的官是坐在神的

地位上，這樣解釋行得通嗎？請注意，關鍵在於耶穌正在作一個有效的對比。事實上，祂說的是：「假如人間某個貪腐冷漠的官，最後都會因寡婦持續的請求而答應幫忙，天父豈不更會回應祂孩子的祈求呢？」整個比喻在最後很有技巧地用了對比。（第三十六課談論象徵性語言時，我會再談比喻。）

反諷

容我提出另一個有關對比的顯著例子，這則例子在路加福音也找得到。在第八章，耶穌正在加利利地區旅行，四處教導、醫治眾人。有很多群眾跟著祂。事實上，路加很努力地強調祂身邊究竟圍繞了多少人：十二門徒都在（1節），有一群婦女跟著，她們在經濟上支持祂（2～3節），還有一大群人跟隨在祂身後（4節）。

耶穌離開群眾一陣子，到革尼撒勒的鄉下趕鬼（26～39節），但當祂回到原處時，每個人都還在那裡等祂（40節）。

這時候，聖經故事的速度加快起來，一位名叫睚魯的官長進前來，跟耶穌求救。「主啊，請快點來，我的女兒生了重病。事實上，你再慢一點，她就活不了了。」

這使群眾陷入瘋狂中。一個小女孩正面臨生死交關，耶穌會即時抵達嗎？每個人都想知道答案。路加在42節小心翼翼地告訴我們，「耶穌去的時候，眾人擁擠祂。」這群人追著救護車跑呢！

這時候，有個反諷的對比產生。有個女人身上患有慢性血漏的疾病，她不知怎麼，竟然奮力穿越群眾，來到耶穌身後。（可能是某種婦科疾病，也可能是別的疾病，經文沒有清楚說明。）一摸到耶穌，她就得了醫治。突然間，耶穌停下來，整波洶湧的人潮也跟著停下來。祂問說：「摸我的是誰？」（45節）

這個問題還真幽默。事實上，門徒的反應挺有趣的：「夫子，自從我們下了船，眾人擁擁擠擠緊靠著你。你還問摸我的是誰嗎？」

但耶穌感覺到信心的觸摸。這就是路加要我們看到的對比：在某

種危機中，就在人群中，有個不知名的婦人私下悄悄地憑著信心接近救主，主耶穌也知道。她從人群中站出來，只因為她有信心。路加精心安排故事的情節，讓我們注意到她，因著她的例子獲益。

相似處和相異處所用的是，人類天生具有強烈比較與對比的傾向。在研讀聖經的時候，要聽從頭腦裡的聲音：「這一段跟我昨天看到的段落很像耶！」，或「這一段跟這卷書其他的地方不同。」這些清楚的信號，表示作者使用某些相似處或相異處來傳達他的信息。

現在換你來　試一試

約翰福音十一章1節可作為學習比較與對比（相似與相異）的絕佳教材。這是拉撒路復活的故事，其實他只是個背景人物，約翰把鏡頭鎖定在拉撒路的兩個姐姐馬大和馬利亞身上。

仔細研讀這段記載，接著思考下列問題：耶穌和這兩名婦女之間的關係是什麼？他處經文有沒有說明？這兩名婦女各用什麼方式找耶穌說話？祂怎麼回應？祂說了什麼？請你找出馬大與馬利亞信心的相同及相異處。她們跟門徒和圍觀的眾人有何相同點？

note

第 *23* 課

合乎現實的事情

高品質的觀察有兩個必要成分。首先，你得學習如何閱讀；其次，你要學會怎麼尋找。我們已經看過打開神的話語後，要找的五條線索。最後，要談到第六條線索，這一條可以擺在你的手心。

合乎現實的事情

這裡要處理的問題是眞實性：這段經文告訴我們什麼合乎現實的事情？這段經文的哪個層面跟你的經歷產生共鳴？

這時候，就需要用到自己聖化的想像力（sanctified imagination）了。你需要找出原則（第四十三課會詳加說明）。我們置身的文化顯然跟聖經時代極爲不同，然而聖經人物所經驗到的人類困境，我們也會體驗到。我們感覺到和他們相同的感受，我們擁有跟他們一樣的疑問。他們是眞實存在過的人，面臨跟你我同樣的掙扎、同樣的問題，以及同樣的試探。

因此，當我們在聖經中讀到他們的事情時，我們要自問：這個人有什麼野心？他有什麼目標？他面對什麼樣的問題？他有何感覺？他的回應是什麼？我的回應又是什麼？

在我們學習或教導聖經時，往往把聖經內容當作學術課程來進

尋找⋯⋯的事情

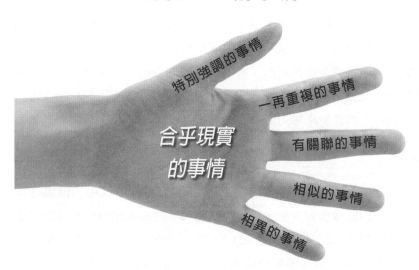

行，而非真實的人生，難怪我們當中那麼多人對聖經感到乏味。我們沒有學到神話語裡最棒的功課，也沒有學到聖經人物的經驗之談。

容我介紹幾個人，好幫助我們從現實人生去看聖經。聖經讓我最喜愛的地方就是，它總是幫助我回到現實。聖經從來不會美化聖經中的人物，如果有必要的話，聖經會把骯髒的換洗衣物全都曬在前窗外，告訴我們當時實際上發生了什麼事。

亞伯拉罕

創世記二十二章2節，神對亞伯拉罕說：「你帶著你的兒子，就是你獨生的兒子，你所愛的以撒，要傳宗接代的那一位，往摩利亞地去，⋯⋯把他獻為燔祭。」於是，亞伯拉罕帶著兒子以撒往摩利亞山頂爬。當時以撒已經差不多二十二歲了。以撒對亞伯拉罕說：「爸爸，火與柴都有了，但燔祭的羊羔在哪裏呢？」亞伯拉罕知道他的兒子將要成為獻祭的祭品。你認為他當時有何感受？你會有何感受？

摩西

摩西是非凡的領袖,他很可能是人類史上的領袖典範。但他卻沒有進入應許之地。為什麼?因為他擊打磐石兩次(民二十1~13)。一次的壞脾氣就使得他被取消了進入應許地的資格。這個懲罰如何影響他?他因此對神產生何種感想?對人生呢?(請看詩九十)我該如何回應我自己的罪所產生的結果?

挪亞

挪亞是個極其公義的人,在一個邪惡充斥的世代中,他遵行神的命令,因此救全家人免於遭受洪水淹沒。然而,聖經的記載告訴我們,他曾喝得爛醉(創九20~21)。我心裡想,這怎麼可能?聖經刻劃的挪亞不是一個完美無缺的人,而是一個真實、活生生的人。公義?被神禮遇?挪亞當然如此。但是,他也是一個會失敗、軟弱及犯罪的人。這對我而言,具有何種意義?

大衛

在所有的聖經人物中,大衛王大概是我最愛研讀的人物。他很聰明,在很多方面都極富恩賜,他幾乎算得上是一個能力超強的人。我不知道你怎麼想,但是,每當我讀到像他這種人的故事時,我往往覺得自己很差勁。他不只是一個偉大的戰士、運動員,也不只是一個偉大的詩人、音樂家,他還是一個偉大的領袖。他似乎什麼都不缺乏。他是聖經中神形容過惟一一個「合神心意」的人。(撒上十三14)

然而,有一天,這個神所選中的人卻應聲倒地。當時大衛待在家裡,沒有上戰場帶兵打仗,一個女人就讓他全軍覆沒。神的靈把這齣悲劇也列入聖經中,祂想對我們說些什麼?這件事給了我們什麼警告?這對我們的人性發出什麼訊息?

彼得

多數人喜歡彼得的原因是，他在在提醒我們：自己跟他有多像。每當我們想取笑他，就赫然發現：「罷了，他說的或做的不正是我會說或會做的事嗎？」例如，他很樂意靠自己的能力一夫擋百，去救我們的主（約十八10）。但卻有個使女走上前來，對他說：「嘿，你不是祂的門徒嗎？」

彼得一直重複說：「誰啊，我嗎？」

「我知道你是其中一個門徒，」她堅稱。

「你去死吧，女人，」彼得這麼回答：「我根本不知道你在講什麼！」

最後一次，她說：「我認得你的口音，你有加利利人的腔調。你是祂的門徒，不是嗎？」

於是，彼得開始發誓，咒罵這個年輕女子。

我們回頭看這個事件，不禁會懷疑到底是誰說了前面的話？不就是那個跟耶穌說「你可以相信我」的門徒嗎？在危機時刻，他卻失敗了，正如你我也可能失敗一樣，因為彼得也是個人。

稱作馬可的約翰

馬可這個人物你難免會視而不見，因為聖經提到他的篇幅實在很少。在第一次旅行佈道中，他跟保羅、巴拿巴一起出發。他們從巴勒斯坦海岸航行到賽浦路斯，最後抵達小亞細亞。他們一抵達亞洲大陸，馬可就打道回府（徒十三13）。

後來，保羅和巴拿巴決定進行另一趟旅行佈道。巴拿巴建議：「帶著馬可一起去。」但保羅說：「不行，我們不帶他去。上次他突然閃人，我不想再冒這個險。」聖經說，他們兩人因為意見不合而分道揚鑣（徒十五36～39）。

直到保羅人生的終了，保羅才寫道：「你來的時候，要把馬可帶來，因為他在傳道的事上於我有益處。」（提後四11）馬可怎麼變成

有用的了？當然不是因為保羅的緣故，是巴拿巴接納了他加以培養，把他變成一個神可以使用的人。

關於這些人的記載，具有一定的眞實性。但是，如果我們的眼睛不尋找合乎現實的事情，就很容易忽略這些記載。我們在研讀神的話時，要確定可以在眞實的生活中加以運用。接著我們就會發現：聖經記載的人物和你我一樣，都是凡人。

現在，我們準備齊全了：以下就是每次打開聖經時，要找的六條線索。

1. 特別強調了哪些事情？（大拇指）

2. 一再重複了哪些事情？（食指）

3. 哪些事情是有關聯的？（中指）

4. 相似的事情有哪些？（無名指）

5. 相異的事情有哪些？（小指）

6. 哪些事是合乎現實的？（手掌）

聖經中有哪些地方問過這些問題嗎？我想有的。請看箴言二十章12節，這處經文是「聲光視覺效果」最顯著的經文。「能聽的耳（聲音的部分），能看的眼（視覺的部分），都是耶和華所造的。」

根據這一節經文所示，你的任務很清楚：學習傾聽，學習觀察。

第 *24* 課

窺見全貌

在這一課，我們要開始「觀察學校」的大學部課程。記得嗎？我們是從使徒行傳一章8節那一節經文開始，那節經文簡直易如反掌。所以，我們要換成查考一段經文，即尼希米記一章4～11節。在這段經文中，我們會觀察到好幾節圍繞著共同主題（尼希米的禱告）的經文。

現在，我們要觀察所謂「片段」（segment）的經文單位，亦即在同一主題下，由許多段落集合而成的經文。首先，我要查考某個片段，向各位展示這個層次的觀察是什麼樣子。接著，我會列出某些建議，幫助你們自行觀察聖經的各個片段。

先從概覽開始

我們要看的經文片段是馬可福音四章到五章。我鼓勵你打開你的聖經，因為這段經文太長，無法在書中列出。在開始之前，請先花幾分鐘讀這兩章聖經。

兩個片段

實際上，這個部分可分為兩大片段。馬可福音四章1～34節是我

稱為比喻的片段。請注意第四章一開始，耶穌正在加利利海邊教導眾人，第2節告訴我們：「耶穌就用比喻教訓他們許多道理。」所以，這裡正在進行教導，比喻就是溝通的主要媒介。事實上，在33～34節我們讀到：

> 耶穌用許多這樣的比喻，照他們所能聽的，對他們講道。若不用比喻，就不對他們講；沒有人的時候，就把一切的道講給門徒聽。

接著，從四章35節開始到五章43節為止，我們看到神蹟的片段。這裡有四個連成一串的神蹟：平靜風與海的神蹟（四35～41）、被鬼附之人的神蹟（五1～20）、患血漏婦人的神蹟（五25～34），以及睚魯女兒的神蹟（五21～24，35～43）。由馬可福音這幾個事件的關聯性，我們可從其排列次序觀察出什麼？請注意，事件是依高潮的順序來鋪陳排列。

現在，請將比喻看過一遍，裡面一再重複了什麼關鍵性的措辭？「有耳可聽的，就應當聽！」（四9、23）我仍然記得我第一次看到這句話時的情形。我心想，到底那是什麼意思？究竟人還能用耳朵來做什麼？從那時候起，我發現人會用耳朵來做各式各樣的事情，用來掛耳環、堆積耳屎，什麼都做，就是不用來聽話。

請你自己仔細檢視這第一個片段。

製作一張圖表

耶穌在教導結束後，接著給門徒考試。耶穌是個偉大的教師，所以祂會考驗學生。但祂的考試和今天學校裡的考試不一樣，現在的考試只看學生塞了多少東西到腦子裡，然後在考試時，把讀的東西丟出來。耶穌給學生的考試是用現實生活做測試，以生活經驗來測試。所以我們可以說，第四章前面的34節經文是聽講的內容；接著，場景

馬可福音四 35～五 42

神蹟	範圍	人物	方式	結果	信心

就換到實驗室了。耶穌知道學習信心的功課不能透過聽講學會，得在人生的實驗室才學得到。

　　我打算集中討論四則神蹟，並且用獨特的方式進行。你在查經的觀察階段會發現很多事情，因此會產生一個問題：如何組織資料，使得資料有效使用？容我提供一個策略，這策略就是列在**方格表**上。在我們讀了很多段落的經文，擁有很多觀察的資料後（和現在的情形一樣），可以用方格表整理，幫助我們輕易處理資料，做出總結。

　　我們可以在207頁上方表格最左邊那一列列出四個神蹟。接著，我們利用最上面一行所列出的五個項目，加以比較：那個神蹟發生的範圍為何？有哪些人置身其中？耶穌透過什麼方式行神蹟？產生什麼結果？以及最後，也是最重要的，從這段比喻的經文來看，信心的內容成分為何？

範圍

　　先從平靜風和海開始談起（四35～41）。這件事顯然發生在自然界（範圍），所以我們可以在方格表上寫上自然界。暴風雨侵襲時，他們正在湖上划船，耶穌平靜了風浪。

　　被鬼附身的人該如何解釋？這就比較困難。毫無疑問的，他是被鬼附身，所以大多該歸因於屬靈問題。但我想多數的人會說，他因被鬼附而精神錯亂，所以也有心理問題。

　　那麼患血漏的婦人又如何？顯然她生了病。然而在十二年求助無門之下，她在情感上很可能也有需要。

　　耶穌使睚魯的女兒得醫治，該怎麼說？當中其實包括了三個層面──身體、情感和靈性。這個觀察至關緊要。這就是為什麼這個神蹟會成為這個經文片段的高潮。

　　如你所知，有些人會對平靜風與海評論道：「嗯，這只不過是個奇妙的巧合。」有些人則會對趕鬼一事評論說：「因為那個時代沒有精神醫學可以幫助他。如果他活在這個時代，我們就可以解決他的問題了。」同樣的，有的人會對這個婦人說：「她只需要去找個好婦科醫生。」那麼，使睚魯的女兒復活這件事，該怎麼解釋呢？今天有誰可以解決這個問題？我找不到任何人可以在墳場上使人從死裡復生。

　　所以，這四則神蹟是依照劇情的高潮順序來排列：耶穌不只有能力可以解決精神、心理和身體的問題，祂也有能力勝過死亡。

人物

　　請一起往下看該段經文所提及的人物。請注意是哪些人經歷了平靜風浪的神蹟？是門徒，而門徒裡有許多人是漁夫。重點是，要注意神蹟發生的範圍和置身其中的人，兩者之間所具有的關聯。在這裡，因為船快沉了而怕得說不出話的人，可不是一群神學院教授，而是一群專業漁夫。他們在這個湖上討生活，曾看過暴風雨。

　　我們知道加利利地區盛行西方吹來的強風，下沉風會吹過山谷間

馬可福音四35～五42

神蹟	範圍	人物	方式	結果	信心
平靜風海					
被鬼附的人					
患血漏的婦人					
睚魯的女兒					

的狹窄處。加利利湖低於海平面六百九十英尺，所以會產生巨大的下沉氣流。這個現象至今仍是。事實上，有一次我造訪加利利海時，就親眼目睹一陣強烈的暴風雨，在不到十分鐘內突然襲擊。

所以，這群一輩子都在經歷暴風雨的人，卻從沒有一次像這次這樣。

請注意還有誰在現場：耶穌，當時祂睡得很沉。

接下來，請看耶穌趕鬼的神蹟。一些感興趣的人當然在場，耶穌當然也在場。但是，最突出的就是被鬼附的那人本身。他的故事令人感覺很有興趣：因為很多人試圖解決他的問題，卻都束手無策。

還有一群人也在那裡，他們是村子裡的人。他們令我深感驚奇。大家都認識這個窮苦、被鬼附的人。「當心他，」他們常常這麼喊著：「鍊好他。別讓他搞得大家雞犬不寧。」接著，有一天，這個人被醫好了。你一定猜得到每個人都會這麼說：「哇！超感人的，趕快

請 CNN 來報導吧。」

　　但是，村子裡的人一點都不興奮，特別是當他們發現魔鬼跑到他們的豬身上，叫豬群爭相跳下懸崖死光光的時候。這麼一來，他們所有的投資都付諸東流，他們簡直氣炸了！他們更關心的是當地的民生經濟，而不是某人得醫治。

　　關於那個患血漏的婦人呢？在 25 節我們看到她。在這裡，門徒變得十分重要，在 31 節他們所營造的氣氛是：「你看眾人擁擠你，還說『誰摸我』嗎？」換句話說，就是「我們怎麼知道誰摸了你呢？」當然，那個血漏的婦女也在場。聖經說，她已經病了十二年。這可是一段很長的時間，顯出問題的嚴重性。耶穌當然也在場。

　　讓我們往下看睚魯的女兒。當場有睚魯、他的女兒，還有女兒的母親。耶穌在場，身邊帶著彼得、雅各和約翰。這一點十分富啟發性。當場也有一群專業的送葬者。這景象豈不是極為吸引人？耶穌來到現場，宣告說：「她沒有死，只是睡著了。」大家一陣喧鬧。或許，這是他們第一次在喪禮上歡笑。

方式

　　現在，我們一起來看耶穌在每一則神蹟中所採用的方式。有些不尋常的事情發生了。在暴風雨中，耶穌只說：「住了吧」，或者可以翻譯為「閉上你的嘴巴」，暴風雨就停住。整片海完全平靜下來。

　　關於趕鬼的神蹟，耶穌也是只有說話。

　　至於醫治婦人的神蹟，祂甚至不需要使用話語。祂用觸摸的，事實上，是她觸摸了祂。

　　最後，關於睚魯的經驗，耶穌既觸摸也說話。祂用手牽著小女孩，也呼叫她的名字。

結果

　　現在，我們把行神蹟的方式與結果加以連接。平靜風與海的結

馬可福音四35～五42

神蹟	範圍	人物	方式	結果	信心
平靜風海	物質界	門徒、耶穌			
被鬼附的人	精神	耶穌、男人、村民			
患血漏的婦人	身體、情緒	耶穌、婦女、門徒			
睚魯的女兒	身體、情緒、靈性	耶穌、睚魯、女兒、門徒、送葬者			

果，正如聖經所說的「大大止住了」，不知道你曾否置身在海上的暴風雨中，不過每個漁夫及水手都知道，雖然暴風雨停止了，海面不一定平靜下來，有時候波浪還會連續翻騰個好幾天。然而，這次是個神蹟，海面馬上平靜下來。

關於被鬼附身的人，結果是鬼一被趕出來，他就恢復正常。事實上，聖經說他當時坐著，「穿上衣服，心裏明白過來。」在行神蹟前他並不是如此。

至於那位患血漏的婦人，她觸摸耶穌的結果是馬上得到醫治。這很重要，因為她的問題已經持續十二年了，但耶穌叫她得醫治不用等十二天，甚至用不到十二分鐘。

最後，來看睚魯的女兒。她立刻就站起來，這顯示她已馬上復原。她也開始行走，吃了一些東西。

信心

在這四個神蹟中，信心是很重要的成分。暴風雨中，門徒全然喪失信心，他們怕得要命。即使後來耶穌平靜了風與海，他們還是很害怕。一點信心也沒有，十分恐懼。

然而，第四章一開始的經文說，門徒才剛剛聽到耶穌傳講信心的教導，他們剛受教於世上最偉大的教師。但當他們在湖上接受考試時，他們的考卷卻被批了個大大的「F」，這並非是「信心」（Faith）的縮寫，這表示不及格。事實上，當時耶穌是這麼問他們：「為甚麼膽怯？你們還沒有信心嗎？」（40節）

那位被鬼附的人，他的信心開始於認知耶穌是誰。他找對人了，他想要跟隨祂──這明顯表達出委身。但耶穌說：「不，你得回家去，把你的見證告訴別人。」

那位患血漏的婦人算是這段經文的明星。她基於所聽過的耶穌事蹟，採取主動。耶穌說，她的信心醫治了她。這令人印象極為深刻。

睚魯透過兩個階段的過程，展現他對基督的信心。首先，他來找耶穌並且告訴祂：「我女兒快死了。」這是事情的開端。接著，他的朋友衝進來，告訴他小女兒已經去世的消息。你可以想像他的感覺嗎？只要還有生命，就有希望。一旦她死了，我確定他一定想放棄。他的心一定碎了。

但耶穌說：「不是的，你要繼續懷抱信心。」他也這麼做了。他不只以信心開始，還以信心成全一切。猜猜看，誰目睹了這件事？門徒。還記得嗎？缺乏信心的就是這些門徒。他們在那裡，盯著這個沒有理由再懷抱希望的人看。睚魯不曾聽過耶穌講道，但他卻有偉大的信心。因為主耶穌說過：「你要堅持下去，信任我，跟隨我。」他照著做了。

使用圖表

現在，請看方格表。我們擁有數量多到令人不可思議的資料，但

馬可福音四35～五42

神蹟	範圍	人物	方式	結果	信心
平靜風海	物質界	門徒、耶穌	說話	風浪馬上平靜	沒有信心、只有恐懼
被鬼附的人	精神	耶穌、男人、村民	說話	恢復正常、坐著、穿衣服、意識清醒	認出耶穌、想要跟隨
患血漏的婦人	身體、情緒	耶穌、婦女、門徒	觸摸	馬上得醫治	她的信心醫治了她
睚魯的女兒	身體、情緒、靈性	耶穌、睚魯、女兒、門徒、送葬者	觸摸、說話	站起來、行走、吃東西	偉大的信心

我們已經把這些資料用易於理解的方式總結起來。我們可以用兩種方式研究這張圖表。我們可以先用混合的方式來研究，從左往右看。也就是說，我們可以把每一則神蹟，用範圍、人物、方式及信心的成分等角度來評估。

再者，我們可以用找出共同點的方式來研究，從上往下看。例如，門徒所擁有的是怎麼樣的信心？被鬼附的人擁有哪種信心？患血漏的婦人有哪種信心？睚魯又有什麼樣的信心？

這類的圖表是無價之寶，因為在你投資時間查考聖經的過程中，圖表會給你最大的報酬。下次你再讀到這段經文時，就可以拿出圖表，快速複習這段內容。不需要每次都從零開始，也不需要仰賴記憶力。事實上，圖表對觀察這個步驟而言，極有價值，所以，下一課我們要更仔細的談談這一點。

如何查考某區塊的經文

但是，首先，我要提供大家幾項建議，讓你知道如何從某個區塊（section）的經文中得到最多收穫。

1. 請讀完整個區塊的經文。事實上，試著讀過兩次或三次，也可以讀讀不同的譯本。

2. 找出各個段落，然後在每個段落貼個標籤或記上標題。剛才所看的那段經文，可以在方格表左邊那欄，看到我標出的四個神蹟。請記得：段落是查經最基本的單位。所以，查經最重要的，是抓住每一段的主要概念或主題，然後用一、兩個語詞加以陳述。

3. 參照其他段落的聖經，來理解每一段經文。運用我在前幾課所提供的六條線索，尋找關係。在上面的方格表裡，我根據範圍、人物、方式、結果和信心，比較四個比喻的相同點和相異點。

4. 用相同的原則（特別強調的事情、一再重複的事情等等）評估整個段落與該書卷其他經文的關係。

5. 試著陳述那個段落的要點。試試看可否用一個詞或短句，總結整段經文內容。例如，我把馬可福音四至五章稱為「耶穌演講與信心的實驗室」。

6. 就這個段落整理出一張觀察重點的清單。更棒的是，使用簡短、描述性強的語詞，把這些觀察記錄在你的聖經上。

7. 查考本段經文所提到的人物和地點。看看可從當中學到什麼，好幫助你更了解這個段落。

8. 列出沒有得解答及不能自行解決的問題清單。這些就是你再深入研讀時的起點。

9. 請問問自己：在這個段落裡，我看到什麼挑戰我生活方式的經文？這段經文解決了什麼實際的問題？透過這段經文的查考，我考慮作什麼改變？根據我的看見，我需要禱告什麼？

10. 把查經的結果跟別人分享。

現在換你來 ｜ 試一試

我已示範了如何觀察一個區塊的經文，這裡有一段經文供你小試身手。這段經文是馬太福音十三章1～23節，四種土壤的比喻。下面有一張方格表，可以幫助你開始。這張表格針對四種土壤中的每一種，提出四個問題：耶穌如何形容那種土壤？會有怎樣的生長？成長會遇到什麼阻礙？撒種後，會有何結果或結局？

土壤	描述	成長	障礙	結果

第 *25* 課

總結你的觀察重點

自從本書英文第一版出版後，本世代最重要的發展之一就是網際網路的興起。今天，只要是人類有興趣的主題，在網路上都極可能找到相關網站。這類線上資訊有很多都是純文字的內容，但由於網路也有影像功能，所以網路或多或少就要求以一種可快速閱讀的方式來總結資訊。使用者希望盡快找到重點，因此，引人入勝的圖像就成爲達成該目的的主要媒介。其實，網際網路、電視及影片，多少重新定義了今日我們彼此溝通的方式：展示（show）變得比講述（tell）還要重要。

學習查經的人有一樣功課要學，查經過程會找出一堆資料，如果你進行了我在前幾課說過的觀察工作，你就會擁有遠超過你可以掌握的大量資料。而這會有一個問題，因爲如果你無法分析評比資料，這些資料對你又有何益處？解決這個問題的方法就是採取網路的策略：用展示的，而不是用講述的。請用圖像來總結你的發現，運用圖表對此特別有效。

圖表的價值

一張圖表之於學習查經的人，就像一張地圖之於船員。圖表可以

協助我們在字句、頁數、書卷、想法、人物、事件及其他資料的汪洋中，找到航行方向。如果手上沒有一張圖表或類似的物件，這個人就很可能會因頭腦超載而觸礁擱淺，因爲實在有太多細節需要掌握了。

　　但好的圖表可以使你在許多方面不致偏離方向。首先，它使用圖像的力量。在我們這個以視覺爲導向的文化中，這格外有用。圖表能展現出經節與經節、段落與段落、部分與部分之間，甚至書卷與書卷之間的關係。使用圖表，你可以一眼就理解某段經文的目的與結構。

　　一張結構清楚的圖表也易於方便記憶。我再強調一次，這大半是因爲圖表訴諸視覺之故。假設你從未按照順序記憶聖經的卷名，我給你這些卷名，你很可能得耗費不少時間，才能一字不差地背起來。但如果我給你看一張圖表，上面再將聖經書卷皆按照類別整理好，你就可以更快速地記憶它們了（請看第38頁），因爲圖表會讓你有一些視覺上的輔助。

　　最後一個值得提及的好處就是，圖表可以說明你的觀察重點。例如，我提到要找六個線索：特別強調的事情、一再重複的事情、有關聯的事情、相似的事情、相異的事情、合乎現實的事情等，而一張圖表便可以展示出這些發現。它可以從整體來看各個部分，可以強調出重要的想法或人物，可以展現出相異處及相同處，可以提出關鍵的詞彙和片語；更重要的是，它可以概述出整個結構，這對作者的目的而言攸關重大。

圖表的藝術

　　圖表是查經時極有用的工具，但切記這只是達成某種目的的媒介。你研讀神話語時的最終目標不是製作出一張圖表，而是要讓生命有所改變。圖表只是一種讓你在處理經文時，能收集到資訊的方式。

　　容我在此先討論本課所列出的幾個圖表，接著我會列出一些建議，告訴你該如何開始有效地製作圖表。

馬可福音

「來世上服事」		以及	「獻上祂的生命」	
序言	服事		獻祭	尾聲
耶穌來	祂是誰？	其他人說 我是誰	祂要去哪裡？	耶穌升天
一1～45	二1　八26	八27　　　30	八31 十五47	十六1～20
祂的位格		以及	祂的目的	

馬可福音

　　第一張圖表展示出馬可福音的內容，讓我們可以只透過一張紙就對整卷書一目了然。製作這張圖表的人，觀察到總結整卷書結構的鑰節，亦即十章45節：「因為人子來，並不是要受人的服事，乃是要服事人，並且要捨命作多人的贖價。」

　　這句鑰節幫助他觀察出馬可福音分為兩大主要區塊，前半個區塊講述耶穌的服事，後半個區塊講述祂的犧牲。你可以看到他如何將這些觀察及其他的觀察點放入圖表中，以幫助他在視覺及文字上都可以第一眼就看懂整卷書。

　　我特別喜歡這張圖表，因為它很簡單。如果把它放大成整頁，就可以加上各式各樣的細節，但按照原來這個大小則可以列出基本要點，我們可以馬上知道馬可福音在說些什麼。

彼得前書
受苦聖徒的課程表
堅持到底、絕不放棄

救　　恩	順　　服	受　　苦
救恩的特權 （一2～12）	在國家 二13～17；公民的	身為國民 （三13～四6）
救恩的產物 （一13～25）	在主裡的家 二18～25；社群的	身為聖徒 （四7～19）
救恩的過程 （二1～10）	在我家 三1～7；家庭的	身為牧人 （五1～7） 身為士兵 （五8～11）
主的道活潑有能力！	基督徒的生活方式！	刻塑靈魂的鑿子！
一3　　　　二10	二11　　　　三12	三13　　　　五11
基督徒的命運	基督徒的責任	基督徒的紀律

彼得前書

　　上面這張圖表是我為彼得前書製作的，我稱這卷書為「受苦聖徒的課程表」（彼得後書則是「成為有影響力聖徒的課程表」）。

　　當我在研讀彼得前書時，我注意到該書卷分為三大部分，分別處理三項主要議題：救恩、順服及受苦。用相反的順序來思考這三項議題十分有趣：受苦不會有意義，除非你順服於天父的旨意；順服不會有意義，除非你了解救恩的真諦。作者透過彼得前書五章的內容，如此揭示他的論點。

瑪拉基書

「受傷之愛的慟哭」

簡介	救恩	順服	受苦	結論
一1～5	祭司	控訴	回應	四4～6
	一6～二9	二17	三7～18	
	人民	宣布	理由	
	二10～16	二17 三6	三7 四3	
	一6 二16	二17 三6	三7 四3	

瑪拉基書

　　上面的圖表要說明瑪拉基書。我把它的主題定爲「受傷之愛的慟哭」。你是否想研讀一卷舊約書卷？那就選這卷吧！還記得我們談過如何採取問答的方式嗎（十一課）？瑪拉基這位先知滿腦子裝的都是問題。他一再地問這個問題：「誰？是我嗎？」

　　在瑪拉基書中，神斥責以色列國犯了罪。每次神指責他們，他們就說：「請你加以證明」。他們就像手已經放進餅乾罐子裡，衣服上沾滿餅乾屑的孩子，母親說：「兒子，我說過不可以拿餅乾！」

　　孩子卻回答說：「什麼餅乾？」

　　這卷書講的就是這些。

路加福音

　　圖表不只是你在查經最後階段的精煉產物，它們是能幫助你深入研究經文的強力工具。

　　舉例而言，下頁圖表是路加福音的綜覽，顯示出我所謂的分量定律。之前我們提過，可以透過某些事物佔多少空間，來找出作者所強調的事物。分量定律意指某作者所表達之材料的重要性，與那些材料

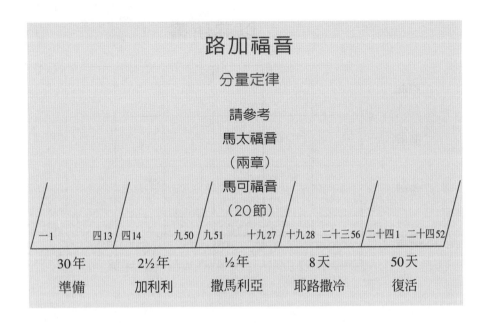

所佔的分量有直接關係。上述圖表恰好說明了這個原則。

以弗所書

　　請注意下頁的方格圖。我記得在上一課也用了方格圖來研讀馬可福音四至五章。

　　假設我一直觀察以弗所書，我注意到裡面不斷出現四個主題：神的恩典、撒但的活動、信徒的生活方式或「基督徒的處世」，以及禱告。因此，我需要問這些問題：「這些主題之間是否有任何關聯？有哪一個顯得比較重要？作者談到每個主題時，所佔的分量各為多少？它們與全卷整體主題和該卷的結構又有何關聯？」

　　這類方格表可以幫助我在整卷書信中，循序跟著這四個主題來看，待填好整張圖表後，就可以看出主題間的關係。

以弗所書

恩典						
撒但						
處世						
禱告						

愛

　　最後一張圖表與其他的圖表不同，它總結了針對愛而進行的主題式研讀。主題式研讀很吸引人，因為它們先檢視在很多段經文中均出現的一個主題，接著再找出經文彼此之間的關聯。查經後發現，馬太福音中可以找到提及這個主題的兩處關鍵經文。有一處經文提出愛的模式，即神的愛，另一處經文則形容愛的過程，也就是愛人如己。請注意另一處相關經文，就是哥林多前書十三章的愛篇。

　　這段查經也發現，愛的操練可分為三大領域——愛神、愛己及愛人。聖經啟示了關於上述每個層面的真理可供思考，也提供針對那項真理的回應。

　　顯然還有許多其他的方式可以用來組織這裡的材料，並且表示出其中的關係。最重要的是製作圖表的人對這張圖表，能否從中看出一番道理。它需要能顯出我在經文中所找到的，這是一種能掌握經文的工具。

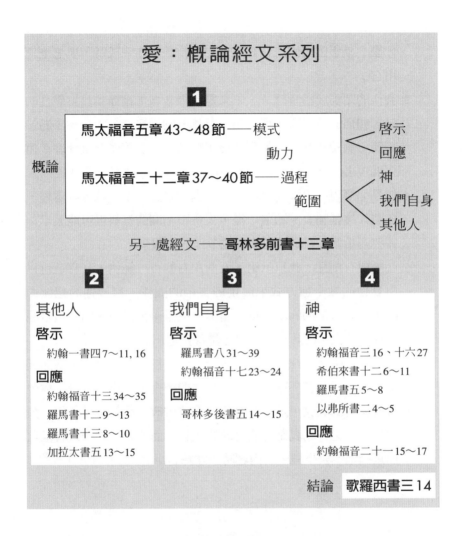

愛：概論經文系列

1

概論

馬太福音五章43～48節──模式

　　　　　　　　　　　動力

馬太福音二十二章37～40節──過程

　　　　　　　　　　　範圍

啟示
回應
神
我們自身
其他人

另一處經文──**哥林多前書十三章**

2
其他人
啟示
　約翰一書四7～11, 16
回應
　約翰福音十三34～35
　羅馬書十二9～13
　羅馬書十三8～10
　加拉太書五13～15

3
我們自身
啟示
　羅馬書八31～39
　約翰福音十七23～24
回應
　哥林多後書五14～15

4
神
啟示
　約翰福音三16、十六27
　希伯來書十二6～11
　羅馬書五5～8
　以弗所書二4～5
回應
　約翰福音二十一15～17

結論　**歌羅西書三14**

從自行製作圖表開始

你是否已準備好著手來製作圖表了？容我給各位幾項建議。

1. 當你查考一段經文時，在內容中用標題和標籤標示出各小段的摘要，必須要有創意。我曾提過讀經要能消化吸收，把經文變成你自己的，其中一種方式是在聖經經文、段落、區塊和書卷上標上自己的標題，這能幫助你簡潔地歸類出你的卓越見解。

2. 當你在構思圖表時，問問自己：裡面存在著什麼關係？想展現

什麼？這張圖表到底在表達什麼？當我製作完成時，要怎麼運用它？

3. 製作的圖表要盡量簡單，未來還有機會增加細節；具挑戰性的是，如何去蕪存菁。經文中，有哪些關鍵概念、人物、主題、經節、詞彙和其他資料應該優先放進去？主體概念是什麼？需要展現出什麼樣的結構？你想第一眼看到什麼經文材料？

4. 如果你發現找出太多材料，放不進一張圖表中，就分批處理，多製作幾張圖表。順道一提，太多不相關的資料很可能表示你需要再重新好好地讀經文，並多作一些觀察。

5. 必須要有創意。我只示範了五個左右的可行範例，其實還可以用其他的數十種方式來展現經文中的關係。釋放你的想像力吧！如果有幫助的話，可以畫圖，或是畫符號來說明。這是屬於你的圖表，因此可以為自己量身打造。

6. 透過你的研讀來修改你的圖表吧。沒有任何圖表可以把某節經文中所有的內容都總結出來，當你繼續查考某段經文時，你會獲得嶄新的洞見，這應該會使你想要修改或甚至重新製作一張圖表。切記，圖表是達成目的的工具，而不是目的。只有當它們正確地代表聖經中的內容時，才算有用。

現在換你來　試一試

既然你已經看過本課教你製作圖表的幾個例子，請試著使用本課所提出的建議，製作使徒行傳的圖表。一開始，先複習本書第六課，我們查考過的使徒行傳一章8節。我曾提出經文中的四個地點：耶路撒冷、猶大全地、撒馬利亞和地極，這些地點構成了那卷書的大綱。你或許可以使用這個觀察來組織你的材料，或者，你可以設計出屬於自己的概觀。但你一定要製作出一張圖表，可以對聖經的記載作出摘要，且幫助你很快地抓住路加福音的內容。

note

第 *26* 課

「事實是一些笨事，
除非……」

記得阿加西這位偉大的科學家教學生如何觀察魚的方法嗎？他要學生日復一日地待在樣本前面，從頭到尾只給一個指示：「看！看！再看！」

若對學習查經的學生，我只給惟一的指示，那同樣會是：「看！看！再看！」神的真理就在聖經裡，但多數人之所以看不到，主要是因為沒有尋找，沒有花必要的時間和力氣去回答「觀察」的基礎問題：我看到了什麼？因此，就缺乏根基，以藉此了解神的啟示。

在本課中，我已經簡單介紹過這個觀察的過程。正如我所指出的，「觀察」只是查經策略中的第一個步驟，但它絕對是至關重要的步驟，可惜多數人並不太注意。

然而，前幾課我們已經看過，為了觀察聖經，首先必須學習閱讀，我們必須學習將聖經讀得更好且更快速，就像是第一次讀，並且就像正在閱讀情書一樣。在前幾課中我們也看過，可以幫助我們成為最優等的聖經讀者的十個策略。

接著，我們又學到在聖經經文中要找到什麼。我們發現可以了解經文的六道線索：特別強調的事情、一再重複的事情、有關聯的事情、相似的事情、相異的事情，及合乎現實的事情。

　　我們也練習過如何在一節經文、一個段落和一個區塊中，使用上述的技巧。我們發現，善於觀察的人能找出的細節是無止盡的，而且所有的觀察，是爲要歸結入更大的主題中。

　　最後，我們看到圖表的價值，圖表可以總結查經的結果。我們發現圖表是可以把數據具象化，以藉此來了解經文的有效工具。

　　現在我們再繼續下去。阿加西教授訓練他的學生學習發現事實的方式，以及有秩序地安排這些事實，但他不滿足於此。「事實是一些笨事，」他會說：「除非與一些普遍性的定律關聯起來。」（Facts are stupid things, until brought into connection with some general law.）

　　這引導我們進入查經的第二個步驟。一旦我們看過經文在說些什麼，就準備好要問：這是什麼意思？因此，我們把車換成第二檔，一起來看整個查經過程的第二階段：解釋。

現在換你來　試一試

我的一個學生在觀察創世記三章1～7節中關於墮落的主題時，交出這一篇練習來。現在，輪到你們把握最佳機會，來運用本書所談到的所有技巧。

週一

請從天父自天上目睹祂兒女犯罪的角度，來讀創世記三章1～7節。

週二

請讀上述聖經經文，找出該段經文最重要的經節。

週三

請從撒但試探神兒女的角度來讀。

週四

這段經文如何影響你了解耶穌在十字架上所做的？請從此角度來讀。

週五

從亞當和夏娃正在犯罪的角度來讀。他們心裡在想些什麼？

週六

當某個不懂聖經或「宗教」事物的人第一次讀這段經文時，他會怎麼看？請從此角度來讀。

第二步驟 / 解釋

這是什麼意思？

建立正確了解經文的技巧

第 *27* 課

解釋的價值

有一次，我聽到某位講員為一段聖經經文作出精彩絕倫的解說。走出會場時，我無意間聽到兩個人的對話。

「唉，」其中有個人問道：「你認為講的怎麼樣？」

另一個人聳聳肩說：「我沒什麼意見。他只解釋聖經，卻完全沒有帶來什麼祝福。」

只解釋聖經？這是我所能想像最崇高的稱讚。畢竟，任何聖經教師主要的職責，就是要把經文的意思解釋清楚啊！你瞧，除非已經了解神的話，否則是不可能加以應用的。其實，只要更了解，就更能應用。也因此大衛會這樣禱告：「求祢賜我悟性，我便遵守祢的律法，且要一心遵守。」（詩一一九34）

遵行神所說的前提是，你了解祂所說的。所以，在進行第一手查經時，第二個主要步驟就是「解釋」。你提問並回答：這是什麼意思？

「你所唸的，你明白嗎？」

使徒行傳第八章記錄了腓利的故事。腓利是那個時代的葛理翰，他在撒馬利亞傳福音，而整個地區都有回應。但有一天神的靈對他

說：「起來！向南走，往那從耶路撒冷下迦薩的路上去。那路是曠野。」（26節）

他大可這樣回答：「什麼？」「我是個都會型的人，我只作大型佈道會，我不作一對一佈道。」

然而他卻往南向前行，在半路上遇見一個人，是衣索匹亞的太監，也是其國家的財政部長。他們於是展開一段對話，那位官員當時正在讀一段經文。

腓利因此問他：「你所唸的，你明白嗎？」

你可以想像自己坐上一架飛機，坐在一個讀《時代》雜誌的人身邊，你問他說：「嘿，你所唸的，你明白嗎？」我猜那個人不會把握難得的機會，對你推心置腹。

但腓利必定知道問這個問題的最佳方法，因為那個人回答說：「沒有人指教我，怎能明白呢？」（31節）

請仔細注意：這個太監手上有聖經，但他卻需要有人幫助他了解。他正深入地處於「解釋」的過程中。這從他讀完聖經之後「別具洞察力」的問題可以得知：「請問，先知說這話是指著誰？是指著自己呢？是指著別人呢？」（34節）

腓利幫助那位太監對這段經文有新的領悟。而在他了解經文意義之後，就能以信心回應。39節中說，他「歡歡喜喜地」回家去。而「解釋」這個步驟，竟影響了整個非洲向福音敞開！

何謂解釋？

聖經中每卷書都有其信息，而這信息是可以被了解的。有時你不免懷疑，聖經是不是一本令人無法理解的謎語？神的原意本是透過聖經來啟示祂的話，提摩太後書三章16節說：「聖經都是……有益的」（作者加註楷體字）。意思就是，聖經是有目的和含義的。神不是在和你玩捉迷藏的遊戲，祂邀請你進入祂的話，不是要讓你如墜五里霧中或產生混淆，祂比你更想讓你了解聖經的話。

　　但是問題在於，我們所說的「含義」是什麼？容我加以說明。我有點色盲，無法輕易辨別綠色和藍色，假設你拿一件毛衣給我看，說：「教授，我好喜歡這件藍色的毛衣。」我們看的雖是同一件毛衣，但你看到的顏色會和我看到的不同。

　　解釋聖經時常發生這類事情，兩個人雖然看著同一節經文，卻得出完全不同的解釋。而且，這兩種解釋還可能相互衝突。兩種解釋有可能都正確嗎？如果要把邏輯定律運用到聖經，就不可能。

　　但不幸地，今天有許多人暗自認為，聖經是不合邏輯的。對他們來說，即便你看到的經文是藍色，而我看到的是綠色也沒關係，事實上，看出來的經文是什麼顏色都不重要。對他們來說，經文的含義不在經文裡面，而在於他們對經文的回應，每個人都可以自由地回應，聖經的含義純屬主觀。

　　基督徒可能會對某段落的解釋有不同的看法，原因其來有自，下一課會再回頭談這個原因。但如果真要盼望能正確解釋神的話，就得先有個基本前提：「含義」不是把我們主觀的看法讀進經文中，而是從經文中讀出神的客觀真理。正如某人說得好：查經的目的是「按神的思考而思考」。神有自己的想法，而且已經透過祂的話啟示出來。

　　奇妙的事在於：祂使用人類的作者群來啟示祂自己的話。聖靈透過他們的個性、境況及各自重視的事情，掌管著文章的書寫。而且每位人類作者（可稱之為與神共同寫作者）在他所記錄的經文中，都想表達特定的信息。

　　也因此我喜歡說，「解釋」這個步驟是再造（re-creation）的過程。我們嘗試站在作者的角度，並且再造他的經驗——以他的想法來思考，以他的感覺來感受，以他的決定來作決定。在我們問這對我們有何含義之前，我們要問的是，對於作者是什麼涵義？

含義的建立

　　那麼「解釋」與「觀察」有何關聯？還記得在觀察那幾課當中，

我們曾問過並試著回答一個問題：我看到了什麼？這就是查考聖經時最基本的階段。經過這個步驟後，我們需要繼續進行「解釋」的步驟，這時候我們要發展上層結構。

在「觀察」階段，我們是往下挖掘；而在「解釋」階段，我們則往上建造根基，建築物總是取決於根基。根基越穩固，上層結構就越堅實。

想像一下我們來到你所在的城市，看到工人在挖地基。他們其實已經做了兩年半。接著他們在四周圍上木板，並邀請眾人來參加奠基儀式。我們到場觀禮，但卻看到圍籬中間只是個小型養雞場，於是我們不由得想問：「何必大費周章？為何只為如此微不足道的建築物打上這麼厚實的根基？」

同樣的，解釋的品質總是有賴於觀察的品質。你不可能明白一位作者有何用意，除非先注意到作者說了什麼。因此，進行良好的觀察就是進行良好的解釋。我們在觀察時總要以解釋（以及最終的應用）聖經為目的。觀察永遠不以本身為目的，而是達成目的的媒介。

為何要解釋？

但問題尚未解決：我們為什麼必須解釋聖經？為什麼我們不能只是打開聖經，把該讀的讀一讀，然後就去遵行？為什麼我們得這麼大費周章，來了解聖經經文？答案是時間與距離已經使我們與聖經的作者之間產生了障礙，影響我們的理解。我們需要正確地認識那些路障，那並非無法克服，而是極具價值。讓我們先來看看這幾個路障吧。

語言障礙

你是否學過外語？如果是，你知道學習單字並不夠。如果你真的想了解他們在說什麼，還需要去研究他們的心態、文化及世界觀。

同樣的，市面上已有些直接從希伯來文、希臘文和亞蘭文翻譯過

來的很棒的英文聖經譯本，那些語言是聖經原來寫作的語言。但即使如此，那離完整地了解聖經還是有一大段距離。也因此「解釋」的過程還包括了運用聖經字典及類似的資源。我們得回溯歷史，找出那些在含義上單靠翻譯卻無法清楚描述的細微差異。

文化障礙

這類障礙和語言的問題十分相關，因為語言總是混合著文化。聖經是各種文化的產物及呈現，這些文化與我們的文化大為不同──而且聖經本身包含的各種文化之間也大不相同。要懂得聖經中發生了什麼事，我們得就著溝通、運輸、貿易、農業、職業、宗教、對時間的認知等事上，重建當時的文化背景。

考古學在這方面顯得很有幫助。在第三十四課中，我會建議大家來查考某些材料。

文學障礙

在解釋聖經時我們會遇見的另一個問題，就是領域的差異。如果聖經所描述的都是山川、沙漠或海洋的自然領域，我們就可以恰當地裝備並悠遊其中。但聖經在文學方面的領域，類型相當分歧，需以極度不同的手法解釋。我們無法以讀羅馬書時的同一種冷靜邏輯，來讀雅歌；我們無法透過用以解明加拉太書逐字逐句的字詞研讀法，來讀懂比喻的重點。在第二十九課中，我會談到聖經中不同的文學類型，以及解釋各種文學形式的建議方法。

溝通障礙

或許你們看過漫畫《遠境》（*The Far Side*），在第一格裡有個男人在對他的狗訓話說：「好的，金吉，我受夠了。你給我離垃圾遠一點。你懂我說什麼嗎，金吉？給我離垃圾遠一點，不然我就……！」下面的旁白則寫著：「人說的話」。下一格畫出狗怎麼看待當時的情

況，下面的旁白寫著：「狗聽到的話」。那麼狗聽到什麼呢？「眞會嘮叨……」

身為老師，有時候我也有這種感覺，我很想知道學生究竟聽到什麼。而且坦白說，他們可能也不懂我到底在講什麼。

這是存在已久的溝通問題。雖然神自己會透過聖經說話，但我們仍須應付這種溝通不良的隔閡。身為有限的受造物，我們永遠無法完全知道另一個人在想什麼。因此，我們必須接受在解釋聖經時只能達成有限的目標。

那麼，我們是否能解釋任何事情？是否有可能解釋聖經？當然可能。但你需要知道一定會遇到問題。你永不可能回答每一個問題——正如這位經驗豐富的傳道人提出的明智見解。有一次他在某餐廳吃晚餐，當地一個無神論者剛好也走進去，他想和這位傳道人開個玩笑。那位懷疑宗教的人坐下來，指著傳道人的聖經，問道：「牧師，你現在還相信這本書說的啊？」

「那當然，」那位老紳士回答道。

「你是說你相信裡面所說的一切？」

「每一個字我都相信。」

他又說：「嗯，裡面是否有你無法解釋的事情？」

「嗯，裡面是有很多事我無法解釋，」那位傳道人回答道。他打開聖經，並且讓那位老兄查看聖經空白處他寫的許多問號。

那個人很驚訝地問道：「那麼你無法解釋的那些內容，你都怎麼處理？」

他說：「很簡單，就和我現在正在吃的這條魚一樣。我只吃肉，把骨頭堆到旁邊去，接著讓想被魚刺刺到的傻子吃。」。

我遇見一些人，他們對我和神學院的其他教授無法解釋聖經所有的內容都很介意。因此，我常用一個問題來刺激他們思考：你們是否眞會因為有限的我無法完全理解無限的神而感到困擾？這是否眞會讓你們感到不快？如果我眞的可以完全了解神，那反倒會備感困擾，因

爲如果眞是這樣，我就不需要神。我就和祂一樣聰明了。

　　查經時千萬不要被無法回答的問題困住而停滯不前。奇妙的一點就是，凡是有關於你與永恆的救恩，以及你要如何度日的這些必要的事，你總是會了解的。

　　接下來我們要來看了解聖經經文的第五種障礙──錯誤解經的問題。在下一課中，我想要警告你錯誤解經所帶來的一些危險。

「我不懂希臘文或希伯來文！」

你是否感到自己因為不懂聖經的原始寫作語言，而被聖經拒於門外？多虧近年來發展出的眾多資源，你就不用再有這種感覺了。在第三十四課中，我會討論這類問題。下列先預覽目前擁有的資源，以幫助你準確地解釋經文。

資源類型	說明	使用這些資源來克服……
地圖集	標示經文所提及的地理位置的地圖集，或許還有對那些位置的歷史和重要性的若干描述。	地理障礙
聖經辭典	解釋經文中的關鍵字和詞彙的來源、意義及用途。	語言障礙
聖經手冊	針對聖經經文中的主題，引介有用的資訊。	文化障礙
解經書	呈現聖經學者對經文的研究。	語言、文化及文學障礙
對照版聖經	有希臘或希伯來文經文並列比較的聖經譯本。	語言障礙

第 *28* 課

小心處理！

許多年前的某個主日，我接受手術後正在家休養，當時有兩個男人現身在我家門口，一個較年長，一個較年輕，兩個人的衣著都很整齊。「我們今天剛好在附近作訪問，想跟大家聊聊神和宗教的事，」他們這麼說：「我們可以進來嗎？」

我很好奇會發生什麼事，於是就說：「當然好啊，請進，我很樂意和你們聊聊。」

因此我們開始交談，他們一直談論某段聖經經文，我也一直對他們說：「可是聖經並不是這麼說的。」

「喔，聖經當然是這麼說的。」那位年輕男人堅持：「希臘文聖經是這個意思。」當然，他並不知道我在神學院教書。

於是我就問他們說：「希臘文和這個究竟有什麼關係啊？」

「嗯，韓先生，顯然你並不知道新約是用希臘文寫的。」

「眞的嗎？」我回答道：「眞令我感到訝異，你也會希臘文嗎？」

他回答說：「是的，這是我們訓練的一部分。」

「太好了，」我回答道，並且把我的希臘文聖經交給他。我眞希望有人把接下來的畫面錄影存證。他笨嘴拙舌地讀不出經文。那個年紀稍長的男人也跳進來，試著用希臘文讀聖經，同時幫他解圍。最

後我說：「等一下。」接著我就把整段經文讀給他們聽，先用希臘文唸，然後翻譯成英文，我說：「你們看吧，聖經並沒有這麼說，也不是那個意思。」

那個年紀較輕的男人覺得很有趣，但那個年紀較長的同伴很快就催他離開。（順道一提，這群人後來再也沒有來找過我。他們很有可能是放消息給大家，不要接近韓先生。）但這類事情於每週的每一天都在全世界發生。問題不在神的話，而是經文遭到錯誤的詮釋。

要避免的災難

以下我要提出詮釋聖經的六大危險。當你研讀聖經時，請加以留意。

誤解經文

若你不用或者無法用恰當的方式讀經，就永遠不能對聖經有合宜的了解。如果耶穌說：「我是道路」（I am the way）（約十四6），你卻將它讀成「我是一條馬路」（I am a way），那麼你就是誤解經文。如果保羅寫道：「貪財是萬惡之根」（提前六10），但你卻將它讀成：「金錢是萬惡之根」，那麼你就是誤解經文。如果詩人大聲說：「又要以耶和華為樂，祂就將你心裏所求的賜給你。」（詩三十七4），但你注意的卻只是：「祂就將你心裏所求的賜給你」，那麼你就是誤解經文。

也因此我在本書開宗明義就說，如果想要查考神的話，就得學會閱讀，別無他法。解釋聖經時對經文的內容毫無所悉，是一項無法原諒的罪。這代表你真的沒有作家庭作業，你略過了查經方法的第一個步驟——「觀察」。

扭曲經文

多年前週日來訪的那兩個男士觸犯了扭曲經文的罪，他們迫使聖經說出他們自己想要說的話，而不是聖經真正想說的。

　　彼得在早期教會顯然也遇過同樣的問題，因為在彼得後書三章16
節，他寫道：「（保羅的）信中有些難以明白的。」（《腓力斯現代英語
新約》）（我一直都因這段經文深感安慰。如果彼得也不懂，我猜我還
不算糟。）「那些資訊獲取不足、觀點不平衡的人，扭曲了經文，（如
同扭曲別的經書一樣），就大難臨頭」。

　　解經時因為遇見困難而倍感掙扎是一回事，扭曲神話語的意義則
是另一回事。這是很嚴重的事，神必定會審判。因此我們需要小心，
學習如何正確、務實及有益地解釋聖經。

抵擋經文

　　這個錯誤比扭曲經文意義還來得糟糕，這等同於稱神為騙子。最
經典的例子就是在伊甸園中的撒但：

> 　　蛇對女人說：「神豈是真說不許你們吃園中所有樹上的
> 果子嗎？」
> 　　女人對蛇說：「園中樹上的果子，我們可以吃，惟有園
> 當中那棵樹上的果子，神曾說：『你們不可吃，也不可摸，
> 免得你們死。』」
> 　　蛇對女人說：「你們不一定死。」　　　　　　（創三1～4）

　　撒但所說的話直接抵觸神所表達的話語（創二16～17），難怪耶
穌稱撒但為說謊者及說謊者的父（約八44）。牠從起初就是說謊的，
牠今天仍然在鼓勵人抵擋聖經經文，以藉此說謊。

　　牠最喜愛的策略之一就是，使用神的話語為權威，來傳講一套抵
觸神本性的信念或作法。神豈是喜歡澆人冷水，以人的罪惡感和自責
為樂？神是否以物質的豐盛獎賞人的信心及好行為？神豈是贊成放蕩
不羈、淫亂及類似的不道德行為？神豈是贊成對非洲人、猶太人、亞
洲人、印地安人、回教徒、老年人、未出生的嬰孩、瘋子、心智失常

者或「有基因缺陷的人」進行大屠殺？當然不是。然而人們常利用聖經，為這一類的事作辯護。

主觀想法

許多基督徒在讀經時，能夠容忍某類型的神祕主義，是在其他領域中所不容許的。在查經時，他們違反理智的每種原則及常識，全憑主觀。在聖經中漫遊，等著一種特別的震動來告訴他們何時已經得知特別的領悟。

對神的話語產生情緒反應並沒有錯。但正如在前一課所提的，經文的意義在經文中，而不是在我們對經文所產生的主觀回應裡。

在卡洛爾（L. Carroll）所著《愛麗絲鏡中奇緣》（*Through the Looking Glass*）（即《愛麗絲夢遊奇境》（*Alice in the Wonderland*）的二部曲）一書中，白色皇后透過對話如此啟發愛麗絲：

「你今年幾歲？」

「我滿七歲半整。」

「你不需要說『整』啊！」皇后說道：「沒有那個字我也可以相信你說的話。現在我告訴你這件你要相信的事。我只有一百零一歲五個月又一天。」

「我不敢相信。」愛麗絲這麼說。

「是嗎？」皇后用一種可憐的語氣這麼說：「再試一次看看：先深呼吸，再閉上眼睛。」

愛麗絲笑了出來。「再試也沒有用，」她說：「人是不可能相信不可能發生的事的。」

「我敢說是你練習得不夠，」皇后說道：「我和你同年紀的時候，常一天這麼練習大約半小時。嗯，有時候在早餐前我就學會相信六件那麼多不可能發生的事了！」[1]

　　我深恐這就是今日許多人所面臨的情況。他們假設信心就代表作個深呼吸、閉上眼睛，並且相信內心深知絕對令人無法置信的事。事實上，在諷刺漫畫中，基督教往往被形容爲沒大腦之人的宗教。

　　但這種想法離事實的差距再大不過了。耶穌說最大的誠命是盡心、盡性、盡意（編按：mind，即心智）、盡力愛主你的神。當你成爲基督徒之後，你不會自動把腦袋打成空檔。你不會把腦袋放進一桶水裡，然後用點45手槍朝裡面開槍！你絕不會進行理智自殺行動。

　　我要問的是，你是否全心全意地愛主？當我們轉而看「解釋」這個步驟時，我可以向向你保證，如果你想正確且具洞察力地解釋聖經，就得使用腦袋才行。正如我在之前說的，聖經不向懶惰的人結出果子來——而這包括懶得用腦袋來思考這件事。因此，現在你該準備好訓練自己的思考能力了。

相對主義

　　有人看待聖經，是假設聖經會隨著時間改變其意義。經文在寫作時具有某種意義，而在今天聖經的含義又有所改變，聖經的意義是相對的。

　　舉耶穌復活爲例。正如莫理遜的發現（第八課），從耶穌的門徒在祂離世後的行爲來看，除了他們誠心相信肉身復活之外，再也沒有其他可信的解釋。這就是保羅在哥林多前書十五章所談論的。但今天有些聖經教師改變了保羅的原意。他們說，是的，他討論的是復活；但現在這裡表示的是屬靈的復活，是「生命的更新」。對他們來說，耶穌是否眞的從墳墓走出來一點都不重要——只要祂「住在你心中」就可以了。這是對聖經作相對的「解釋」。

　　在我們進行到「應用」步驟的時候，我們將明白，在應用時一段經文可以有無數隱含義義，但它卻只有一種恰當的解釋，一種眞正的含義，也就是原始作者最終想表達的含義。如果我們想要正確理解，就必須重建作者的信息。

過度自信

查經正如人生，驕傲會令人跌倒。當你認為自己已經對某段經文十分熟悉的那一刻，你就是在為跌倒鋪路。為什麼？因為知識使人自高自大（林前八1），它可以使你傲慢及不受教。對教義最糟糕的誤用，發生於有人以自己為解釋某段經文最終的權威。

我們當中有些人一輩子都在查考聖經，但是無人能精通超過一卷書卷，就算他是全時間查經查了一輩子也一樣。因此不要期待當你花半小時或四十五分鐘讀經，就能得到最終答案。

這不是說你不該對經文意義下結論，或是你不能對你所信的感到有自信。只要記住，解釋的過程毫無止盡。你絕不可能在某次查完經以後說：「嗯，我已經會了。我對那段經文已經瞭若指掌。」

不同意的權利

有鑑於上述這些危險，要找出聖經經文的正確解釋是否真有可能？是的，有可能。在接下來幾課當中，我會教你如何進行。

但容我先強調最後一點，然後再開始整個過程。雖然聖經經文段落最終只有一種正確的解釋，但你總會找出不同意那種解釋的基督徒。這雖令人感到氣餒，卻是不可避免的。兩個人可能看著同一場銀行搶案，但在法庭上他們卻會用完全不同的話來形容。

解釋的差異是好的，只要我們記住，衝突不在於經文本身，而是因為我們對經文有限的理解。即使我們對神所說的感到困惑，神卻很清楚自己說了什麼。

我們也需要保留彼此有不同意見的權利，並保留以我們所知最好的方式對經文作出盡量忠實且正確的解釋的責任。在提摩太後書二章15節裡，保羅鼓勵我們：「你當竭力在神面前得蒙喜悅，作無愧的工人，按著正意分解真理的道。」（直譯自《新國際版聖經》〔NIV〕）

這節經文有如給聖經讀者看的巨大看板，上面寫著：「小心處理！」在「解釋」這個步驟，這是個很好的座右銘。因此我們開始動

工吧！我想向你展示如何避免危險，並得著正確了解神話語的好處。

附註

1. Lewis Carroll, *Alice in Wonderland*, Philadelphia, Pennsylvania: The John C. Winston, Company, 1932, 198.

聖經究竟說了什麼？

幾乎每種異端都是從錯誤的閱讀聖經經文起始的。下列是幾個普遍的錯誤敘述，另外附上聖經真正所說的來作對照。

有些人說	聖經說
「金錢是萬惡之根。」	「貪財是萬惡之根。」（提前六10）
「耶穌從未聲稱祂是神。」	「（耶穌並且）稱神為他的父，將自己和神當作平等。」（約五18） 「我與父原為一。」（約十30）
「我們都是小神或神的一部分。」	「惟有耶和華──祂是神，除祂以外，再無別神。」（申四35） 「除我以外，豈有真神嗎？誠然沒有磐石，我不知道一個！」（賽四十四8）
「耶穌只是一位偉大的道德教師。」	「但記這些事要叫你們信耶穌是基督，是神的兒子。」（約二十31）
「聖經說基督徒應該拋棄財產。」	「你要囑咐那些今世富足的人，不要自高，也不要倚靠無定的錢財；只要倚靠……神。」（提前六17） 「辦自己的事，親手做工。」（帖前四11～12）
「聖經說工作是咒詛。」	「這地就必受咒詛。」（創三17） 「無論做甚麼，都要從心裏做……你們所事奉的乃是主基督。」（西三23～24）
「條條道路通羅馬。不能說只有某個宗教才是正道。」	「除祂以外，別無拯救。」（徒四12）

這是哪一類型的文學？

在《失樂園序篇》（*A Preface to Paradise Lost*）中，魯益師如此寫道：

> 要判別任何一件手工打造作品的優劣，上從拔塞起子下至大
> 教堂，第一個標準就是要知道那是什麼——它的原始用途及
> 使用方式。在確認這些狀況之後，一個禁酒的宗教改革家可
> 能作出決定，認為拔塞起子的用途不佳，而共產主義的信徒
> 也可能對大教堂產生同樣的想法。但這類問題稍後再談。首
> 要的事情是，先了解在你面前這個物品：只要你認為拔塞起
> 子是開罐用的，或大教堂是娛樂遊客用的，那麼你對之就無
> 話可說了。讀者需要知道關於《失樂園》的第一件事是：米
> 爾頓賦予它的原始目的。[1]

神的話語也是如此。在尚未開始查考聖經書卷之前，讀者需要知道的首要事情，就是那本書卷作者的原始用意。換句話說，他所寫的是什麼樣的文學作品？他使用什麼樣的文學形式？

文類對「解釋」是至關重要的。假設我隨便從聖經中挑選一處經

文：「神啊，祢必要殺戮惡人！」（詩一三九19）或是「設何謀攻擊耶和華呢？祂必將你們滅絕淨盡。」（鴻一9）「我祖亞伯拉罕哪，可憐我吧！打發拉撒路來。」（路十六24）或「此後，我觀看，見天上有門開了。」（啓四1）。除非你了解上述經文是取自什麼類型的文學作品，否則就沒有資格決定它們的意義。

聖經的文學類型

在本課中，我要簡短地介紹聖經中出現的六種寫作方式，以及它們如何影響我們的理解。請注意：這只是概論。我們只是稍微談談文學形式這個非常吸引人的主題而已。早已有人專精聖經中各種文學類型的細微比較，且以之爲業，更何況是這些文類的子集（subset）。

容我作個類比，將本課的上下文加以說明。假設本書是教讀者學習讀樂譜的書，而非查經方法書。身爲學音樂的初級班學生，你需要知道基本的音符、音階、調號及其他識譜所需的基礎知識。教學目標就是要讓你開始識譜。有了基本的知識和技巧（及練習）後，你就能看懂各種樂譜，從《瑪莉有隻小綿羊》（童謠），到《攀越每座山嶺》（電影《眞善美》中的配樂），甚至到《萬古磐石》。

當你的技巧有所進步時，會發現全新的世界向你展開。其實，你會發現世上有各種音樂，它們聽起來十分不同，彈奏的方式差別極大，對人也有不同的影響：交響樂、協奏曲、音詩、具時代特徵的作品、爲特別場合而寫的作品、室內樂、進行曲、讚美詩、聖詩、民謠、藍調、爵士即興創作、鄉村音樂及西部音樂、鄉村搖擺樂、布基烏基爵士樂、雷鬼、嘻哈。音樂類型講都講不完。

上述每種音樂的分類都有屬於自己的風格，或者可說是它必須遵守的「規則」。這就是所謂的文學類型，也是一組作品的特殊風格。當你愈了解某種音樂類型，就愈能欣賞那類型的音樂。但請注意：無論音樂屬於什麼類型，仍然是由基本的音符、音階型態及調號等組成的。如果你不懂基礎，就很難完全欣賞手上的音樂。

　　查經時的狀況也很類似。本書將為你奠定讓你開始進行查經的基礎，透過使用這些基礎，你可以查考聖經中的任何一個段落。但當你經驗更多，就會發現聖經內容有不同的風格，而且確實都是神所默示的。但按照文學形式來說，各種風格卻都是可區分的，當你愈是了解某種形式，就愈能「解釋」聖經。

　　但千萬不要衝過頭，為了馬上得知「精髓」，而用錯誤的方式來超越基本規範。聖經初級班的學生需要一種對任何文學類型都適用的查經方法，之後才該學習看進階作品時必要的特殊步驟。不管你是在看詩篇二十三篇美妙的詩句、羅馬書邏輯的論述、傳道書中謎語般的智慧，或是猶大書的恐怖警告，查經時的基本方法論皆可以應用在每一卷書上。首先你使用觀察的基本原則來觀察一個段落，然後使用解釋的基本原則來解釋那個段落，接著再用應用的基本原則來應用那段經文。正如讀樂譜一般，要學會正確讀經的進階技巧，有賴於熟練核心的原理。

　　只要我們更認識各類的文學形式，你我就可以成為更好的聖經學生。透過它，使我們更知道要找些什麼，以藉此磨練我們的觀察力。而透過所提供的觀點及視角，使我們看清楚聖經作者所選擇的溝通方式，以讓我們的解釋更為精確。認識文學形式，也使我們有自信知道我們已經在作者所用的詞彙中、在他當時的世界中與他相遇，因而更有把握去應用；也因此更懂作者，以至於即使相隔許多世紀，我們仍能從中擷取出那足以更新變化今日世界的真理。

　　下列是神用來溝通祂的信息的六種主要文學類型。

闡述體

　　闡述體即針對客觀真理所提出的直接論據或解釋。這是一種寫作的形式，主要訴諸人的理性。論據通常有緊湊的結構，以合乎邏輯的方式逐點加以表達。

　　保羅的書信是聖經中闡述體的傑出例子。羅馬書是針對福音作嚴

格的推理式解釋。保羅以像律師在法庭上辯論案子的方式來作答辯，這不令人意外，因為我們知道保羅年輕時曾接受大量的拉比式訓練，包括雄辯技巧的訓練。

例如，他把段落和章次，用轉折詞、連接詞串連起來，如因為（for）、因此（therefore）、以及（and）和但是（but）等詞語。他廣泛地使用修辭性的問題（例如：二17～21、26，三1、3、5，四1、3、9），他使用長篇大論、再三推敲的句子（例如：一28～32，九3～5）；另一方面，他也使用衝擊理性的那種簡短、連珠砲式的段落（例如：七7～25，十二9～21）。

如果你剛開始查經，闡述體是十分理想的。它們訴諸一般人對邏輯、結構及次序的愛好。它們的目的很容易了解，實質上會以大綱呈現。然而它們也能讓人進行令人倍感興奮的深度分析，因為裡面的真理是取之不盡、用之不竭的。

要懂得闡述體，其祕訣在於留意它的架構以及所用的詞彙。本書三十七課將從羅馬書中再找例子說明。

敘述體及傳記體

敘述體就是故事。聖經充滿了故事，這是聖經如此受歡迎的原因之一。

例如，創世記提到了神創造世界的故事、洪水的故事、巴別塔的故事、以色列族長（亞伯拉罕、以撒、雅各及約瑟）的故事；出埃及記接續創世記的故事，描述摩西帶領以色列人離開埃及的故事；路得記告訴我們路得的故事，她是大衛王的曾祖母。

在新約裡，四福音從四種不同角度來講述耶穌的故事，而其中路加福音的故事續集，我們已提過，是使徒行傳。耶穌的生平中，你會看到祂對祂的跟隨者說了好多的故事（容後再敘）。

因此，聖經大部分是由故事組成的，這使得讀經饒富趣味，也使得解釋變得有趣。我們該如何解釋聖經中的故事？我們如何確定這些

故事的意思？

　　艾略特（T. S. Eliot）說過：「除了聰明一點之外，別無他法。」他說的也許是對的，但容我在此建議需要注意的三件事。

　　第一，其中有無劇情？意思就是故事如何發展的？這可能是有形的發展，正如出埃及記裡以色列人在西奈半島上遷徙的那則故事；但也可能是屬靈層面的發展，正如士師記裡的參孫，或是約拿記裡的約拿；也可能是關係上的發展，正如在路得記；或是政治上的發展，正如列王紀上與列王紀下。問題是，故事有什麼進展？在那卷書最後有什麼事不再一樣了，為什麼？

　　另一個需要查考的要素是人物刻劃。此則故事中有哪些人物？作者如何形容他們？他們是什麼身分？他們作了什麼決定？各個人物間有什麼關係，與神又有什麼關係？他們各自有些什麼進步及退步？他們是否失敗？如果他們失敗了，那是為什麼？他們為什麼出現在這個故事中？他們如何代表個人，又如何代表其他人？我們喜歡他們又不喜歡他們什麼？身處他們的立場，我們會怎麼做？

　　第三個要考慮的議題是，這個故事在哪些方面合乎現實？還記得這是觀察步驟中，需要尋找的一種線索嗎？這也是了解經文的門路。聖經中的故事顯示出神想要我們看到的人生。所以我們可以問：這個故事提出了什麼問題？其中的人物需要處理什麼問題？他們學到了什麼教訓，沒有學到什麼教訓？他們遇見什麼我們確實應該避免的事？或他們如何處理人生無法避免的事？他們發現什麼關於神的事？

　　關於聖經的記敘體還有很多需要注意的，但如果一開始你自問這些問題，就可以對故事的意義有更多的了解。

比喻體

　　與記敘體緊密相關的還有比喻體與它的表兄弟寓言體。比喻是清楚說明一項道德原則的短篇故事。截至目前為止，聖經中多數的比喻都出自耶穌的教導，而從馬太福音的記載中，我們可以推論出比喻很

可能是耶穌最喜歡採用的溝通方式（太十三34）。

我們很容易看出原因所在，比喻很簡單、易於記憶，又饒富趣味。多數的比喻很容易了解；比喻講到日常的事務，例如農事、釣魚、旅行、金錢和人際關係。比喻通常含有給人強大衝擊的目的，它們透過使用基本的道德原則來刺激聽眾，以讓他們聽得懂。例如分辨是非善惡（撒種者及三種種子的比喻）、愛與憐憫（浪子回頭的比喻、好撒馬利亞人的比喻）、公義與憐憫（法利賽人和稅吏的比喻）。

值得注意的是，比喻是小說的一種形式，但這絲毫不表示比喻所傳達的不是真理。它們協助溝通用其他方式無法溝通的真理。比喻可謂趁人不備地接近人的盲點，避開人的心防，訴諸人的想像力與心靈。它迫使眾人以全新的方式看到人生的某些層面。如果你們想看一則強而有力的例子，請讀撒母耳記下十二章1～10節，先知拿單所講述關於窮人的小綿羊的比喻。

詩歌體

聖經包括世上最美的一些詩句，而其中有些詩句已成為我們文化中的符號，此言一點也不假，例如「耶和華是我的牧者，我必不至缺乏。」（詩二十三1）；「神是我們的避難所，是我們的力量，是我們在患難中隨時的幫助。」（詩四十六1）；「凡事都有定期，天下萬務都有定時。」（傳三1）；「所以，你們禱告要這樣說：我們在天上的父：願人都尊你的名為聖。」（太六9）

詩歌的特色就是它訴諸於情感，也訴諸於想像力，也因此詩篇如此深獲喜愛。詩歌表達出人心最深的感受、渴望、狂喜及苦痛。

但當你查考聖經的經節時，要先確知你是否已了解希伯來詩歌原有的聲韻。一開始，多數詩篇原是用來吟唱的，而非閱讀。它們是為了敬拜而作，且許多詩篇都附註有適合搭配的樂器。所以雖然目前吟唱這些詩篇的曲調不復存在，但你仍該傾聽它們讀出來的聲調（所有的詩篇都是如此）。

希伯來詩歌主要的特徵之一，就是它廣泛地運用「對句法」。例如，當你看詩篇的時候，你會注意到它的經文多數是兩行，由兩行詩句一起激盪而產生意義。有時候，第二行會透過重複它的思想來強化第一行的內容。例如，詩篇一〇三篇15節：

> 至於世人，他的年日如草一樣。
> 他發旺如野地的花。

有時候，第二行會透過加入新的資訊，來擴展第一行的思想，正如三十二篇2節：

> 凡心裏沒有詭詐、耶和華不算為有罪的，
> 這人是有福的！

有時候第二行會透過另一種想法來反對第一行的內容：

> 那倚靠耶和華、
> 不理會狂傲和偏向虛假之輩的，這人便為有福！（詩四十4）

欣賞希伯來詩歌的另一個關鍵，就是要知道何謂誇飾法，這是一種極端或誇大的語言，透過過分表現而表達出重點。在這一課的開頭，我提出詩篇一三九篇其中一句。這是它的上下文：

> 神啊，祢必要殺戮惡人；
> 所以，你們好流人血的，離開我去吧！
> 因為他們說惡言頂撞祢；
> 祢的仇敵也妄稱祢的名。
> 耶和華啊，恨惡祢的，我豈不恨惡他們嗎？

攻擊祢的，我豈不憎嫌他們嗎？

我切切地恨惡他們，

以他們爲仇敵。　　　　　　　　　（詩一三九19～22）

這是聖經中難得一見的語言表達方式。而這裡究竟是怎麼回事？答案在於你要注意大衛在這裡是在講誰──「惡人」，也就是好流人血、說惡言頂撞神、妄稱神的名的人（這全都是違反十誡的行為），顯出他們恨惡主。而因為他們成了神的仇敵，也就成了大衛的仇敵。大衛用一種正式、儀式化的方式，用他找得到最為強烈的語言來譴責他們。

當你進行聖經詩歌的解釋時，有一些與解釋相關的其他問題需要思考：這詩歌是誰創作的？可以得知創作的因由嗎？該首詩歌的主旨是什麼？詩句表達出什麼感情，又使人產生什麼回應？它問了什麼問題？它又回答了哪些自己所詢問的問題，留下哪些問題不回答？該首詩歌提及神的哪些事？提及人的哪些情況？詩人使用了什麼喻象來激發想像力？其中是否提到什麼人、地點或事件，是你所不熟悉的？如果有，你可以在聖經其他書卷中或透過第二個管道來找出哪些相關資訊？

箴言及智慧文學體

聖經中最豐富的源泉之一就是智慧文學這個寬廣的領域。在這個文類中，作者扮演滿臉皺紋、歷經滄桑的老者，他正向較年輕、較缺乏經驗但受教的讀者分享他的真知灼見。

箴言顯然屬於這個領域。每則箴言都是簡短且深刻的真理片段，十分典型地具實用性，並且往往關注於某種行為所產生的後果。正如前述詩篇中的詩歌體一樣，箴言也策略性地使用對句法，特別是採用兩兩相反論述為一組的手法。例如箴言十五章27節：

貪戀財利的，擾害己家；
但恨惡賄賂的，必得存活。（作者加註紅色楷體字）

以及箴言二十章3節：

遠離紛爭是人的尊榮；
但愚妄人都愛爭鬧。（作者加註紅色楷體字）

箴言直接切入重點；在所有聖經查經材料中，儘管它們或許最容易了解，但有時卻最難應用。如果你需要「屬靈的維他命」來改善你的生活方式，就多吃下一點箴言吧！它將成為你靈魂的饗宴。

不過，我要提醒諸位一句話：每則箴言只包括一項原則，而非一項應許。箴言告訴你：人生基本上就是這樣的，不過，卻沒有提到它的限定條件：人生不是百分之百永遠這麼進行下去。

舉箴言二十一章17節恰好可當例子來解釋：

愛宴樂的，必致窮乏；
好酒，愛膏油的，必不富足。

這句箴言主要的意思是，當你浪費時間、能量及資源在荒宴中，過著大肆揮霍的生活時，最終將導致貧窮。只要想一想浪子回頭的比喻就知道。所以如果是以增加財富為目標，它的通則就是腳踏實地的工作並活出有紀律的生活。

但這一則箴言是否保證努力工作及生活有紀律，就一定會使人富有？答案是不盡然，人生不是這樣的。要創造財富，其中涉及太多其他因素，不能說單是靠努力工作及紀律就足以成事。世上有無數人努力工作，且生活習慣無可挑剔，在財務上卻不充裕。但這並不會因此否定箴言的這項原則，只是表示這項原則是為了將我們引導至正確的

方向，而不是把我們一路帶到我們的目的地。

更大的問題在於與這則箴言背道而馳的那些案例。我們都知道有人很努力工作卻不富有，同時也知道很多一生吃喝快樂的人，卻剛好極其富裕，而他們當中有些人確實是因爲享樂的生活方式而獲得財富。那麼這不會違反箴言二十一章17節的眞理嗎？這當然與作者的警告有所衝突。但這麼一來，作者要表達的重點反而被證明爲有理，而非被證明爲失敗。當然，許多因素（例如社會道德腐敗）可能會使某個人雖然天天吃喝玩樂卻能得報償，但那只是異常狀態，而不是一般事情發生的模式。一般而言，那些只爲了享樂而活的人終會破產。基本上，玩火必自焚。

先知書及啓示文學體

聖經中最後一種或許也是最富挑戰性的文學類型就是先知書體。我們傾向於把先知書當作對未來的預言，先知書當然會提到未來將要發生的事，但令人感到更加訝異的特徵在於它們具備警告式及審判式的語氣，以及其中用以表示神直接說話的慣用語：「主耶和華如此說！」

在聖經中，先知的角色較不在預測未來，而在於宣揚主的話語；並不是要預告（foretell）什麼，而是正如有人說得好，是要「講在前頭」（forth-tell）。當以色列顯然決心抵擋神時，神便興起先知。先知那吃力不討好的任務，就是警告以色列國若持續悖逆終將面臨可怕的後果，期盼這麼做可以激發悔改之心，使百姓回歸主面前。

讀到先知書，很重要的是你要再造當時的情況。十分重要的是，要用有選擇性地讀聖經的六個問題來詳細查考經文：是誰、發生了什麼事情、在哪裡、什麼時候、爲什麼，以及這是爲了什麼。回答上述問題，可使你建立思考下列這些額外問題的無價資料庫：先知所想處理的主要問題是什麼？他使用什麼喻象來形容？百姓的回應是什麼？這位先知的信息告訴你關於神的哪些事情？這位先知傳講完信息後發

生了什麼事？你認為神為什麼把這卷書放進祂的話語中？

有一種特別的先知文學類別就是啟示文學，其中啟示錄是主要的例子。正如它的名稱所指出的，啟示文學記載的是與世界末日有關的全球性毀滅事件。啟示文學所用的語言具高度象徵性，各個事件以快速、令人炫目的方式呈現亮光、響聲與能力。

因此，啟示文類成為衍生多方猜測及主觀詮釋的沃土。為了避免這件事發生，我建議當你查考啟示錄時，請格外注意這卷書的結構。內容自始至終如何進行？發生了什麼改變？此外，這卷書是寫給誰看的？作者書寫時的歷史及文化背景為何？那些會如何影響他的溝通方式？講到了解該書卷的象徵，請仔細看舊約，以得到了解作者敘述內容的觀點。不用為未來事情發生的時間點憂慮，你該問這書卷對早期教會的基督徒而言有何深意。

附註

1. C. S. Lewis, *A Preface to Paradise Lost* (London: Oxford University Press, 1942), 1.

聖經中的文學類型

文類	特　　性	聖經書卷與例子
啓示文學體	具戲劇性、具高度象徵性的內容；生動的喻象；鮮明的對比；發生於全球的事件；經常以第一人稱的敘述，且如目擊者的證辭一般；描寫宇宙間善惡兩種力量的爭戰。	啓示錄
傳記體	近距離檢視個人的一生；描寫主要人物時往往將他跟其他人作比較；以篩選過的事件來呈現人物的刻畫，可能是正面的事件（喜劇）或負面的事件（悲劇）。	亞伯拉罕、以撒、雅各、約瑟、摩西、掃羅、大衛、以利亞、耶穌
讚詞體	頌揚某人或某事；用光彩耀眼的詞彙去再三詳述主題的起源、行爲、屬性或超越性；勸誡讀者要把同樣的特徵融入自己的生活中。	撒上二2～10；詩十九，一一九；箴八22～36，三十一10～31；雅歌；約一1～18；林前十三；西一15～20；來一～三
闡述體	仔細推理的論點或解釋；組織良好；合乎邏輯、流暢的文思；詞彙至關重要；朝向合乎邏輯且引人入勝的高潮推進；目標在於獲得同樣觀點及行動。	保羅書信、希伯來書、雅各書、彼得前書、彼得後書、約翰一書、約翰二書、約翰三書、猶大書

文類	特　　性	聖經書卷與例子
記敘文體	以故事為主、很廣泛的一個類別；包括歷史記載；結構是透過情節來表現；人物歷經心理及屬靈的發展，用以表達意義；已選擇過的事件，將事件並列，以進行對比和比較。	創世記至以斯拉記、福音書、使徒行傳
雄辯體	模式化地以語言來辯證；使用正式的修辭及雄辯的慣例；往往是一些聽眾所熟知的權威人士說過的話；通常是用來告誡及勸說的。	約十三～十七、徒七，十七22～31，二十二1～21，二十四10～21，二十六1～23
比喻體	用來闡明道德的短篇口語故事；經常依據平凡人物及刻板印象的真理；引用日常生活中很平凡的景象及活動；鼓勵人反省及自我評估。	撒下十二1～6；傳九14～16；太十三1～53；可四1～34；路十五1～十六31
牧歌體	關於鄉下或鄉村主題的文學，尤其是牧羊人；描述詳盡、仰賴情節；往往是冥想式及沉靜的；強調牧羊人與他的羊之間的聯繫，遠離城市之邪惡，是一種理想化生活的呈現。	詩二十三、賽四十11、約十1～18

文類	特　　性	聖經書卷與例子
詩歌體	本用以講述或吟唱、而非用以閱讀的詩句；強調韻律及字詞的聲調、生動的喻象與象徵；訴諸於感情；或許會使用讚詞、牧歌及其他文學風格的特徵；舊約時代的詩歌大量使用「對句法」。	約伯記、詩篇、箴言、傳道書、雅歌
先知書體	刺耳地、具權威地呈現神的旨意與話語；經常具有矯正行為的意圖；具有透過警告而推動改變的目的；預先告知神的計畫以回應人類的選擇。	以賽亞書至瑪拉基書
箴言體	一則簡短有力的道德真理的說明；將人生縮減為黑與白兩個領域；通常是對年輕人講的；經常採用「對句法」；引導讀者走向正路及遠離惡事；大量使用暗喻及明喻。	箴言
諷刺體	暴露、並且揶揄人類的邪惡及愚蠢；有許多文學風格都採用這種手法，特別是記敘體、傳記體及箴言體；用負面的例子去警告讀者。	箴二十四30～34；結三十四；路十八1～8；林後十一1～十二1

文類	特　　性	聖經書卷與例子
悲劇	敘述一個人的悲慘下場：採用一些編排的事件，來顯示其導致毀滅的過程；問題多半是主角性格上的致命缺點，以及他缺乏道德的抉擇；藉此負面故事，作為讀者的惕勵和鑑戒。	羅得、參孫、掃羅、徒五1～11
智慧文學體	這是個很廣大的領域，由一個年紀較長、歷練豐富的人灌輸給年輕人智慧；有時會使用比喻；觀察人生的基本層面——生、死、工作、金錢、能力、時間、地上等等；奠基於人類經驗的基礎。	約伯記；箴言；詩三十七，九十；傳道書

進一步認識聖經文學類型，見瑞肯的佳作：《聖經文學》（*The Literature of the Bible*. Grand Rapids, Zondervan, 1974）。

五把解釋經文的
金鑰匙

內容

上下文

比對

文化

多方諮詢

第*30*課

內　容

當詩人對神禱告時：「求祢賜我悟性，我便遵守祢的律法，且要一心遵守。」（詩一一九 34），他正是在向「解釋」叩門求教。他明白除非理解經文的含義，否則無法將神的話語應用在生活上。反之，一旦聖靈賜他洞見，他就要去實踐神的話語。

那你呢？你查考經文的目的也是為了改變自己的生命嗎？如果是，那麼你就要準備有所行動，因為神總是向這樣的叩門者開門。

在這一課裡，我要提出幫助你了解聖經經文之五大關鍵中的第一項。它們是解釋經文的基本原則。第一項關鍵已經近在眼前：

內容

內容與含義有直接的因果關係。一段經文的內容是原料，也是資料庫，你要挖掘來解釋經文。而因著你先前已作過觀察工作，如何決定一段經文的內容對你就不困難了。

記得，你要找出其中的詞彙、結構、文學類型和氛圍。你要提問一連串深入且實際的問題：是誰、發生了什麼事情、在哪裡、什麼時候、為什麼及這是為了什麼。你要找尋特別強調的、一再重複的、有關聯的、相似和相異的，以及合乎現實的事情。

簡言之，你該用各種策略來對著經文連續發問，目的在回答：
我看到了什麼？如果家庭作業作得夠完整，你就會看懂那段經文的內
容。換句話說，你已經回答上面這個問題了；你知道作者在說些什
麼。

所以我才說：當你花愈多時間觀察，就愈不用花時間解釋，而結
果也會更加準確；當你花愈少時間觀察，就愈需要花時間解釋，而結
果會更不準確。

因此，你在觀察階段所獲得的成果，將成為供你解釋經文含義的
基本內容素材。

但是千萬不要只停留在這個步驟。神已經提供另外四項關鍵，可
以幫助你解明祂的話語。

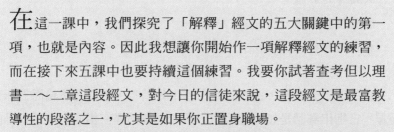

現在換你來　試一試

在這一課中，我們探究了「解釋」經文的五大關鍵中的第一
項，也就是內容。因此我想讓你開始作一項解釋經文的練習，
而在接下來五課中也要持續這個練習。我要你試著查考但以理
書一～二章這段經文，對今日的信徒來說，這段經文是最富教
導性的段落之一，尤其是如果你正置身職場。

一開始先觀察但以理書一～二章的內容。使用我在前幾課
提及的所有工具。要記得你在這個階段的工作對往後的解釋具
有決定性。你的觀察會形成一個資料庫，要從中建構出經文含
義。

在第一次查考這段經文時，投資愈多時間愈好，回答選讀
任何文章時的六大問題：是誰？發生了什麼事情？在哪裡？什
麼時候？為什麼？這是為了什麼？

第 *31* 課

上下文

還記得這首古老靈歌的歌詞：

> 膝蓋骨連於大腿骨，
> 大腿骨連於髖骨，
> 髖骨連於尾骨，
> 現在請聽神的話語。

　　就生理學上來看，這歌詞的內容十分基本，但從方法論而言卻很優秀。它指出身體是如何連接的，亦即全身都緊密相連，而這就是前後一致。

　　聖經也是如此。聖經是六十六卷書的合集，但卻緊密相連成一本書。它是有一致性的整體，而這就是解釋聖經的第二個關鍵原則。

上下文

　　何謂上下文？上下文就是在經文前面及後面的內容。

　　我猜任何一個必須面對傳媒的人，都懂得講話要聽上下文的重

要性。當我還在擔任達拉斯牛仔隊隨隊牧師的時候，有一天我到他們在加州千橡市的舊練習場去拜訪他們。那一隊的四分衛羅傑・史特伯（R. Staubach）早前已答應接受《運動畫刊》（Sports Illustrated）專訪，而受訪時我也在場。

我當時聽到了羅傑所說的每句話，但當我讀到出刊的專訪文章時，簡直無法相信所讀到的內容。當天他講的好幾句話都被斷章取義，完全扭曲原意。那篇文章寫了羅傑很多確實未說過的話。

解釋神的話語很可能也會這樣。事實上，每個主要異端都是基於違反了要注意聖經上下文的原則。我在前幾課提過來扣門找我傳教的那兩個男人（第二十八課），他們就是扭曲了聖經的經文。但很多那類的教義錯誤，只需要問這句話就可以糾正過來：「可以請你把前一節或後面那句經文也唸出來嗎？」

真希望在我還是個小男孩時就知道這件事。有一次我拜訪一個小女孩的家，我喜歡和她玩，因為她很容易受到驚嚇（小男孩對嚇唬小女孩都會覺得很興奮）。她家有個老舊的客廳，百葉窗總是放下來，而且她家的人很少使用那個客廳。我很喜歡躲在那裡，特別是在她來找我的時候，我都躲在沙發後面。當她終於進到客廳的時候，我就會跳出來大叫：「哇！」而每次都讓她嚇一大跳。

但是當我躲在老舊客廳的時候，我偶爾會把頭探出去看看四周。牆上掛著一張海報，上面寫著一句醒世格言：「就當恐懼戰兢做成你們得救的工夫」。我大概知道那句話出自聖經，但那可把我嚇死了。我心裡想：如果真的是這樣，我大概沒希望了。我一定做不到。

那句話是出自聖經沒錯，它記載在腓立比書二章12節最後一句。但是我對那句話的理解卻是錯誤的，我以為得救基本上要靠善行。不幸的是，許多人讀這節經文時和我那時候的理解一樣，他們也會得到同樣的錯誤結論。直到許多年後，我才發現下一節是這麼說的：「因為你們立志行事都是神在你們心裏運行，為要成就祂的美

意。」（13節），這一節使12節的含義完全改變。

　　同樣的，你是否還記得我們先前對使徒行傳一章8節所進行的觀察？從第8節開始是一個段落，因為那節經文一開始寫著「但」，這成為一種對比，同時它促使我們去查看前面的幾節經文。從經文裡我們發現，門徒在問耶穌關於神國的一個問題，而第8節是耶穌回答的部分內容。

　　然而我們也發現，第8節講完不久，就提到耶穌升天，而這件事情對第8節產生深刻的影響。原來耶穌在那一節所說的話，是祂生平中的最後一段話。當然，最後的話語也是影響力最持久的話語。只要看上下文，祂的聽眾絕不會忘記當時發生過什麼事，以及說過什麼話。祂的話語勢必已刺激他們有所行動。

　　因此無論何時，當你查考一句經文、一個段落、一個區塊，或甚至一整卷書時，記得一定要查看那句經文、那個段落、那個區塊及那卷書的鄰近經文。只要你開始感到迷惘，就要攀爬一棵名叫「上下文」的樹，你就可以獲得嶄新的視野。

不同種類的上下文

　　上下文分為許多種。每一種上下文都可讓你對正在思考的經文產生不同的看法。

文字類上下文

　　在第六課中所提到的使徒行傳一章8節的例子，我們看到文字上下文的實例，所謂文字上下文就是在第8節前面及後面的經文。對任何一節經文而言，所謂的文字上下文就是該節經文所位在的段落、區塊及書卷。而由於聖經是前後一致的，一段經文最終極的上下文就是整本聖經。

歷史性上下文

　　換句話說，這節經文的記載發生在哪裡？這段經文位處哪一段歷史中？這時候在世界其他地方還發生什麼事？而當時有哪些社會、政治、科技的事件影響到作者及讀者？

文化上下文

　　文化對所有類型的溝通具有強大的影響，而聖經時期的文化則對創作聖經產生深刻影響。因此，當你愈了解古文化，就會對經文產生愈多的洞見。而因為這件事是如此重要，在第三十三課我還會回過頭來探討，也會一起探討歷史性上下文。

地理性上下文

　　對解經而言，地理的重要性令人難以置信，它是令人著迷的主題。

　　舉例而言，在討論馬可福音四章時，我們看到平靜風海的神蹟，我曾指出會形成那一類風暴，和加利利海周遭的地理特色有關。要了解馬可福音的記載，先知道這個資訊就變得極其重要，且能增添寫實性。各位想想，那場風暴竟然嚇到一群大半輩子都在那湖面上工作、實戰經驗豐富的漁夫。

　　調查地理性上下文可以回答這類問題：這個地帶是什麼地理樣貌？這個地區有什麼樣的獨特地形？氣候如何？那個城鎮與經文中所提到的其他地方距離多遠？這些人的交通路線是什麼？這個城市的規模有多大？這個城鎮是怎麼分佈的？這個地點以什麼聞名？

　　在第三十四課中，我會提到當你查考地理性上下文時可以使用的某些資源，例如地圖集。

神學性上下文

　　這裡所要問的問題是，這卷書的作者對神有何認識？他的讀者與

神的關係為何？在那個時候，人是如何敬拜他的？作者及他的讀者只看到哪些聖經書卷？另外還有哪些宗教及世界觀在爭取影響力？

另外，這段經文出現在全本聖經寫作過程中的哪段時間？聖經並非憑空出現、立刻以完整的一本書現身，而是耗費數千年的時間才編纂完成。而且在這段期間，神逐步將他的信息啟示給聖經作者們。

你是否曾與一群朋友共享過一直續攤的晚宴？你先到一人家去吃開胃菜，然後又到另一人家去吃沙拉，接著又去第三個地方吃主食。你四處造訪，直到吃完整頓飯為止。聖經寫作的過程大致上也是這樣，只不過我們把這個過程稱之為「漸進式啟示」（progressive revelation）。亦即隨著時間過去，神逐漸地揭露他話語的真理。

如此一來，在聖經中找出你所查考的經文是在哪段時間寫作的，就顯得無比重要。如果你正在查考創世記中的挪亞，那麼你所查考的時間就是在頒布十誡之前，在登山寶訓之前，也在約翰福音三章16節的經文之前。挪亞當時其實並沒有聖經經文可讀，所以當你讀到「惟有挪亞在耶和華眼前蒙恩」（創六8）時，那段經文對你說些什麼？

當你查究神學性上下文時，你會想求助於某個有益的資源，就是註釋書。我將在三十四課中加以討論註釋書這個主題。

現在換你來　試一試

在上一課中，你開始透過觀察內容及特別注意這些問題：是誰、發生了什麼事情、在哪裡、什麼時候、為什麼、這是為了什麼，來查考但以理書一～二章。那次的觀察練習，將提供你能夠藉以解釋聖經經文的基本資訊。

現在是繼續探究上下文這個主題的時候了。既然已經用但以理書第一章開始進行查經練習，你必須回去讀列王紀下二十四～二十五章和歷代志下三十六章，才能找到這段經文的前文。接著還要讀但以理書二章之後的經文，看這個段落的後續發展。

note

第 *32* 課

比　對

基督新教宗教改革一致的訴求就是惟獨聖經（*sola scriptura*），也就是惟有聖經是我們信心及各種行事為人的權威。而這也形成基督教歷史中一項至關重要的發展，那就是信徒從此有個人解釋聖經的權利（編按：當時那是神職人員的專利）。宗教改革再加上古騰堡聖經（Gutenberg Bible）出版，使聖經重回一般信徒手中。然而，正如史普羅（R. C. Sproul）極具真知灼見的說法：

> 個人解經之權利絕非人人有權利曲解聖經之意。當我們擁有個人解經的權利時，便同時負有冷靜正確地解經的責任。個人解經之權利，是准許我們解經，而非曲解經文。

　　該如何避免扭曲神的信息呢？在前兩課中，我們已經看過兩項關鍵，可以幫助你正確地理解經文，那兩項關鍵就是內容和上下文。現在我們要談第三項關鍵，而這或許是避免扭曲經文的最佳預防措施。

比對

　　透過比對，我們將聖經經文與其他經文進行比較。這種作法給予

我們一張大安全網，因為最偉大的解經家就是聖經本身。

班浩斯（D. G. Barnhouse）曾十分清晰地說明，「聖經讀者不大需要離開聖經本身，就可以解釋聖經的任何內容。」此言十分具啟發性，又來自於一位作品廣受歡迎、深諳如何使用各式二手資料的作者。但他了解神話語的優先順序。他明白當你進行越多不同經文的比較，聖經的含義就顯得越清楚；在整體聖經的光照下，分開的段落顯出意義。

切記，雖然聖經由大約四十位不同人類作者所寫，聖經中六十六卷書至終卻是由一位主要作者所完成，而那位作者就是聖靈，是聖靈把全部的信息進行彙整。聖靈所寫的這本書是經過整合的，它前後一致。

彙編的價值

比對讓你知道你亟需參考彙編。彙編這項工具可以幫助你在每本聖經書卷中找到同樣的詞彙及概念。使用彙編的時候，你可以把看似散落在經文各處的事物，全部彙整起來，而它們也因彼此之間的關係，被賦予更大的意義。容我為各位舉幾項實例。

「相信」（Belief）

相信這個詞語是聖經中最具決定性的詞彙之一，但它的使用方式有許多種。倘若你在彙編裡查閱這個詞，就會發現，它在約翰福音中最為突出。例如，在約翰福音二章23節中，我們讀到：

> 當耶穌在耶路撒冷過逾越節的時候，有許多人看見他所行的神蹟，就信了他的名。耶穌卻不將自己交託他們（或相信他們）；因為他知道萬人，也用不著誰見證人怎樣，因他知道人心裡所存的。（作者加註紅色楷體字）

　　你看，眾人很膚淺地基於神蹟而「相信」。很顯然是耶穌行了這些神蹟，所有人都知道這項事實。但事實不能救人。事實是救恩的必要基礎，但一個人必須真正相信，也就是必須擁抱真理，並親身實際去運用這些事實。

　　容我在此舉例說明約翰如何使用相信一詞。假設你來找我，對我說：「教授，我很不想說，但是我得告訴你我罹患絕症了。」

　　我們談了一會兒，在更深入了解你的情況之後，我說：「嘿，我有很棒的消息要告訴你。我認識一個休士頓的醫生朋友，他最近剛得知經證實可以治好你這病的方法。只要你去看他，我保證你可以完全痊癒。」

　　你說：「那真是太好了。」

　　「你相信嗎？」我問你。

　　「喔，那當然。」

　　於是我伸過去握你的手，並說：「你已經得醫治了。」

　　想當然爾，你一定認為我才是需要看醫生的人，特別是該去看精神科。關於有個休士頓的醫生可以治你病的資訊，並不能給你的身體帶來醫治，你得先去看那位醫生才行。你得願意接受他的治療，必須先從他開的藥得到好處才行。

　　這就是約翰福音中事實及信心之間的關聯。耶穌深知箇中道理，這也就是為什麼約翰在第二十五節中說：「因為他知道萬人」。事實上，針對主全知「人心中的意念」這事，約翰在第三章及第四章中繼續提出三個有趣的例子：尼哥底母（三1～21）；井旁的撒馬利亞婦人（四1～42）以及大臣（四46～54）。

「裝備」（equip）

比對式查經的第二個例子來自於以弗所書，這本書引人入勝，它會告訴你如何在如地獄般的世界活出屬天生活。當你讀以弗所書的時候，你會讀到兩節驚人的經節：

他（即復活升天的耶穌，7～10節）所賜的，有使徒，有先知，有傳福音的，有牧師和教師，爲要成全聖徒，各盡其職，建立基督的身體。（四11～12；作者加註紅色楷體字）

這段經文中有任何需要注意的詞彙嗎？是的，有一個非常重要的詞成全（equip）。是怎麼使用這個詞彙的呢？你要再打開彙編並且加以查考，那麼就可以找到三樣東西。

首先，在修補漁網的時候會使用同一個字詞。漁夫（例如門徒）都是整天在外打魚，漁網會弄破，因此在晚上，他們會進行「補破網」（字面上就是「裝備」）的工作，這麼一來隔天早上就預備好可以再度下網。用這個詞彙來表達作教師或牧師的人蒙召所要作的工作，眞是個美好的表達方式。生活在這世界上，大家的漁網都會破損，而牧師的工作就是協助修補或「裝備」破網。

但同一個字詞也可以用在骨折的情況中。這是個醫療用語，當兩根骨頭脫臼時，醫生會怎麼做呢？他會把骨頭調整回來，他會修補骨頭，他會「裝備」它們。他把它們矯回原位，讓骨頭得到復原，並回復之前的力量。而人生也是如此。生活在這世界就不可能不受損傷，這是一個破碎的社會。因此我們需要跟一個「裝備」我們的人，一起在神話語之下醫治斷掉的骨頭。

第三，這個字詞也用在補給船上用品、預備航行的場景。想像一艘正預備橫越地中海的船，船上沒有任何購物中心，因此船員需要把在抵達目的地之前所需要的一切用品裝上船。這個畫面吸引我的注意，因爲良好的講道及神話語的教導，應該能使人爲人生旅程做好補

給。它應能「裝備」他們，好讓人在進入職場後、遇見危機時、真正
需要認識神心意時，就已經胸有成竹。因為有人已經「裝備」他們，
可以成為神要他們成為的人，做神要他們做的事。

摩西

比對式查經不只是查考詞彙，假設你想要查考聖經中某個人物，
我高度推薦這個方法。傳記體查經令人著迷，超乎言語所能形容。假
設你對摩西生平感到深深著迷，我建議你拿出一本彙編去查考摩西。

第一件最明顯的事就是，他大半的生平可以在出埃及記裡找到。
這表示你需要認真查考一次出埃及記，去找出他人生早期是什麼狀
況。你一定想要查考他令人注目的父母，他們為了躲避法老，在他出
生後把他藏起來，至終才能成為以色列典範的領袖。

你也會在彙編中發現，使徒行傳七章曾提到摩西。事實上，你會
在那裡發現對這個人最具真知灼見的資料，由聖靈加以評論。因此任
何想要查考摩西卻不讀使徒行傳七章的人就太不上道了。

希伯來書十一章也提到摩西。事實上，他在神的名人堂中所佔的
篇幅比任何一個人物都要多。你會發現那段經文是從神的觀點來形容
他的生平。祂對他作何感想？祂認為摩西的一生中什麼事情才是最具
意義的？

我會在第三十四課和三十五課多談談彙編。但每當你查考神的
話，先拿出「比對」這把鑰匙。要不斷把所有事物擺在一起看，這樣
你才能對聖經有全盤了解。

附註

1. R. C. Sproul, *Knowing Scripture* (Downers Grove, Illinois: InterVarsity Press,
   1977), 35-36.

一隻牛

有一次我剛好看到一篇十歲小學生寫的感人文章。其中有些十分正確的觀察，但他的解釋卻不正確；其中當然也不乏正確的解釋，但他的觀察卻是錯誤的。以下就是那個孩子寫的文章：

> 牛是哺乳動物，牠的身體有六個邊，右邊、左邊、上面和下面。牠的後面有一條尾巴，上面掛了一把刷子。牠用尾巴趕走蒼蠅，這樣蒼蠅就不會掉到牛奶裡面。牛的頭是用來長角用的，這樣的話嘴巴就可以放在另一個地方。牛角是用來頂東西用的，而嘴巴則是用來哞哞叫的。牛的下面掛著牛奶瓶，那些是用來擠奶用的。有人擠奶的時候就會有牛奶跑出來，而且牛奶總是擠不光的。我還不知道牛怎麼可以做到這件

事，可是牠就是會愈擠愈多。雄性的牛叫公牛。牠不是哺乳動物。牛吃的並不多，但只要是牠每次吃東西都會吃雙份，這樣才夠。當牠肚子餓的時候，牠會哞哞叫，但當牠不叫的時候，表示牠裡面都裝滿了牧草。

正如你所見，我們需要十分準確地進行解釋的過程。我們必須確定，我們的觀察是正確的，這樣我們才會有正確的基礎來作解釋。

現在換你來　試一試

到現在你應該已經讀過但以理書一～二章的內容與上下文。你是否已經開始了解這個故事在說些什麼？查考之後，你產生什麼疑問？

或許你可以透過把這段經文跟他處經文作一點比對而回答上述一些問題。使用彙編查閱下列四項內容，這四項內容對了解整個段落至關重要。看看你可以藉著聖經其他記載學到多少關於它們的事情？

◉ 但以理
◉ 尼布甲尼撒
◉ 巴比倫
◉ 異夢

第 *33* 課

文 化

有一次我到舊金山的朋友家作客，他專門進口精緻的東方蕾絲。一天晚上，當我們要出門時，我注意到前門的玄關旁有張小邊桌，引起我注意的並非那張桌子，而是放在上面的一小片蕾絲布。

我對他說：「哇，這好漂亮。」

接待我的主人扮了個鬼臉。「那是便宜貨，」他說道：「我一直要內人趕快把那片蕾絲布丟掉。」

於是我驚訝地問他：「你都怎麼分辨良質或劣質的蕾絲布？」

他眨了眨眼說：「等我們回來時，再告訴你。」

相信我，我沒忘了這件事。於是，當我們回到他家的時候，他帶我進到裡面有張黑色大桌子的房間，明亮的燈光從桌子上方往下照。他把一張很大片的東方蕾絲舖在桌上，開始教我如何分辨高品質的蕾絲和劣質品。在過程中，他如此評論：「除非你在明亮燈光的照耀下把蕾絲墊在全黑的背景上，否則就看不出良質蕾絲的精緻之處。」

稍後我思考了一下，查經也是這樣的。你得在正確的背景下看聖經，有正確的光照，才能捕捉到它的意義。在第三十一課中，我們看到查考聖經經文時，上下文的重要性——要注意你正查考的那段經文前面和後面的經文。同樣的，你得注意文化及歷史的背景——也就

是產生這段經文時，所具備的寫作因素、這些因素對經文產生的影響，以及因為這個信息而發生什麼事情。要正確解釋聖經，這是第四把鑰匙。

文　化

容我舉幾個實例說明，所謂文化背景是什麼意思。

路得

舊約的路得記是一則關於愛及勇氣的美妙故事。但多數人忽視了一項事實，那就是那些事情發生在以色列國所謂的黑暗時期，也就是士師時代。原因是讀者們沒有先觀察士師記二十一章25節，這段經文可作為路得記一章1節之上下文，展現出以色列國正深陷罪惡中。在那個時代和文化中，他們根本無法分辨香奈兒五號香水和九號下水道的臭水有何差別。當你讀那段記載時，你不得不懷疑，在這段時期中，真有人忠心於神嗎？

答案呢？請看路得記。那是黑暗時期中一小束光芒，是在臭味四溢水池中的那朵璀璨百合。這裡記載著一個親愛的家庭，即便是身處在周遭的人都叛教的環境當中，他們仍忠心事奉耶和華。

然而我卻聽過有人對路得記提出卑劣的批評，只因在那則故事中發生一件事，就是路得整晚睡在一個名叫波阿斯的男人腳旁那件事。甚至有個男的竊笑地對我說：「那是本鹹濕的書是吧？似乎還挺火辣的。」

我心想，朋友啊，這番話比較像是在描述你，而不是在描述路得記。

你知道，那個家伙洩漏了底細。他正在向我表明，他根本不知道路得記自始至終的文化。當你回頭去查考當中習俗的時候，你會在上下文中發現，這些人的道德標準極高，根本沒做什麼見不得人的事。這可不是你正在讀的那本垃圾小說，不論是從內容或道德角度來看，

這都是最高尚的文學類型。

　　但不論是看這段記載或其他經文，我們都是按照自己的文化去讀聖經，就像是用一副扭曲上下文的眼鏡在看，也難怪我們無法看懂經文。

最後晚餐

　　講到我們往往傾向於用自己的文化去解釋聖經，最經典的例子就是李奧納多・達文西（Leonardo da Vinci）的傑作《最後晚餐》（*The Last Supper*；見282頁）。毫無疑問，這是一幅令人讚不絕口的藝術作品。然而如果你想知道真實的最後晚餐的情況，就不該採信這幅作品的描繪。這幅畫所描繪的場景，跟原始場景大不相同——也就是說，這是十五世紀的人對最後晚餐的詮釋。

　　首先，達文西讓耶穌和祂的門徒坐在桌邊，但在當時，大家吃飯並不是坐在桌邊，他們的姿勢是斜倚著。他們躺在像沙發一樣的家具上，用手肘撐住頭，另一隻手就可以用來吃東西。這個資訊很重要，因為你是否還記得彼得當時問約翰：「你告訴我們，主是指著誰說的。」（約十三24）其他門徒都聽不見彼得在說什麼。為什麼？因為只要彼得向後傾，約翰向前傾，兩人就可以進行私下交談。

　　達文西又把門徒全部畫成坐在桌子同一邊，就像在致詞時一樣。這是小心安排好的畫法，彷彿是某人說道：「你們這些人都一起過來照張團體照吧！在主要離去前拍張最後的照片。」而當然，當你讀到聖經的記載時，你會明白，那並不是當時就座的方式。

　　《最後晚餐》另一項有趣的特徵就是，達文西把十五世紀的橫飾帶畫在後面牆上。顯然這反映他自己的時代，而不是第一世紀。此外，如果你小心地觀察，就會注意到在畫中外面是白天，但根據聖經的記載，真正的最後晚餐是發生在傍晚時分，而且很可能進行到深夜。

　　請不要誤會，《最後晚餐》這幅畫有它極偉大的價值，但不幸的

是，如果只是看著一幅美麗的作品，大家往往會對聖經段落產生錯誤的解釋。（事實上，如果讀者更懂得欣賞藝術，就會對情景更有洞見，因為這是好的藝術所具有的一項特質。）正確度有賴於讀者回溯到畫作原始的時期及文化，才能找出當時真正發生什麼事。

說真的，除非你了解《最後晚餐》的原始上下文，否則就無法完整地欣賞達文西的傑作。

詩篇二十四篇

容我再舉另一個實例說明。我小時候住在費城，當時我們還可以在公立學校唸聖經——但只限於詩篇其中五篇，詩篇二十四篇就是其中一篇。我還記得裡面的詞句：

> 眾城門哪，你們要抬起頭來！
> 永久的門戶，你們要被舉起！
> 那榮耀的王將要進來！
> 榮耀的王是誰呢？
> 就是有力有能的耶和華，
> 在戰場上有能的耶和華！

眾城門哪，你們要抬起頭來！

永久的門戶，你們要把頭抬起！

那榮耀的王將要進來！

榮耀的王是誰呢？

萬軍之耶和華，

祂是榮耀的王！ （詩二十四 7～10）

我常聽到這段經文，心中好奇地想，這段經文到底在講什麼？我根本不懂。（所以他們才不在意我們讀這段詩篇吧，因為根本沒人知道它的意思啊！）

但多年後我查考大衛的生平，我看到巴勒斯坦地區的地圖。那一則故事說到，在他登上王位之前，每次當他要從以色列國的南邊來到北邊，他都得經過一個名叫耶布斯的城市。耶布斯是古老的要塞，這是約書亞時代遺留下來的隱身處所，當時以色列人根本沒有依照神的命令去取下應許之地。

因此每次當大衛經過耶布斯城的時候，守衛城牆的人就會出現並譏笑他。「嘿，大衛，」他們叫囂著：「等你作了王，別想取下這座城。我們會叫瘸子站在門口，叫瞎子看守塔樓，就算是這樣，你仍然沒辦法征服我們的。」

當大衛登上王位之後，他可沒忘記這些話。他對戰士們說：「我們要做的第一件事就是掃蕩耶布斯。」

原來詩篇二十四篇所說的就是這件事。大衛擊退耶布斯城，使它成為他的京都（從撒下五 3～10 的記載可以得知就是後來的耶路撒冷），大衛登上王位後做的第一件事之一，就是把約櫃帶到耶布斯城。詩篇二十四篇是一首進行曲，是當他和以色列人將約櫃沿著大斜坡領到城內時，一起吟唱的詩歌：「眾城門哪，你們要抬起頭來！永久的門戶，你們要把頭抬起！那榮耀的王將要進來！」。

而那座的城牆，彷彿像是與原來守護者共有的嫌惡心態般地問

說：「榮耀的王是誰呢？」

眾人回答：「萬軍之耶和華，祂是榮耀的王！」

所以，當你了解歷史背景之後，詩篇二十四篇就突然鮮活了起來。

哥林多前書八章

最後一個例子出自哥林多前書八章，保羅在這裡討論吃祭偶像之物的問題，這並不是今日我們面對的主要問題，但在我剛從神學院畢業那時候，我想我對於哥林多及吃祭偶像之物的了解比認識的任何人都來得多。而今天，在教書五十年之後，我仍在尋找遇見這個問題的人。假使真的遇見這種人，請相信我，我已胸有成竹。

而這是否就表示哥林多前書八章對今日的人沒有重要性呢？如果你對當時的文化背景一無所知，就會這麼覺得。請注意第一節：「論到祭偶像之物，我們曉得我們都有知識。」在第四節，作者再次說到：「論到吃祭偶像之物，我們知道偶像在世上算不得甚麼。」

但在第七節，作者卻宣告：「但人不都有這等知識。」因此，在這件事上保羅提出警告，你必須格外小心。為什麼？這就跟文化上下文很有關係。只要稍加查考，就可以看出來，那個城市中所販賣品質最好的肉，都會留下來祭拜偶像。而令人絲毫不意外的就是，肉質最好的市場及餐廳，正好就位在廟宇旁邊。所以，如果你想帶某人去吃牛排大餐，就會把他帶到那裡去。

但假設那個人最近才信主，假設他來自異教祭拜及吃祭偶像之肉的背景，現在你又要他吃那種肉，事實上，這也就是把他帶回到未作基督徒前的光景。他會有什麼感覺？

保羅很清楚地說：「我們知道偶像在世上算不得甚麼。」換句話說，偶像沒有真正的能力，牠們都是假神。但問題不在這裡，問題在於我們為基督裡的弟兄姊妹怎麼做才是最好的。就算是不傷害人的作法，也可能成為觸犯較軟弱的弟兄的源頭，這些弟兄的良心尚未得著

教化。

　　有了這樣的文化觀點，哥林多前書八章對今天的我們有什麼話要說嗎？現代人的生活中，是否也有一些「灰色」地帶？是否有哪些關乎良心的事，基督徒可以自由地去做，但卻對其他人造成不快？這個問題我會留給你回答。但如果你想聽我的建言，哥林多前書八章應該成為你必讀的經文。

　　當你查考這處經文，或是神話語的任何部分時，總要確定你已查考過背景，重建當時的文化場景。因為只有這麼做，經文才會活現出來。

現在換你來　試一試

　　你查考但以理書一～二章的情況如何？在你對但以理、尼布甲尼撒、巴比倫及異夢進行彙編研讀後，你是否學到一些有用的背景？

　　現在你要準備好去尋找聖經經文之外的額外資源，例如聖經字典及聖經手冊，或許必須到教會或社區圖書館去尋找這些工具書。本書最後的「其他資源」中會列出幾本參考書目。

　　你要使用這些工具中的一或兩項，查閱你已在聖經經文中查考過的四個詞彙，但以理、尼布甲尼撒、巴比倫及異夢。看看你可以找到什麼附加的資訊，能讓你對但以理書一～二章有進一步的了解。

note

第 *34* 課

多方諮詢

我有個好友是木匠，他實在是個巧手藝人，做起木工來極有天分。每次到我家來，總喜歡開他玩笑，因為他身邊都會帶許多工具。

有一天我又在笑他的時候，他回答道：「你知道啦，教授，一個人的工具愈多，就愈能作個好木匠。」

查經也是如此！如果你只是使用眼睛讀經文，你的確可以讀出很多收穫；可是如果在過程中再加上一些工具，就可以讀出更多收穫。因此解經的第五也是最後關鍵就在於：

多方諮詢

多方諮詢牽涉到工具書的使用。這些資源可以進一步幫助你了解所讀的內容，為這些內容帶來亮光。

在查經的過程中我們絕不能帶著傲慢的態度，以為自己已經得到所有答案了，以為聖靈只對我們說話，從來不對別人說話。事實上，在我們之前就已經有成千上萬的人走過同一條路，當中有些人留下了寶貴的輔助資源。他們就像攀岩的人一樣，把插在岩石裡的岩釘留給後面的人攀爬。當你使用這些工具書時，就是藉著別人的貢獻來成就

自己的目標。

　　不過這裡有個提醒，千萬別忘了順序：經文優先，然後才是工具書。甚至不看聖經先讀工具書，是不夠看重聖經。因此，在你還沒去買以下任何一本工具書之前，先去買一本好的研讀本聖經（參考第三課後面「如何選擇一本聖經」），從這裡下手，然後在學習的過程中慢慢添加你的藏書。

　　我想提出五種特別有幫助的工具書，除了這些以外還有很多很多種類，你要記得去看看本書書末所附的「其他參考資源」。不過以下這五種工具書可以在查經時幫助你建立寶貴的工具庫。

聖經彙編

　　我提過聖經彙編好幾次了。除了研讀本聖經，聖經彙編大概是下一本不可或缺的書。聖經彙編有點像是聖經經文索引，將經文詞彙按照英文字母順序列出，同時也點出經文出處及上下文前後幾個字。

　　使用聖經彙編有很多好處，其中之一就是對字詞的學習，我們在第三十二課談到比對時曾經有所探討，下一課會有進一步的說明。

　　當你想不起經文出處時，聖經彙編也可以幫你找到這段經文，這種情況常常出現。譬如說，你讀到彼得前書：「你們從前好像迷路的羊，如今卻歸到你們靈魂的牧人監督了。」（二25）這裡明顯說的就是基督，你印象中記得耶穌被稱為好牧人，可是卻想不起來經文出處，於是你就去聖經彙編查「牧人」（shepherd），結果查到經文出處是在約翰福音十章11節：「我是好牧人。」賓果！你找到你要的經文了。

　　選擇聖經彙編時，務必選擇詳盡彙編（exhaustive concordance），而不是節略式的彙編（abridged concordance）。詳盡的彙編會列出經文的每個字詞的每個出處，市面上有兩本聖經彙編備受推崇：史特朗版（Strong's）及楊氏版（Young's）。多數主流聖經版本都會出版他們自己的彙編，你所選擇的彙編必須要能配合你所使用的聖經版

本，否則當你查詢字詞時，翻譯用語會跟你用的版本不太一樣。

如前所提，聖經彙編在研經時是最基本的工具。如果你連一本工具書都沒有，先替自己選購一本好的聖經彙編，這樣的投資絕對物超所值。

聖經字典

我覺得很驚訝，那麼多人看書、看雜誌都會去查韋式字典（Webster's Dictionary），可是讀經遇到奇怪的字時卻從沒想過去查聖經字典。聖經字典對經文裡的事物提供很多資料，市面上有一些非常出色的聖經字典。

近年來有相當多的研經亮光，這樣的成果尤其歸因於考古學上的新發現。在解經歷史上，我們對聖經的了解比前人更多，聖經字典可以提供你許多相關知識。

其中一本經典名著是學者范恩（W. E. Vine）的畢生心血《新約詞語字典》（*An Expository Dictionary of New Testament Words*）。多虧了他，就算你不懂希臘文也還是可以研究新約聖經，因為他告訴你那些字詞的使用背景、意義、使用方式、所有詞彙變化等等。下一章當我們談到詞彙研究時，我們會以葡萄樹作為例子說明。

另外一本晚近出版、我常用的著作，是由道格拉斯博士（J. D. Douglas）所編纂的《聖經新辭典》（*The New Bible Dictionary*），書中富含許多有益資料。假設我讀到「巴比倫」（Babylon）這個名字，我對巴比倫一點認識也沒有，查考之後我找到各式各樣的資料，書中甚至說明了寶塔式建築，也就是當時的敬拜中心，同時也畫出街道地圖，讓你看到整個城市的分佈。這樣的資料在解釋創世記第十一章（巴別塔），還有尼希米記、但以理書、啟示錄等書卷時，提供極為寶貴的指引。

再舉一個例子說明。我讀到「約櫃」（Ark of the Covenant）這個詞彙，這到底是什麼東西？從聖經字典裡我學到，那是猶太人崇拜時

所用的一個箱子，又稱爲至聖所（the Holy of Holies），這方面值得探討的還有很多。不過，挪亞方舟的「方舟」與約櫃的「櫃」其實是同一個英文字：「Ark」，指的是洪水氾濫時承載挪亞一家和所有動物的大船。我知道有人看到約櫃的圖片後會說，「不可能的，你沒辦法把所有動物都放進那裡面。」可是如果他們查一下，就會知道這兩處的Ark是截然不同的Ark。

聖經手冊

和聖經字典相關的另一種工具書就是聖經手冊，聖經手冊有點像是百科全書。

我常用厄得曼出版社的《厄得曼聖經手冊》（*Eerdmans' Handbook to the Bible*）。書裡有很漂亮的彩色照片，也涵蓋超過三百件以上的聖經事物，按照整本聖經的書卷順序，提供各式各樣的背景資料。

例如，你可能想知道當時的錢幣制度，聖經經文提到過希臘錢幣一錢銀子（*drachma*）及羅馬錢幣一錢銀子（*denarius*）這兩個字，兩種貨幣的兌換率爲何？查詢一下就會知道現代社會的對等幣值。

也許你想了解當時的穿著與鞋子，聖經人物當時穿什麼樣的衣服？材質爲何？你可以查詢《聖經時代生活手冊》（*The Handbook of Life in Bible Times*）就可以找到答案。

至於食物呢？聖經有許多地方提到食物，不過這跟今天吃的東西完全不同。查詢之後就會讀到一整篇有關飲食、食物製作等資料。

以前聖經讓你覺得困惑的地方，在你查詢類似這樣的工具書、讀到相關背景之後，就會開始對聖經有各種新的看見，就是這樣的細節讓神的話活潑起來。

地圖

對查經來說，地理是最有幫助的科學之一，可是多數人卻完全忽視地理所扮演的重要角色。舉例來說，保羅所拜訪的諸多城市——

安提阿、哥林多、以弗所、羅馬等等——對大多數的讀者而言不過是白紙上的幾個黑點，但這些都是當時的主要城市，人口動輒以數十萬計，每個點都像我們的都會城市一樣具國際性，相當複雜。

最近我與一位長春藤名校的教授交談。「你教什麼？」我問他。

「英國文學。」

「太好了，」我說。「覺得怎麼樣？」

他說，「所有我教過的必修科當中，這科是最慘的。」

「為什麼？」

「因為我的學生一點聖經知識都沒有，」他解釋道。「沒有英文聖經的背景，你到底要如何讀英國文學？」

問得好！聖經對上一代的人來說是基本常識，可是如今我們卻什麼都不懂。你之所以需要一本好的地圖集，這就是原因之一，因為那會為聖經所提到的地名填入背後的故事。

我最喜愛的地圖集之一就是《慕迪聖經地理地圖集》（*The Moody Atlas of Bible Lands*），書中附有精美圖片及圖表，另有其他各樣資料，例如中東的氣候、泥土的成分等等，讓你對當地地形有點概念。舉例來說，當我們讀到馬可福音平靜暴風的故事時，我們會說加利利海低於海平面六百九十多呎以上。怎麼知道的呢？就是藉由《慕迪地圖集》這類工具書。

另一本滿有用的參考書是宗得凡出版社的《宗得凡聖經地圖圖示》（*The Zondervan Pictorial Bible Atlas*），書裡的地圖覆蓋一層透明膠紙，上面印有基本地理相關資料。此外還有《聖經圖集》（*The Macmillan Bible Atlas*），這可能是最具學術地位、最精準的一本，是根據最新發現的資料編定而成的。

好的研讀本聖經也會在聖經後面附有地圖，可是如果你想探究地理環境，投資一本內容豐富的地圖集吧！

聖經註釋書

你是否曾受教於精研某部分聖經的學者，心想，哇，真希望下次讀經時他就坐在我身邊！基本上，聖經註釋書的功能便是如此，它提供你別人的睿見，這個人可能已經用盡畢生心血鑽研那段經文。聖經註釋書不能取代你自己的學習，可是卻是評估自己學習成果的一大利器。

市面上的註釋書不勝枚舉，特別是受歡迎的書卷，像是詩篇、福音書、羅馬書等等。可是你怎麼知道從哪裡開始呢？如果你才剛開始學查經、才剛開始建立自己的工具庫，我建議你買一本好的縱覽式註釋書——也就是涵蓋新約或（和）舊約的單冊註釋書，至多兩冊。

有一本我相當熟悉而且好用的工具書是《信徒聖經註釋》（*The Bible Knowledge Commentary*），作者是幾位達拉斯神學院的教授，我就是在這所神學院教書。這本書分上下兩冊，分別針對新舊約，從創世記到啟示錄每卷書都有，內容有作者背景、寫作目的、大綱，也探討經文內容，特別是難解段落。（編按：此書中譯版共三卷，分別為創世記～約伯記〔卷一〕、詩篇～瑪拉基書〔卷二〕，以及馬太福音～啟示錄〔卷三〕。）

除了縱覽式註釋書外，或許你也想參考針對個別書卷所寫的註釋書，例如《丁道爾舊約註釋》（*The Tyndale Old Testament Commentaries*）這套書裡，有一冊特別探討傳道書。你是否曾為這卷書頭痛？也許你以前甚至得教傳道書，可是對這卷書卻懂得不夠多，教不來。像這樣的註解書很能幫上你的忙，讓你找對方向。

不過也許你已經打算再進深一步，多學一點細節，不妨試試嘉柏霖（F. Gaebelein）所編原書共十二冊的《種籽聖經註釋》（*The Expositor's Bible Commentary*）。你可以配合自己的進度，從一冊開始入手，接著再慢慢增加其他書卷。

註釋書可以是祝福，卻也可以成為咒詛。註釋書的缺點就是很容易讓你產生倚賴感，不靠自己的努力來學習聖經內容。使用註釋書

沒什麼不對，不過記住，註釋書畢竟是個人見解，當然不是從靈感來的。

話說回來，一名學者窮其一生鑽研經文，他通常可以幫助你跨過難解的鴻溝，他的註解也可以幫助你評量個人的查經學習。

其他資源

工具書及輔助教材數目之多是說不完的，例如有幾本考古學期刊，像是《聖經考古學報》（*Biblical Archaeology Review*），文字平易近人，提供寶貴的研究資料，對研經有相當大的影響。

在查經輔助教材方面還有一樣豐富法寶，也就是聖經時代存留下來的眾多著作：同時期的歷史學、政治學、法律、詩章、戲劇等，這對當時的文化提供了不少細節。這方面你也可以參考近代學者所著的歷史研究，例如杜蘭（W. Durant）對當時羅馬、希臘方面的研究，或是艾得山（A. Edersheim）的經典名著《彌賽亞耶穌的生平與時代》（*The Life and Times of Jesus the Messiah*）。還有一本比較歷史的傑作是格倫（B. Grun）所寫的《歷史紀事錄》（*The Timetables of History*），書中列出眾多世紀以來的主要事件。

你可以在本書書末「其他參考資源」中找到更多的工具書書單。

入門

市面上的參考資料如洋似海，有印行成書的，也有網站資料。你該從何處入門呢？從哪一項開始呢？

我建議你先買一本研讀本聖經，再買一本互相配搭的聖經彙編。依我看來，這兩本是最要緊的，就算你只有這兩本也算夠好的了。你手上有聖經經文，又有一系列的字詞索引，就可以在各篇章段落中悠遊，練習你在「觀察」與「解釋」所學到的技巧。

接下來如果你有一本好的聖經字典、聖經手冊、地圖集、簡單明瞭的單冊註釋書，就當真能做起正經生意來了。你已經具備了上手的

基本工具、所需的資料庫，隨著時光流轉再慢慢添加行頭，加上網際網路搜尋來輔佐學習。不過，至少現在你身邊已經有幾樣好的工具書可以入門了。

在你開始添購工具書的同時，還是要提醒你一下：不要過度倚賴輔助教材！聖經以外的參考資源永遠無法取代你個人的讀經，反倒要利用這些工具來刺激學習。順序永遠都是一致的：神的話優先，然後才是輔助教材。

現在換你來　試一試

稍早你曾使用聖經彙編來研讀但以理書一～二章，在最後階段你也查詢了聖經字典及聖經手冊。現在你可以加入另外兩項資源——地圖集和註釋書。

找一幅尼布甲尼撒時代的地圖，上面要有巴比倫。這個城市是在以色列的什麼方位？在現今的世界這裡又是由哪個國家來統轄？

此外，拿一本舊約縱覽註釋書來查查，也許再參考一本針對但以理書所寫的單冊註釋書。這些工具書回答了你哪些問題？提供了哪些進一步的資料？

順道一提，你或許可以再回到聖經字典和聖經手冊，看看是否有其他相關資訊，例如：巴比倫（Babylon）、迦勒底人（Chaldeans）、寶塔式建築（ziggurats）、塞魯士（Cyrus）、古代食物等等。

第 *35* 課

看見詞彙

拉森（G. Larson）的漫畫《遠境》裡，一位法國號演奏家坐在交響樂團中，指著譜架上的樂譜說：「天啊，你看看這些小黑點！」

對很多讀者來說，聖經裡的字就像是一紙小黑點，稀奇古怪的象形文字，莫測高深！這些人可能都擁有聖經，可是卻沒有擁有聖經裡的話，因為他們不懂得內中含義。令人遺憾的是，他們錯過了真正帶來生命、出於神的話語。

你卻不然！如果你已經按照本書的提綱要領來練習，你就已經發掘了幾個了解聖經的門道。這些功課中最重要的一項，就是去挑出詞彙，我會在本章幫助你探究聖經的詞彙，分辨其中的含義。

所謂「詞彙」（term），就是作者用來表達重點的關鍵字或片語短句。他可能會重複使用同一個字詞來強調重要性；他可能放字詞進去要凸顯的經文中；他可能以這個字為基準點來構建故事，好說明它的重要性；他也可能藉著故事主角的口來說出這個字。不管作者用何種方式表達，目的就是要你注意他的詞彙，因為它們傳達了特殊意義。除非你能「讓詞達意」，否則無法明白作者所要傳達的訊息。

在這個學習過程中，上一課提到的兩種工具書特別有幫助——聖

經彙編及聖經字典。以下將告訴你如何從中受益。

使用聖經彙編來研究字詞

例如你在保羅寫給腓立比信徒的書信中讀到了喜樂（Joy）這個字；喜樂（Joy、Rejoice）在這卷書中顯然是關鍵字。於是你打開聖經彙編查詢「Joy」。（先假設你用的是新美國標準本〔*New American Standard*〕聖經和它的聖經彙編。）

你最先注意到的就是這個字的出處很多，新舊約聖經都有。這點就很要緊了：Joy不是個罕見的字，反倒是常用字。如果你想對這個字作個深入的研究，你就必須查遍每個出處、每節相關經文，如此才能從各種不同的上下文看出亮光，明白Joy的意義和重要性。

不過既然你的重點是腓立比書，就特別注意這個字在這卷書裡的用法。以下列出相關經文：

常是「歡歡喜喜」地祈求	腓一4	5479
在所信的道上又長進、又「喜樂」	腓一25	5479
使我的「喜樂」可以滿足	腓二2	5479
與你們眾人一同「喜樂」	腓二17	4796
照樣「喜樂，並且與我一同喜樂」	腓二18	4796
在主裡「歡歡樂樂」地接待他	腓二29	5479
所想念的弟兄們，你們就是我的「喜樂」，我的冠冕	腓四1	5479

Joy這個字在這封信裡出現了七次，你必須稍加觀察才能找出異同，你甚至可以把你的學習延伸到保羅其他書信中所提到的Joy。

注意在每一行的右邊列了一個小數字。在腓立比書一章4節，這個數字是5479，在一章25節和二章2節也是相同的數字；然而，在二章17節，數字換成了4796。這些數字對應到的是翻譯「Joy」的希臘

文。當翻閱新美國標準本的聖經彙編時，會看到5479代表的是 *chara*
這個字，意思就是喜樂（joy）或歡喜（delight）。這個字是從希臘文
的動詞 *chairo* 來的，也就是要歡樂（to rejoice）或要高興（be glad）。

那麼4796呢？這個號碼代表的是 *sugchairo*——顯然與 *chairo* 有
關，只是多了個字首 *sug*，意義上有些轉變。聖經彙編告訴你 *sug-
chairo* 的意思是：一同喜樂（to rejoice with），所以保羅在腓立比書二
章17～18節兩次提到joy，用意是要談一種分享的經驗。這點從英文
用字就可以看得很清楚，所以雖然你不懂原文，卻沒有什麼損失。

使用聖經彙編來研讀冷僻的字詞

聖經彙編的另一個用途就是找出冷僻的字詞。例如，在讀列王紀
上下時，讀到了列王紀上十一章7節有個名字叫作摩洛（Molech）：

所羅門為摩押可憎的神基抹和亞捫人可憎的神摩洛，在耶路
撒冷對面的山上建築邱壇。

摩洛是什麼人，還是什麼東西？經文告訴你是可憎的偶像，所羅
門顯然為它建了一座敬拜中心。知道這點讓你興起比對研究的念頭，
於是乎你就查了聖經彙編，看看摩洛是什麼。你發現這個字在舊約聖
經出現了八次，可是在新約聖經卻沒有出現，這就告訴你摩洛存在的
時間點。

同時你也注意到，這八次之中有五次是出現在利未記，一次在列
王紀上，一次在列王紀下，還有一次是在耶利米書，這應該會讓你把
注意力集中到利未記。當你查考彙編列出的經文時，發現五節經文裡
有四節提到了將子孫獻給摩洛，讀到這兒你心裡已經有數，明白為什
麼作者會稱呼摩洛為「可憎的神」，以色列人把自己的孩子當作祭物
獻給摩洛，這件事顯然肇因於所羅門。

在所有研經的工具書中，聖經彙編是最常使用的一種，拿它來研

究字詞非常理想，因爲聖經彙編把詞彙的上下文清楚列出，讓你比較不同經文，而這正是了解聖經語意的最佳途徑。如果你只爲研經課程買一本參考書，你一定要買一本詳盡編列的聖經彙編，這樣的投資絕對會物超所值很多倍。

使用聖經字典

研讀聖經詞彙的另一種工具書就是聖經字典。我曾提過《范恩新約詞語字典》（*Vine's Expository Dictionary of New Testament Words*），現在我們就來用這本參考書查考地（Earth）這個字。

還記得我們在使徒行傳一章8節的觀察嗎（第六課）？耶穌告訴門徒，他們必須傳福音「直到地極」。我說地這個字指的是有人居住的地方，怎麼知道的呢？因爲我已經查過范恩字典了。

范恩字典裡詳細解釋了地這個字，書中列出兩個經常譯成「地」的希臘字：*gé*（發音爲gay）及*oikouméne*（發音爲oi-koo-men-nay）。

*Gé*這個字被用來形容五個主要的方面：可開墾的地；一般概括性的地、人世間（相反詞是天堂）；人煙可至之處；國家或領域；地上和土地。根據作者范恩對古希臘文的深入了解，他列出了新約裡每一種用法的經文。使徒行傳一章8節屬於第三種含義：「人煙可至之處」。

有意思的是，所有路加福音及使徒行傳所提到的都是第三種含義，其他五種含義都沒提到。「人煙可至之處」含義中的九節經文，有六節是出現在使徒行傳裡。因此對路加而言，地是個很重要的詞彙，每次他用這個字，說的都是「人煙可至之處」。這個字在使徒行傳的重要性，使我們更加認定使徒行傳一章8節就是本章的大綱。耶穌吩咐祂的門徒要到地極，而他們也果眞到了這些有人居住的地方。

范恩同時也提供你另外一樣資訊：地的另一個希臘文*oikouméne*也意味著人煙可至之處。他還加上備註（作者加註楷體字）：「在所有出處都翻譯爲『世界』，因爲包含這個意義；但是只有在路加福音

二十一章26節一處⋯⋯被翻譯成『地』。」非常有意思。再次說明，路加心裡總是惦記著有人煙之處。從這個角度來看，你認為路加寫下這兩卷書有何特殊目的？

　　語言是由字詞堆砌建立的，要了解任何一篇文學作品，你必須能看見作者的詞彙，你必須能解讀他的字詞。聖經彙編及聖經字典在這方面可以給你寶貴的幫助，不過，有些字詞還有其弦外之音，我們稱之為修辭格（figures of speech），這點我們在下一課會有所探討。

現在換你來　試一試

　　在你研讀但以理書一～二章的最後階段，我要你研究對這段經文的解讀極具影響力的兩個字詞。第一個字詞是但以理書一章8節裡的玷污（defile）：

　　　但以理卻立志不以王的膳和王所飲的酒玷污自己，所以求太監長容他不玷污自己。（作者加註紅色楷體字）

　　第二個字詞是但以理書二章28節裡的日後（later days）：

　　　只有一位在天上的神，能顯明奧祕的事，他已將日後必有的事指示尼布甲尼撒王。你的夢和你在床上腦中的異象是這樣。（作者加註紅色楷體字）

　　查閱聖經彙編，看看聖經裡還有哪裡提到這些字詞。你能從其他經文中學到些什麼？接著到聖經字典查詢玷污和日後，看看你能發掘其他哪些意義及其重要性。

第 *36* 課

了解象徵手法

一位年紀老邁的長者坐在十二眾子面前,雖然已經視茫茫髮蒼蒼,但真知睿見卻不稍減!他心知離世之時終究已近,因此盼望能親口說出他對眾子未來的看法。他們都肅立靜候。終於,長者開口了:「兒子們,近前來,為父有話對你們說,仔細聽好。」

這群繼承人就都向前靠近,側耳傾聽。大兒子羅伯特站在中間,父親氣喘吁吁的聲音就對著他開始說起。

「羅伯特,你是我的長子,是我的驕傲,也是我的喜樂。可是你是滾燙的沸水,你將不再居首。」

年輕人垂下頭來,強忍著羞愧與憤怒,卻又不敢回嘴。老者並未稍作停歇,繼續說道:

「史蒂芬和羅倫斯,你們是小偷、是殺人犯。我不留祝福給你們,只有咒詛。

「約翰,你是小獅子,因此你將統管萬有,但有朝一日你必在葡萄酒中洗衣服。

「傑克瑞必成為停泊船隻的海口。

「伊恩實在是匹野驢,有人餵他就高興,他不得不勞碌一生。

「但以理,你是躺在路中的蛇,你會攻擊你的弟兄,審斷他們。

「喬治，你是土匪，你要搶人，也會被搶，你將活在不安定之中。

「亞倫偏愛肉食，但你的功夫將花在烹煮之上，而非享用。

「拿單是奔跑的鹿，他的言語嘉美。

「約拿單，你是我的樹，豎立在那涼爽的河岸，你將成長、飛黃騰達，遮蔽你的弟兄們，我先祖的祝福將臨到你，你也必將祝福傳承我的後裔。

「博得里，我的么兒，一隻惡狼，飢餓狂野，你將終日殺戮，終夜狼吞虎嚥。」

他突然停下來，再沒有話語，只有蒼蠅的嗡嗡叫聲。沒人移動，眾子都在沈思父親剛才所給的話語，卻沒注意到剛剛口不稍停的大家長已經垂首胸前，嚥下最後一口氣。

說話的一種方式

我們要怎麼看待這則聖經故事呢？喔，忘了告訴你，這是我隨手重寫創世記第四十九章的故事，在這裡雅各召來他的十二個兒子，並且對每個兒子的後裔發出預言。

如果你讀到聖經這則故事，你會注意到其中幾個古怪的描述：猶大是個「小獅子」（9節）；西布倫是「停船的海口」（13節）；以薩迦是個「強壯的驢」（14節）；但是「道上的蛇、路中的虺」（17節）；拿弗他利是「被釋放的母鹿」（21節）；約瑟是「泉旁多結果的枝子」（22節）；便雅憫是個「撕掠的狼」（27節）。

我們到底要怎麼看待這些描述呢？我們可能會覺得挪亞才會這麼跟兒子們說話，畢竟他在方舟關了那麼久。怎麼雅各會說這種話呢？我們是否該按字面解釋？如果答案是否定的話，又為什麼不呢？我們怎麼知道聖經什麼時候寫的是呈現事實，什麼時候卻只是對現實的抽象形容？

重點就在於象徵手法。我們都曉得象徵手法，我們自己也常用：

「我差點丟臉死了。」（I could have died of embarrassment.）「我想我只能面對現實。」（I guess I'll have to face the music. 直譯為：我想我只能面對那個音樂。）「那個某某氣得像隻大黃蜂。」（So-and-so is as mad as a hornet.）「他無聊到快哭了。」（He was bored to tears.）「別洩漏祕密。」（Don't let the cat out of the bag. 直譯為：不要把那隻貓放出袋子。）「她對園藝滿有一手的。」（She has a green thumb. 直譯為：她有隻綠手指。）

聖經作者和聖經人物亦然。他們以生動的喻象、特別的說話方式來添上妝彩。大衛說聽從神的話的人要像一棵樹，但是惡人乃像糠秕（詩一3～4）；雅歌二章1節裡的新娘說她是「沙崙的玫瑰花，是谷中的百合花。」，她稱她的愛人為羚羊、小鹿「躥山越嶺而來」（歌二8～9）；耶穌稱呼希律為狐狸（路十三32）、稱呼法利賽人為粉飾的墳墓（太二十三27）、又稱雅各和約翰為雷子（可三17）；保羅稱呼假教師為狗（犬類，腓三2）。

當然了，聖經裡的象徵手法有時會非常詳實，不只用口語表達，也用實物來教導。神吩咐耶利米買一只瓦瓶，拿去給領袖們看，對他們說不祥的預言，然後打碎瓦瓶，用來象徵神也將如此打碎這民（耶十九）。何西阿則被吩咐迎娶一名淫婦，用以象徵神對祂子民信實的愛，但他們卻對祂不忠（何一2～9，三1～5）。

當我們讀約翰所寫的啟示錄時，我們會讀到一些不尋常的字眼。天上的君王被形容為碧玉，又有彩虹圍繞（四3），約翰看到的羔羊有七角七眼（五6），他也看到一個獸從海中上來，有十角七頭（十三1）；到書中末了，有一個兩百萬平方英里的城從天而降（二十一16）。

這些文字使整個閱讀活潑起來，可是究竟是什麼意思？研經的過程中該怎麼解釋這些文字呢？如何明白何時該以字面解釋，何時又該賦予象徵意義呢？

以下提供你十項原則來解釋象徵手法，但首先讓我們先闡明「字

面意義」與「象徵手法」的差別。大家常講到「聖經的字面意義」，意思是不是說創世記第四十九章裡的猶大是一隻真實的、活生生的小獅子？而約瑟則站在河邊，紮根入土？便雅憫卻是某種控制不了的狼人？如果是真的，我可以介紹一位高明的精神科醫生。

當我們談到「字面意義」，意思是以平常心看待這些文字，好像作者就像平常人一樣，用平常的方式溝通。有人這麼解釋，「聖經如果以平常心溝通平常事，我們就別超乎平常的引申。」

根據這項原則，當耶穌告訴我們「凱撒的物當歸給凱撒」（路二十25），我們不需尋求背後隱藏的意義或過度引申。事實很明顯，耶穌告訴我們要繳稅。從另一方面來說，當祂稱呼希律為狐狸時，顯然不是說此人是隻流連忘返的肉食動物；耶穌用的是象徵手法，把希律比擬為狡猾、像狗一樣的動物。

了解象徵手法

當「平常心」不太平常時該怎麼辦？是否有一些規則可循，好判斷何時該用象徵手法解釋奇怪的比喻，何時卻該以字面解釋？恐怕沒有十全十美的法則，但我列出以下十項原則，可以不致出什麼大錯。

1.除非有充分理由，否則一般均以字面解釋。

以上的說明就已經很清楚了，讀聖經時我們假定作者都很平常、理性，溝通的時候也和我們一樣用基本常識來溝通。不過，有時有人會特意把經文「靈意化」，賦予引申的意義，就是不照它原本的意義來解釋。

最常見的例子就是雅歌書。多年來解經家們主張這卷書是用來比喻基督和教會之間的關係，可是這樣怎麼解釋得通呢？這首詩是在基督之前數百年前寫的，完全是抒情詩格式，我們必須按照該類型的習俗來讀它；此外，一個比較單純、合理化的解釋是，這卷書歌頌的是婚姻關係裡的性愛，而神的原意也本在於此。

2. 照經文的要求，用象徵手法來解釋。

有些經文一開始就直接點出要你以象徵手法來解釋。例如，當你讀到異夢或異象，接下來的內容就一定會有象徵性文字，因為異夢的描寫素來如此。創世記第三十七章裡，約瑟的異夢顯然是用來預測未來會發生的事，創世記第四十一章法老的夢亦是如此，但以理書七～十二章有關但以理的異象也一樣。

3. 字面意義解釋不通或顯得荒謬時，就用象徵手法來解釋。

也就是此處我們必須為平常的事物賦予屬靈的意義。神並未躲藏在不可知的神祕裡，當祂有話對我們說時，祂就會明講，不會用講不通的事來混淆我們。不過，神常常會以象徵手法來闡明祂的重點，祂也期待我們以象徵手法來讀它，而不悖乎常理來解釋。

以啟示錄一章16節為例，在那裡神顯現了：「從祂口中出來一把兩刃的利劍」。這是什麼意思？神的口中可能會有一把真的劍插在那裡嗎？不太可能吧！最可能的解釋是，這裡用的是象徵手法，那麼我們就應該研究在此段經文裡這個畫面代表的意義為何。

也許跟你原本想的不太一樣。你可能會聯想到希伯來書四章12節所說的，神的話「比一切兩刃的劍更快」，認為在啟示錄中的畫面也是關於基督和祂的話，可是對這個字詞作了研究之後就不會這樣看了。

啟示錄一章16節的「劍」跟希伯來書四章12節用的是不同的字。希伯來書的這把劍是當時羅馬士兵用來戰鬥的那種短刃，可是啟示錄的這把劍卻有長長的刀刃，是在勝利與審判的典禮中用的劍，這把劍由得勝的君王所持，在打了勝仗、佔領敵方之後用來處決敗軍。這樣的意義與啟示錄裡的主題、意象何等貼切，讀者不喻而知了。

因此，象徵手法可以描述事物，也可以精確地呈現意義。

4. 字面解釋不合乎道德時，就用象徵手法來解釋。

在約翰福音六章53～55節裡，耶穌在面對反對他的猶太人時，說了讓他們百思不得解的話：

> 我實實在在地告訴你們，你們若不吃人子的肉，不喝人子的血，就沒有生命在你們裡面。吃我肉喝我血的人就有永生，在末日我要叫他復活。我的肉真是可吃的，我的血真是可喝的。

這段話真的怪得不能再怪了。耶穌是說他的跟隨者都是食人族嗎？不，這樣可就嚴重違反舊約律法了，在場沒有半個人會照字面意義來聽這段話。他們可真被弄糊塗了，於是法利賽人就繼續追問清楚：「這個人怎能把他的肉給我們吃呢？」（六52）。你看，他們真的被解釋這段話的難題給困住了。又有人說：「這話甚難，誰能聽呢？」（六60）。他們畢竟還是認出主的話有祂象徵的含義。

神從不悖乎祂的性情。祂的話既然本乎祂的性情，我們可以確信祂的命令必然與祂的神性一致，祂絕不會要求我們做祂自己不願意做、或不曾做過的事。

5. 如果是很明顯的比喻，就用象徵手法來解釋。

聖經經文常常會明白指出比喻用法。例如，明喻（similes）會使用像、如（like or as）等字來作比擬：「婦女美貌而無見識，如同金環帶在豬鼻上。」（箴十一22，作者加註楷體字）；「（耶和華）使黎巴嫩……跳躍如野牛犢」（詩二十九6，作者加註楷體字）。

聖經也使用其他象徵手法，這些用法只有用象徵意義才能解釋得通。當以賽亞預言道「月亮要蒙羞，日頭要慚愧」（二十四23），很清楚用的是擬人化用法；當保羅引用何西阿的話，「死啊，你得勝的權勢在哪裡？死啊，你的毒鉤在哪裡？」他用的是「頓呼法」

（apostrophe）的詩體格式，當他說起一件事時，彷彿提到的是一個人。其他還有一些我們常用的委婉用語（euphemisms）或俗語，像是「歸到他列祖（原文是本民）那裡」（he was gathered to his people）、男人與他的妻子「交合」（a man "knew" his wife）、耶和華將祂的子民「交到」敵人的「手中」（"into the hands of" their enemies）、或者某某人「就睡了」（fell asleep，譯註：徒十三36有言，「大衛在世的時候遵行了神的旨意，就睡了。」）。

6. 字面意義與上下文背景及目的發生衝突時，採用象徵手法來
   解釋。

　　啟示錄五章1～5節對神寶座前的景象有一段相當引人入勝的描述。我們讀到「猶太支派中的獅子」，作者說的是一頭真實的猛獸嗎？顯然不是，因為從背景看來毫無道理。我們稍作比較研究之後就會發現，這是作者引用彌賽亞的一個稱號，於是我們就必須去了解這個稱號所代表的意義，以及作者如此引用的原因。

　　記住，要了解比喻的象徵意義，最好的方法就是去研究上下文背景。

7. 字面意義與書卷的風格型式有衝突時，採用象徵手法來解釋。

　　這其實是上述說明的延伸。記住，所謂經文的上下文背景，指的是經文所處的那個段落、那個部分、最終指的就是那卷書。

　　這項原則特別適用於兩種文體：預言式文體（通常也必須以象徵手法來解釋，才能解釋得通）與詩體（詩體的習慣就是使用想像語言）。

　　例如詩人說：「我就在你翅膀的蔭下歡呼」（詩六十三7），意思不是神長了羽毛，而是神保護祂的孩子如同母鷹護衛啾啾叫的雛鷹一樣，是那麼地儆醒、關心。這樣的意象充分配合了這首詩的整個氛圍、風格。

8. 字面意義與作者的計畫和目的相衝突時，採象徵手法來解釋。

再次提醒，上下文背景很重要。你有沒有聽過，有人解經單獨看滿是一回事，可是上下文一對照就像是異端？就像醜小鴨一樣硬是不搭調、不對勁。事實上，你在解經時應該培養一個好習慣，退後一步來審視你的解經內容，問自己，這幅圖畫有沒有什麼地方不對勁？是不是所有角度都配合得來？

在詩篇第一篇裡，我們看到喜愛神律法的人，就像是澆足了水的樹一樣。第3節又加上，「凡他所做的盡都順利。」有些人讀到這節經文就宣稱，這段經文保證有信心的人必定豐衣足食。可是這樣的解經能配合上下文背景及作者的寫作目的嗎？

不太可能。從詩篇第一篇整篇來看，再比較其他詩篇，很明顯可以看出詩篇作者們更關心的是人與神同行的關係，而不是物質的豐厚。如果我們能明白這節經文講的是一個人的未來結果，而不是他能享多少福的話，詩篇一篇3節就會顯得最適切。

9. 字面解釋若與其他經文衝突，採用象徵手法來解釋。

最偉大的解經家就是聖經自己，聖經裡的訊息都是完整一致的。雖然有時我們讀起來會覺得有點似非而是，但從來沒有矛盾之處讓你困惑。

耶穌告訴他的跟隨者：「駱駝穿過針的眼，比財主進神的國還容易呢。」（可十25）多有趣的畫面呀！人們費了極大的功夫來解釋耶穌到底在說什麼。

但我們可以確定一點：祂並不是說有錢人就斷了救恩的盼望，而這就是門徒的疑惑（26節）。耶穌不但回答了那個問題（27節），在其他經文中也有相對的教導。例如，保羅對財富的危險提出警告（提前六17～19），可是他從來沒說過有錢人就進不了天國。

如果除了馬可福音第十章以外，其他地方都沒有這樣的教導，我們可能會像門徒一樣困惑；可是一旦比較了幾節不同經文，就能正確

了解這段經文。

10. 字面解釋若與教義衝突時，採用象徵手法來解釋。

　　以下是上一點的延續。我們解經時必須有一致性，也必須以聖經本身來建立信仰系統。

　　保羅在哥林多前書三章16～17節如此寫道：

> 豈不知你們是神的殿，神的靈住在你們裡頭嗎？若有人毀壞神的殿，神必要毀壞那人；因為神的殿是聖的，這殿就是你們。

　　這些話相當嚴厲。「若有人毀壞神的殿，神必要毀壞那人」，保羅說這話是什麼意思？是不是一種威脅：若有人自殺，他會喪失救恩？有些人的確會這麼想。可是這樣解釋不但違背了上下文，也與永遠平安的教義相衝突，這教義教導我們神必保守祂的孩子。此外，保羅也鼓勵我們在讀這段經文及其上下文時，必須以象徵手法來讀，字面解釋是完全不通的。

現在換你來　試一試

現在你可以試試身手，嘗試了解「象徵手法」。請研讀詩篇一三九篇，這是所有詩篇中最深刻、與神最親密的一首，詩裡用了許多象徵性文字。請用本課教導的原則來解釋大衛的文字，並參考下一頁所列的象徵手法，來進一步幫助你認出、明白大衛使用的比喻。（順便一提，別忘了先以「觀察」的步驟開始。）

象徵手法

神人同形論（Anthropomorphism）

人的屬性與行為是從神而來的。

「耶和華的膀臂並非縮短，不能拯救，耳朵並非發沉，不能聽見。」（賽五十九1）

頓呼法（Apostrophe）

在提到一件事時，彷彿提到人；或者憑空對人說話，但那人其實不在現場或根本不存在。

「死啊！你得勝的權勢在哪裡？死啊！你的毒鉤在哪裡？」（林前十五55）

委婉說法（Euphemism）

用委婉的方式說出攻擊性的話。

「恨不得那攪亂你們的人把自己割絕了。」（加五12）

誇張法（Hyperbole）

比實際程度更誇張地表達出來。

「我虧負了別的教會，向他們取了工價來給你們效力。」（林後十一8）

比擬法（Hypocatastasis）

以比擬用法點出類似的地方，而不直接明講。

「你們要防備法利賽人的酵，就是假冒為善。」（路十二1）

慣用語（Idiom）

特定一群人所用、約定俗成的片語。

「（參孫）說：『我要進內室見我的妻』。」（士十五1）

相對法（Merism）

將兩個相對或相反詞並列，用以代替整體。

「我坐下，我起來，你都曉得。」（詩一三九2）

暗喻（Metaphor）

以一物比擬另一物。

「你們是世上的光。」（太五14）

悖論（Paradox）

看似怪異、自相矛盾、不合邏輯的言論。

「凡要救自己生命的，必喪掉生命；凡為我喪掉生命的，必得著生命。」（太十六25）

擬人化（Personification）

為無生命的物體或動物賦予人性。

「月亮要蒙羞，日頭要慚愧。」（賽二十四23）

修辭學問句（Rhetorical question）

心裡自問自答、自我省思的問句，不需口頭回答。

「我倚靠神，必不懼怕。人能把我怎麼樣呢？」（詩五十六11）

明喻（Simile）

用到「像」、「如」等字的比擬用法。

「他要像一棵樹栽在溪水旁。」（詩一3）

譯註：明喻及暗喻是西洋文學常用的比擬用法，惟一不同處是前者使用「像、如」等，後者不用這些字。例如：你們「像」世界的光，則爲明喻；但如果說，你們「是」世界的光，則爲暗喻。

第 *37* 課

連接起來

到目前為止我已經告訴你很多關於解經的資料。我指出解經的障礙，也點出應避免的危機，我們討論了各種類型的重要性，以及它們對閱讀的影響。我告訴了你解經的五把鑰匙——內容（content）、上下文（context）、比對（comparison）、文化（culture）、多方諮詢（consultation）。

我說明了各類工具書在解經過程所能給你的幫助，接著我特別解釋了聖經彙編在研究詞彙上的使用方法，最後我列出了十項原則，使你能了解聖經裡所用的象徵手法。

現在就讓我們來演練一下。在這一課我們要來查考一段特別的經文：羅馬書第十二章的前面兩節。我會示範如何運用這些技巧，將所有技巧連接起來。這兩節經文正好自成一段，這樣更好。記住，研經的基本要素就是段落。（見第313頁的經文演練）

「所以」所為何來？

我們談過，正確解經的第一個關鍵點就是內容，也就是建立在觀察經文上。現在就從這裡入手。

這段經文最先引起我注意的，就是有一種迫切感。「我……勸

你們，」（I urge you）第1節就這麼起頭。「我懇求你們」（I beseech you）、「我央求你們」（I implore you），我喜歡腓力斯的描述：「睜大眼睛看看神的慈悲吧！！」所以保羅是帶著這樣的懇切感來到他的讀者面前。

這段經文的第一個鑰字就是——所以（therefore）。這很要緊！記得我們的座右銘：每次看到所以時，就要停下來看看所為何來。這個詞彙催促我們回去查考前面的經文。既然如此，我們就應作者之請，回到前文去看看羅馬書整個背景環境。

查考的結果發現羅馬書的主題就在一章17節，作者在這裡告訴我們重點在於「神的義」，而非人的義，要緊的是神所賜下的義。

此外，我們也看到這卷書主要分成三大部分。前八章談到神所啟示的義，並且我們必須接受這樣的義。接下來在九～十一章，對象就轉到以色列人，保羅在這裡談到以色列人拒絕接受來自神的義。最後，從第十二章起（也就是在這一段以所以來開場），我們讀到了這卷書的實質要點，談到信徒生命裡的義要如何產生。

因此我們以這個連接詞（所以）為基礎，就已經可以對整卷書有了相當好的掌握。

可是還有另外一句話帶領我們來看這個連接詞：「以神的慈悲」——也就是說，神的慈悲成為保羅勸我們的基礎；事實上這句話就總結了前面的十一章。保羅根本就是在說，「正因神已經為你成就了那些工作，現在我要你來做另外這些工作。」

這是相當重要的屬靈事實。除非神已經完全告知我們祂為我們成就的大事，否則祂不會要求我們做任何事。

神究竟要我們做哪些事呢？第一節講得很清楚：「將身體獻上」，這是什麼意思？獻上（present）是個鑰字，我們必須特別花心思來了解這個字。事實上這是個專有名詞，在舊約聖經的聖殿裡，這個字被用在獻祭這個「獻」上。意思就是把一件物品從一個人手上交到另一個人的手上，在這個時刻前者就完全鬆手了。「獻上」也就是說，你

¹所以，弟兄們，

　　我以神的慈悲勸你們，

將身體獻上，

　　當作活祭，是聖潔的，

是神所喜悅的；

　　　你們如此事奉乃是理所當然的。

²不要效法這個世界，

　　只要心意更新

而變化，

　　叫你們察驗何為神的

　　　　善良、

　　　　純全、

　　可喜悅的旨意。

不能給了之後又想拿回來，當中牽涉到決心。

查考詞彙

　　我們了解到，當讀到一個類似這樣的詞彙，我們必須廣泛地查考聖經彙編。現在我們就來查考看看，結果聖經彙編告訴我們，同一個獻（present）字也出現在路加福音二章22節：

按摩西律法滿了潔淨的日子，他們（也就是馬利亞與約瑟）帶著孩子上耶路撒冷去，要把祂（也就是嬰兒耶穌）獻（present）與主。（作者加註紅色楷體字）

因此耶穌就在聖殿裡被父母親獻給了神。獻這個字的意義就讓我們對耶穌的生活有了一些特別的了解，他的父母親把祂獻給了神，心裡沒想過、也不可能再把祂要回來。

聖經彙編同時也告訴我們，獻這個字在羅馬書其他經節也用到，這個資料很有幫助，因為同一個用語在同一卷書被同一位作者所使用，這就給了我們特別的提醒。就像是弟兄姊妹住在同一個鎮上，而不是散住各方的遠親。我們在羅馬書六章13節讀到：

也不要將你們的肢體獻給罪作不義的器具；倒要像從死裡復活的人，將自己獻給神，並將肢體作義的器具獻給神。（作者加註紅色楷體字）

保羅在這裡給你一個選擇：你可以將肢體獻上作為義的器皿，或者你可以將肢體獻上作為罪的器皿。

讓我說明一下，想像一下外科醫生的手術刀，刀鋒比刮鬍刀還要銳利，摸起來很輕，也消毒過了。換句話說，隨時準備好可以照它所設計的用途來派上用場。可是問題是，這把手術刀落在誰的手中？在我的手中代表一場屠殺，可是在熟練的外科醫生手中就會為病人帶來醫治與健康。這就是保羅在羅馬書第六章所描述的：將你的肢體獻到正確的對象手中，祂會靈巧地使用這個器皿來成就祂的目的。

不過注意了：保羅說的是獻上你的肢體——羅馬書十二章也相同。「肢體」是什麼呢？在研究了這個字詞之後，我們發現肢體代表了整個人，也就是人本質上的全部；這個字也代表了獻祭的器皿，事實上，肢體也是我們惟一能獻的祭，是我們惟一能給神的。（你會在

羅馬書第六章同一段找到其他兩個獻字，六章16節及六章19節，我
要讓你自己查考這些字。）

獻這個字也出現在以弗所書第五章，那裡談到了丈夫與妻子的關
係：

> 你們作丈夫的，要愛你的的妻子，正如基督愛教會，爲教會
> 捨己。要用水藉著道把教會洗淨，成爲聖潔，可以獻給自
> 己，作個榮耀的教會。（25～27節，作者加註紅色楷體字）

我們又看到了同一個字。如果你身爲人夫，聖經就賦予你將妻子
獻給神這樣的責任。神賜你這個女人，你對這分夫妻關係就負有責
任。

有幾處經文是我們可以探討的，但是這裡只提一段經文，歌羅西
書一章28節：

> 我們傳揚祂（基督），是用諸般的智慧，勸戒各人，教導各
> 人，要把各人在基督裡完完全全地引到（present）神面前。
> （作者加註紅色楷體字）

保羅建立各人的生命，用意爲何？就是要將各人獻給神，使眾人
能臻於成熟。

透過多方諮詢得著亮光

回到羅馬書十二章，當我們將肢體獻給神時，我們注意到幾件事
情。首先，我們獻的是「活祭」，除非你用屬靈的角度來看，否則這
個詞彙是自我矛盾的！我們這裡所說的不是把屍體獻上，而是活生生
的身體，是要獻給神爲祭的，而且必須是聖潔的、是神所喜悅的。

保羅用這樣的形容來作總結：「你們如此事奉乃是理所當然的。」

主題（一-17）

｜1　8 9　11 12　16｜

¹ 所以，弟兄們，

　迫切地！

　我以神的慈悲勸你們，基礎——第一至十一章總結

　決心

將身體獻上，

　　當作活祭，是聖潔的，

是神所喜悅的；

　　你們如此事奉乃是理所當然的。

² 不要效法這個世界，

　　只要心意更新

而變化，

　　叫你們察驗何為神的

　　　　善良、

　　　　純全、

　　　　可喜悅的旨意。

這傳達了什麼訊息？也就是說，把自己獻給神是我們至少能做得到的、也是應該做的，特別是祂已經為我們成就了一切。

　接下去看第2節：「不要效法這個世界」。我們已經用解經原則比較了一些經文，探討了獻這個字的意義。接著我們用同樣的原則來研

究「效法」（conform）世界這個詞彙。

　　如果我們在聖經字典查考效法這個詞，就會發現那是用來形容把一些東西倒進模型。你可能知道怎麼做果凍，把一包果凍粉融化在滾水中，然後倒進幾個模型裡，冷卻後果凍就會帶著那個模型的形狀。

　　這就是保羅的意思。腓力斯用他自己的話改寫道：「千萬別讓這個世界把你擠到它的模型裡。」千萬別套用這個世界的模型，別讓這個世界做出跟神的旨意相反的事。

　　你看，按照這段經文的解釋，我們面對了一個抉擇。只要這個小小的字詞正點出了一個對比，剛好我們也學過要去注意一些不同的細節。我們面對的抉擇就是──既然不要效法這個世界──就必須心意更新而「變化」，這也是個重要的詞彙。它其實是一種轉型的用法（metamorphosis），完全變成新的型態。就好像毛毛蟲漸漸地將自己裹在繭裡，過了一段時間之後，它就開始扭動，慢慢破繭而出，再次現形時卻完全變了個樣，成為蝴蝶。

　　可是注意了：蛹的蛻變是從裡面開始的，羅馬書第八章寫的也是同樣的主題。保羅這樣指出：「只要心意更新而變化。」

　　還有一項我們使用的查經原則是多方諮詢。也就是說，仔細研經之後，下一步就可以使用工具書，可以查查註釋書，看看其他人對這段經文有何亮光。當我們查詢註釋書對這段經文的解釋時，我們得到一些相當深入的睿見。我們學到「變化」（be transformed）這個詞事實上是英文動詞的被動語態，可是「更新」（renewing）這個字卻是主動語態。

　　我們現在得回到久已蒙塵的高中英語了。所謂被動語態指行動是被牽動產生的，而主動語態則是主動去採取行動。所以保羅的意思是，我們自己不能產生變化，神才能！我們自己變化不來，於是神就為我們成就我們做不到的大工。那麼，有沒有什麼事是我們做得到的呢？有！我們可以更新自己的心意，這才是我們該做的部分。事實上，把自己的想法整個翻轉過來才能讓神在我們身上產生變化。

主題（一~17）

1，8，9，11，12，16

¹所以，弟兄們，

迫切地！

我以神的慈悲勸你們， 基礎——第一至十一章總結

決心

將身體獻上， 參照 六13 ；及路二22／弗五25~27
六16、19

矛盾？

當作活祭，是聖潔的，

是神所喜悅的； 鑰字

你們如此事奉乃是理所當然的。

我們至少可以做到的！

²不要效法這個世界， 負面

對比

只要心意更新 正面

而變化， 被動語態（transformed）
型態變化

叫你們察驗何為神的

善良、

純全、

可喜悅的旨意。

　　我剛信主的時候，費城第十長老教會的班浩斯牧師對我的影響非常大，他就像是我的屬靈導師一樣，我花了很多時間與他相處。記得有一次我問他：「班博士，我要怎樣才能知道神的旨意呢？」

　　我永遠忘不了他的答案。他以典型的率直，甩著頭對我說：「小

韓，神的旨意有百分之九十就在你的脖子以上！」接著轉身就走了，我有一點嚇呆了，可是突然之間我明白，班博士花那麼多時間，用神的話對我的心靈「洗腦」，用意就在於此。就是在此處——我的心靈——神開始成就祂的工作，改變我，使我更像基督。

　　遺憾的是多數人卻效法這個世界。很多時候我們不會坐下來思考自己面對的抉擇，然後才作出明智的決定；往往我們的文化怎麼做，我們就跟著做，這個社會把我們擠進它的模型裡。怎麼擠呢？就是對著我們心靈慢慢改造。因此，坐視我們的心靈化為冷漠、隨波逐流是很危險的。

「查驗」神的旨意

　　神改變我們的目的何在？對我們會產生何種影響？保羅寫道：「叫你們察驗何為神的旨意。」研究了察驗（prove）這個字詞之後，我們知道這個詞的意思就是測試（test）或核准(approve)。例如，有人拿了一件珠寶去鑑價師那裡讓他估價。「是純銀，」他說：「值某某價格。」同樣的，保羅說我們察驗神的旨意時會發現三個特質。

　　首先，神的旨意是「善良（好）的」（good）。「好」這個詞已經被我們的文化貶值了。假定我登廣告賣車，買家上門問：「車況怎麼樣？」

　　「算是好吧。」我告訴他。

　　他心裡可能就會懷疑：「到底怎麼了？」我們濫用「好」這個字到一個地步，以至於除非說東西「很棒、很完美」，不然我們會以為說「好」等於很爛。

　　可是羅馬書第十二章的這個字，跟聖經其他地方提到神的時候是同一個字。你想知道到底有多「好」嗎？就跟神一樣好。

　　此外，保羅又說是「可喜悅的」（acceptable），不單未來如此，過去也是如此。我們不可能為神的旨意再添加些什麼好讓它變得更好；也不可能減少些什麼，好讓它變的更好。神的旨意是完完全全可喜悅

的！

這樣的形容彷彿還不夠，保羅甚至還提到是「純全的」（perfect）。同樣的，神的旨意和神本身一樣是純全的，神的旨意和他的特質、祂的聖潔是互相輝映的。

這就是神的旨意！這就是祂要我們在生活中查驗的。遺憾的是很多人一輩子都在找神的旨意，可是卻沒有先獻上自己的生命作為活祭。

從註釋書裡我們也發現到，這段經文的鑰字「獻」剛好用的是希臘文裡的過去式語態。這個動詞的過去式語態帶著「決心」的口氣，這在我們的生命中是個很要緊的決定，我們在這個關鍵點將自己獻給神，如同耶穌將自己獻給神一樣，不能回頭，是一種對神完全委身的形容，容許祂在我們身上有任何作為。

想像有一本筆記本，裡頭到處記滿了神對你生命各個領域的旨意，於是你對神說：「這就是我目前的生活，這就是我全部的認知，我要把自己完全獻給你。」然後你把那本筆記本交給神；你將它獻給神，這樣的舉動代表著完全、徹底的委身。

可是後來有一天，你發現有些東西是你起初沒有記錄在那本筆記本的。怎麼辦呢？你已經知道那本筆記本落腳何方——你早已交給神，你的生命屬於神，因此當生命有新領域臨到，你還是可以將那些帶到神面前，獻給神。

如果你還單身，你當然沒辦法將妻子獻給神，你都還沒結婚呢！你也不可能知道自己以後會有幾個孩子。可是一旦神賜給你妻兒，你心裡很清楚在神的旨意裡他們會歸屬何方，他們一樣也會進入當初你獻給神的筆記本裡。

這就是「獻」在過去式語態的意思，這段經文就是這樣的用法。

再回頭談到本課所提過的羅馬書十二章1～2節，看看是否應用了我們討論過的一些解經原則。首先我們看了經文的內容，多方觀察所得到的資料可以幫助我們明白保羅書信的主旨。我們也看上下文，

主題（一-17）　│１　８ ９ 11 12 16│

¹所以，弟兄們，

　　　迫切地！

　　我以神的慈悲勸你們，　基礎──第一至十一章總結

　　　決心

將身體獻上，　　參照＜六13　；及路二22／弗五25～27
　　　　　　　　　　　　六16、19
　　　矛盾？

　　當作活祭，是聖潔的，

是神所喜悅的；　鑰字

　　　你們如此事奉乃是理所當然的。
　　　　　　　　　　我們至少可以做到的！

²不要效法這個世界，　負面

對比＜　　從內心發出　主動語態

　　只要心意更新　　　正面

而變化，被動語態（transformed）
　　　　型態變化

目的　叫你們察驗何為神的
　　　測試／贊成
　　　　１
　　善良、　和神一樣善良
　　　　２
　　純全、　和神一樣純全！
　　　　３
　　可喜悅的旨意。＜未來
　　　　　　　　　過去

「所以」這個詞引導我們回到這卷書之前的部分，從整體的角度來看這卷書信。我們用聖經彙編做了經文比較，追根究底查考了「獻」及「效法」兩個詞彙。

　　接著我們多方諮詢，在註釋書裡查了幾處，發現「獻」這個詞意

味著自己委身基督耶穌的決心；我們也發現變化牽涉的範圍，這是神的工作，然而心意更新卻是我們自己本身得做的工作。

因此，雖然我們才剛剛跨過這段經文的門檻，身為神所救贖的人，我們對神在我們身上的旨意已經有了正確、可理解、合乎聖經的了解。

第 *38* 課

別停在這兒！

我們所處的世代正為排山倒海的資訊所淹沒！每過一天，可以獲得的資訊量就繼續攀增。過多的資訊既是好消息，也是壞消息。一方面我們不再為無知所苦，不管提到任何事，很可能已經有人在我們之前查考過了。這樣大範圍的專業知識，致使許多領域得到驚人的突破，例如醫學、物理、生技、農業、運輸、傳播等等。

另一方面，現在我們要如何下手查資料呢？我們不再像是在大海裡撈針，而是在針山上尋針，難上加難。更令人頭疼的是，資料雖多，可用者少，這才糟呢！到底要如何運用這些資訊呢？似乎有愈來愈多的行業是建立在資訊的蒐集，而不是資訊的產能應用。

查經也出現類似現象。多數人在查經時，單單在解經這個步驟就已經僵持住了，才剛起步就犯下了大錯，而進一步他們就在那裡停下來，這卻是更大的錯誤。

結果就是他們找到與那段經文相關堆積如山的資料，到處推敲那堆資料到底是什麼意思，可是對他們的生命是否帶來不同的影響？聖經變成是神學難題大成，而非生命之道。

多令人遺憾，因為明白神的話語無法讓你結出果子，應用神的話才會結出果子。這就是為什麼雅各敦促我們「領受那所栽種的道」（雅

一21）。換句話說，讓神的真理在你的生命中紮根。怎麼做呢？藉著實踐神的話，而不光是聽道而已（22節）。

想像一下耕地、撒種、小心照顧發芽的嫩苗、除草、等候降雨，然後到了收割的時候卻不聞不問，走開做別的事去了，這樣一來這個人要不了多久就會餓死。然而，查經的過程中如果不往下做下一個步驟——「應用」，就是如此。你可以費好大的功夫栽種，等候豐收，可是如果忽略後面的跟進，你的屬靈生命就會枯竭餓死。

我盼望到這一刻你已經很渴望要在生命裡結實，倘若如此，我邀請你一同進入下一個階段，我們會探討一些方法，將聖經研究轉化成實地應用。

第三步驟 / 應用

這是要怎麼做？

學會讓聖經轉變你的人生

第 *39* 課

應用的關鍵步驟

有個記者正在訪問著名的精神科醫師梅寧哲（K. Menninger），訪談地點就在堪薩斯州托佩卡市（Topeka）著名的梅寧哲診療中心（Menninger Clinic）。當他們談到監獄改革相關話題時，梅寧哲醫師拿了一本他過去寫的這方面的書給記者。記者很客氣地說他一定會拜讀。

「不，你不會，」梅寧哲醫師不客氣地頂了回去：「況且，就算你讀了又怎樣？還不是把書放下就去做別的事？」

人們在讀經時也會遇到類似情況，他們保證一定會讀經，可是通常讀得很少。最終的問題是：就算讀了，就算很認真地學習神的話，之後又怎麼樣？他們的生活會有什麼實際改變嗎？

當我們進入研經的第三步驟——應用，你必須問你自己這個問題。在研經的過程中，應用是最被忽略，卻也是最需要的一項。有太多的研經，開始及結束都用力在錯的地方：從解經開始，之後就停在那兒了。不過我們學到不要一開始就問：這是什麼意思？而是問：我看到了什麼？此外，你不以問：這是什麼意思？作為結束，而是問：這是要怎麼做？再次提醒你，不是問「這有用嗎？」（*Does it work?*），而是問「該怎麼用？」（*How?*）

　　因此，去了解不過是個途徑，最終要達成一個更大的目標——在日常生活中應用聖經真理。觀察加上解釋，若減去應用，等於失敗。也就是說，你每次觀察了、解釋了，可是沒有應用，就等於讓聖經經文的目的胎死腹中。寫出聖經的目的不是要滿足你的好奇心，而是要變化你的生命。因此，查經的最終目標不是要對聖經做些什麼，而是要讓聖經在你身上動工，好讓真理切中你的生命。

　　你看，我們常常研讀聖經、教導聖經、用聖經講道、在聖經裡畫線——什麼都做了，就是沒讓聖經改變我們的生命。

讓真理有吸引力

　　提多書一章1節對聖經的目的做了很清楚的闡揚：保羅將它形容為「敬虔真理的知識」。接著在第二章他明確地舉出例子。

> 勸僕人要順服自己的主人，凡事討他的喜歡，不可頂撞他，
> 不可私拿東西，要顯為忠誠，以致凡事尊榮我們救主——神
> 的道。（9～10節，作者加註紅色楷體字）

　　有一個譯本這樣說，「他們好像穿戴著這教義」（that they may adorn the teachings）——他們好像穿戴衣服一樣佩戴著這教導。聖經真理就是靈魂的衣櫃，比高級百貨公司連鎖店能買到的任何一件衣服都還要高貴，款式典雅，完全相稱，永保吸引力。

　　如果真理要能吸引人，就要把真理應用出來。有人曾對我說：「你知道嗎，韓弟兄，聖經我讀過十二遍了！」很好，可是有多少次真的讓聖經在他身上動工了？

　　你看，研經有個先天危機：它可能會降格為令人著迷的知性研究，卻是挫折不前的屬靈長進。可能心理上你會為真理感到興奮，可是在品格上卻沒有任何改變。如果這種情況真的發生，你就知道你的查經一定是出了毛病。

　　因此，我們的任務有兩方面。首先，我們要為自己進入神的話語裡面；同時我們也必須容讓神的話語進入我們裡面動工，在我們的人格、行為上帶出恆久的改變。

　　我想在本書最後一部分探討研經的第三方面，這是很發人深省的部分。繫緊安全帶囉，因為高空氣流馬上要在你眼前通過。我企盼這些教導能刺激你的思考——而不是癱瘓了你的思考。

五項應用的替代品

　　不去應用聖經會有哪些情況發生？且讓我舉出五項應用的贗品。遺憾的是，很多基督徒在研經時走了這五條路，條條都是死路。

以解經代替應用

　　只要知識不要實踐，真的很輕鬆。如果你聽過的道夠多，就一定聽過這句老掉牙的台詞：「願神用這段真理來祝福你的心靈。」（May the Lord bless this truth to your heart.）我是靠教人講道為生的，我發現這句話通常意味著：「我根本不曉得這段話對你的生活會有什麼影響。」

　　這真是侮辱，因為根據聖經的教訓，知道而不去行的，還不如不知道的好。

　　你記得凱蒂‧珍諾維絲（K. Genovese）的悲劇故事嗎？這個年輕女子在紐約市上流市區被攻擊、毆打、強暴、最後被殺了。案發後記者訪問了附近無數居民，想要釐清一切線索。令人難以置信的是，共有三十八個人聽到凱蒂的尖叫聲，甚至還有幾個人親眼目睹攻擊，可是卻沒有任何人伸出援手，其中只有一位打電話報警，而且還是在第三次、也是致命的一次攻擊後才打的電話。

　　這樁謀殺案可以說是美國文化的分水嶺。社會學家經常省思這個事件：這樣一個社會是怎麼發展出來的？當一個人活生生地一再被猛烈攻擊，雖然有人知道卻沒有人願意幫忙。無法產生責任感正是知識

的悲劇。

聖經卻不要你遠遠的躲開，整本聖經從第一頁到最後一頁都在教導你，一旦明白了神的眞理，發球權就在你手上，你就有責任付諸行動。那就是爲什麼耶穌常常說，多給誰就向誰多取（太十三12；路十二48）；祂也對門徒說：「你們爲什麼稱呼我『主啊，主啊』卻不遵我的話行呢？」（路六46），意思就是：要不就別稱我爲「主」，不然就照我的吩咐去做。

另有一處耶穌說：「當那日（指最後的審判），必有許多人對我說：『主啊，主啊（請注意這裡特別的用語），我們不是奉你的名……行許多異能嗎？』」（太七22）。耶穌並不否認他們確實做過那些事，但他還是拒絕了他們：「我從來不認識你們，離開我去吧！」

什麼意思？是在認知能力上不認識他們嗎？不，這樣說就是異端了。基督耶穌是全知的，祂知道一切過去未來。祂這裡說的是關係上的認識：「從個人關係的角度看，我從來不認識你們。」

知而不行最典型的例子就是文士和法利賽人了，這些宗教學家擁有一切知識，他們對舊約聖經知之甚深，可是眞理卻從來不認識他們。他們知道彌賽亞會誕生在哪裡嗎？絕對知道！簡直就是這方面的權威：答案當然是猶大的伯利恆。可是當消息傳來的時候，他們有沒有去查看？沒有！雖然那個鎮只有五哩路之隔。

不幸得很，他們懂很多知識，卻沒讓這些知識給他們帶來內心的責任感。難怪主耶穌在馬太福音五章20節說：「你們的義若不勝過文士和法利賽人的義，斷不能進天國。」爲什麼？因爲他們都是注重外表的義，行給人看，卻不是發自內心眞誠的回應。

我認爲這危機在雅各書四章17節寫得再清楚不過了：「人若知道行善，卻不去行，這就是他的罪了。」會不會嚇你一跳？知道眞理卻不付諸行動，這不只是個錯誤，不只是判斷失準，而是犯罪。在神的心目中，知道了卻不順服，是罪。

以膚淺的順服代替實質的生活改變

　　這個問題比前者更爲普遍。你同意嗎？我們把聖經眞理應用在本來就已經身體力行的生活領域，可是那些沒做到的範圍，我們照樣繼續不管。結果就是：我們的生活沒有顯著改變。

　　舉例來說，假定一個生意人讀到以弗所書四章25節，這段經文講的是「誠實」：「所以，你們要棄絕謊言，各人與鄰舍說實話，因爲我們是互相爲肢體。」

　　非常直截了當，不是嗎？所以他怎麼做呢？他想到的都是他已經誠實面對的地方。例如，他對太太很誠實，從來沒想過要騙她；他對孩子們也很誠實，他們要聽實話的時候都會來找他；他對辦公室的同事也很誠實，大家都很信任他。當他讀以弗所書四章25節時，想到的都是那些已經順服眞理的地方，他讚賞自己。「我對別人有實話實說嗎？」他捫心自問：「那還用說！」

　　可是同時他卻忽略了一件事，他對競爭對手不太誠實，可是卻從來沒想過這方面的問題。對他而言這仍是個盲點，結果就是：眞理對他這方面的生活無法帶來任何影響。

　　如果他眞的在這個部分也評估一下自己是否誠實，會怎麼樣呢？他可能就會選擇第三條路……。

以合理化代替悔改

　　我們多數人在心裡早已內建預警系統，用來對抗屬靈改變。一旦眞理靠得太近，太發人深省，令人覺得愧疚時，警報就會自動響起，然後就開始爲自己辯護。我們最喜歡用的策略就是爲罪合理化，而不是悔改。

　　那個掙扎要不要誠實的生意人會怎麼想呢？他開始爲他的不義合理化。他沒辦法迴避自己爲了搶先而說謊這個事實，於是就說：「好吧，我承認，我蒙混了競爭對手，可是你要知道，他們都不是基督徒，他們都說謊。我的意思是，我是在跟這種人競爭，你總不能要我

像朵小白花吧，我這是在現實世界工作呢，我覺得你當然應該要盡量誠實，可是現實一點吧——人生不就是這樣！」反正他就是沒改變，更糟的是，他完全覺得這沒什麼大不了的。

我怎麼知道呢？因為有一回一位先生請我去他家吃晚餐，他誇口——很遺憾就在他孩子們面前——他怎樣逃政府五百塊錢的稅。我當然沒給他他預期的反應，於是他就拿了一張剪報給我看，上面寫著政府怎樣在奧克拉何馬州大大失敗，損失了五百萬元。

「想想看，五百萬元呢！」他說：「等政府不再像這樣胡亂浪費的時候，我才會開始付我那五百塊錢。」

可是這樣還是說服不了我，所以他就改變策略。「我把那筆錢全部捐給宣教機構了，」他說的相當虔誠。

我心想，我敢講神一定印象非常深刻。

這就是我所謂的巧妙編織合理化系統。

人越老，就越會編。你建立了一套花招大全，什麼時候真理讓你覺得很有罪惡感，你就搬出十六樣花招，解釋為什麼別人都適用，就是你不行。

以感性經驗代替意志決定

也就是說，我們研經的時候隨著感情走——可是卻沒有帶來真正的改變。以感性來回應屬靈真理沒什麼不對，事實上，今日的信徒可以經得起更多的情感考驗。可是如果那是我們的惟一反應——如果我們所做的只是弄濕手帕，發出幾個啜泣的禱告，然後就回去過幸福快樂的日子，一點行為改變都沒有的話——那麼我們的屬靈生活就會蒸發到什麼都沒有，剩下的只是走味的感性經驗。

當我在教會講道的時候，我通常必須容忍我所謂的「蟲蟲加冕」典禮，崇拜結束後這場典禮會在教會門口舉行。當大家魚貫而出，握著我的手說：「喔，韓弟兄，這篇道講得太棒了，好像就在聽保羅講道一樣。」也有人過來的時候淚水滾下兩頰說：「天啊，你太讓我感

動了。(哽咽了一下)。真的很感謝你，多謝了。」他們是真的破碎下來，可是後來怎麼樣呢？回家看球賽，沒有任何改變。

他們會對一篇講道產生感性的回應，可是會不會對神的真理有意志上的回應呢？他們會不會按著聖經的教導，立志做出實質、根本、翻轉人生的決定呢？

幸運的是，偶而我也會碰到難得的景象──回應聖經的真理而產生真心的改變。這樣的情況發生時，真的會讓我畢生難忘。

有一次我講道的內容是，以個人在周遭的影響力來傳福音的重要性──發展個人關係、經營友誼、贏得人心。會後當我走到後面時，我照舊聽到禮貌性的奉承。最後有一對年輕夫婦過來，我知道他們是認真的，他們熱情地握著我的手，「謝謝，非常謝謝你。我們不再是過去的自己了。謝謝你成為聖靈使用的工具。」

他們回家後，為孩子們準備了午餐，帶他們去睡午覺，走回客廳，打開聖經到那天早上我所傳講的那段經文，重複讀了一遍，思考要如何將這段經文應用在生活中，然後跪下來禱告：「主啊，求你讓我們對鄰居有傳福音的負擔。」

當他們站起來的時候，往前面窗外望去，正好看到鄰居正在來來回回地割草。丈夫看著妻子說：「你心裡跟我想的一樣嗎？」

「對，」她說：「我們真該去認識他們一下。」

於是他就走過去，跟鄰居攀談起來，最後他說：「嘿，這個星期過來我們家吃個牛排怎麼樣？星期三好嗎？」

「好啊，」鄰居覺得很意外：「當然很樂意囉。」

他們就這麼實踐真理，事實上，這一起頭就一直做到如今：一群先生、女士、年輕人就因為這對夫妻的關係和影響，來到基督面前。這對夫婦不願只以理性認知、相信神的真理為滿足，他們也被神的真理所改變。他們立定心志要回應所聽到的道。真正的改變總是從這裡開始──立定心志。

以溝通代替轉變

我們說是說了，可是做倒沒做。我們以為只要能流利的述說聖經要點，或者說得讓人心服口服，就沒我們的事了，解脫了；我們讓別人以為自己已經吸收了那些聖經真理，可是神沒有上當，祂了解我們的心，而且祂也認識我們真正的行為。這就是為什麼祂告訴撒母耳，「耶和華不像人看人：人是看（且聽）外貌；耶和華是看（且聽）內心」（撒上十六7）。同樣的道理，書信作者寫信給希伯來人說，「被造的沒有一樣在祂面前不顯然的；原來萬物在那與我們有關係的主眼前，都是赤露敞開的。」（來四13）

大衛王學這個功課學得很辛苦。話說大衛王侵犯了烏利亞的妻子拔示巴，當她懷了他的孩子時，他就安排烏利亞在戰場上被殺。之後大衛王掩飾了罪，彷彿什麼事都沒發生過。

後來有一天先知拿單來拜訪大衛。記得在舊約時代，先知是神的代言人，所以實際上拿單就代表了神的話。神對大衛說了什麼話呢？拿單說了一個故事：有個位高權重的富人偷了一個窮人僅有的財產──他惟一的羊羔──為的是要招待一位客人。大衛一聽到這麼不公平的事，立刻義憤填膺：「我指著永生的耶和華起誓（你一定會喜歡這段描述，大衛這樣訴諸神的名，彷彿在誇耀他的敬虔），行這事的人該死！他必償還羊羔四倍；因為他行這事，沒有憐憫的心。」（撒下十二5～6）

想像一下你就在那裡聽大衛高談闊論，你心裡可能會想：「哇，大衛真的是為那個窮人挺身而出，他在高舉正義，這個領袖太優秀了，難怪神會稱他為合神心意的人。」不用說，大衛這番話太令人讚賞了！

可是神並沒有像其他人一樣受感動，「神是看內心。」「沒有一樣在祂面前不顯然的；原來萬物在……主眼前，都是赤露敞開的。」這就是為什麼拿單直視大衛的眼睛，講得他無言以對，「你就是那人！」（第7節）。

神的話在你身上也是如此——如果你願意的話——講得你無言以對。剛剛我曾引用希伯來書，把神的話比擬作利劍，可以深深地刺入我們心坎，「連心中的思念和主意都能辨明。」（來四12）這就是發生變化的層次。可是如果聖經經文刺進來時，我們卻躲在自己的巧言令色背後，變化就不可能發生。

照照鏡子

使徒雅各在他書信的第一章問了一個尖銳的問題：神的話有用嗎？答案是：是的，如果你真的肯領受（21節）。他用了一個有意思的字，基本上就是意味著，把印著歡迎光臨的腳踏墊鋪上。你會歡迎神的真理進到你的生命裡嗎？你是否邀請真理進門，容許神的話在你身上動工？

我們星期天離開教會的時候，重點不在牧師講了什麼道，而是聽了他的道以後我們會採取什麼行動。我們常在主日崇拜的講道中，或參加查經時，聽到一個重要的教導，十分引人深省，心中滿有罪咎感——接著怎麼做呢？我們就信步離去，順道問一句：「下次查經是什麼時候？」

雅各說：「你必須擁抱聖經真理」。雅各在說明他的重點時用了一個很有趣的比喻——鏡子的比喻（23～25節）。多數人每天都會花相當多的時間照鏡子，可以好好整修門面。雅各提到有個人恰恰相反。

「晚安，」有個人照鏡子時對自己說：「我看我得洗把臉、得刮鬍子、還得梳頭髮。」可是在注意到這幾點之後，他轉身走了，什麼都沒做。

想像一下這人進了辦公室，老闆沒多久就走進來，望了他一眼，說：「嘿，你怎麼啦？刮鬍刀片沒了嗎？」

「那倒不是，」這傢伙回答道：「其實昨天才剛買一包新的。」

「那你最好動手用，」經理警告說：「不然你在這個公司待不久。」

這就像是雅各所形容的，每次你研讀神的話語卻什麼改變都不

做時，就像照過鏡子，知道自己凌亂不堪，可是轉身就走，什麼都沒做。

你卻可以選擇另一條路：「惟有詳細察看那全備、使人自由之律法的，並且時常如此，這人既不是聽了就忘，乃是實在行出來，就在他所行的事上必然得福。」（25節）

我們都想得到神的祝福，可是我們是否肯回應神的默示？跟我一起進入下一課，我們要來看看神的真理如何改變我們。

第 *40* 課

真理帶來改變

在上一課的結尾，我提到雅各用鏡子的比喻來闡明神的話如何在我們的生活中發生作用，雅各呈現出來的這幅圖畫很有意思，因為鏡子對人類有相當特別的影響力，鏡子讓我們必須面對實情。

事實上，作家經常會在文學作品中使用鏡子，用新的角度來看事情。記得《白雪公主》（*Snow White*）故事裡的壞皇后嗎？她日復一日地對著魔鏡問道：「魔鏡，魔鏡，告訴我，誰是全世界最漂亮的女人？」魔鏡總是順著皇后的虛榮心回答：「就是你！」可是白雪公主長大後，魔鏡宣告了新的事實：「皇后，在你這個年齡層中你是最漂亮的女人，可是白雪公主比你還要漂亮！」

再想想卡羅（L. Carroll）的《鏡子奇緣》（*Through the Looking Glass*），《愛麗絲夢遊仙境》（*Alice in Wonderland*）續集，故事中鏡子打開一扇通往嶄新世界的門。類似的還有《魔戒》三部曲（*The Lord of the Rings*）中，精靈女王凱蘭崔爾的水鏡可以「照出事情的過去、現在、未來」。另外在《哈利波特》（*Harry Potter*）系列裡，意若思鏡上刻著幾個字，「我照出的不是你的臉，而是你心裡的渴望。」很明顯地，鏡子與能力有關。

神的話就像是這樣一面鏡子。更有甚者，神的話是那面最重要的

鏡子！因為這面鏡子有能力帶來改變。它不僅啓示出眞理，當聖靈使用這面鏡子照在一個人的生命裡時，它更啓動眞理。如果你懷著眞心誠意來讀神的話，並且回應這些話帶給你的啓示，你的生命就再也不同了，隨著時間流轉，你會成為一個不一樣的人。

神的話這面鏡子

這到底是怎麼發生的呢？神的話如何改變我們的生命？對此我想提出四種改變的方式。當然還有其他別的方式，但這幾點就已經可以讓你開始思考：聖經如何揭示關於神、關於我們自己的眞理，然後為我們帶來改變。

來（come）

首先，我們必須來親近神的話，就像一個人來照鏡子。我們藉著最初的兩種查經方法來親近神的話：觀察及解釋聖經。我們讀到一段經文時就問自己，這段經文提到了什麼？接著我們問，這些到底是什麼意思？這兩個步驟幫助我們來讀聖經。

如果上述兩個步驟沒有完成，我們顯然就無法應用神的話語。應用是建立在解釋上，而解釋是建立在觀察上。所以如果你尚未徹底觀察那段經文，你的解釋就會不太正確；如果解釋得不正確，你的應用很可能會出問題。反之，如果你對一段經文觀察得很透徹，你的解釋就比較可能對，在此情況下也可能應用得對。

順道一提，當我談到正確應用，我的意思不是說只能有一種方法來應用一段經文，恰恰相反。事實上，我要你在進入思考之前先有個心理預備：「惟一解釋，多重應用。」聖經經文最終只有一種解釋，同一段經文不可能今天是這個意思，明天就換成別的意思。不管解釋為何，這樣的解釋是恆久不變的。可是你卻可以不斷地把那項眞理應用在生活中。總而言之：解經要小心！錯誤的解經會導致多重錯誤。

有一回，有個朋友請我搭他公司的飛機到加拿大。我的行程很

緊，他想載我一程。我們就爬進駕駛艙，起飛前當然要把飛行儀器設定好，特別是飛行計劃。

我問他：「如果你飛偏了幾度會怎樣？」

他回答：「記得韓航007號班機嗎？」想到那件可怕的意外，我就點點頭。一九八三年一部巨無霸客機從航道偏離了數百英哩，誤闖蘇聯領空，於是一架戰鬥機攔截了它，把它從空中打了下來。「結局就是這樣，」我的機師朋友很嚴肅地回答道：「就算只差幾度，目標也會偏離很遠。」

查經也是如此，這就是我所謂的「叉口錯誤」。假設你走在一條解經的道路上，遇到了一個難度很高的解經問題。為了要說明清楚一點，我們假定有兩個可能的解釋：解釋A和解釋B。假定解釋A才是正確的，可是你卻選了B，於是當你在這條路上走的愈遠，你的應用就會愈偏離聖經真理。

總而言之，你對一段經文的了解愈清楚，就愈能利用這段經文。回頭用照鏡子來作比喻，這面鏡子照出來的意象如果愈清楚，你就愈能針對看到的影像來回應。換句話說，如果你對準鏡子，鬍子就可以刮得愈乾淨。可是如果你來到神的話中，不好好觀察，也不想去正確解釋，就會得到扭曲的訊息，看不明白，就不可能改變成潔淨。

悔罪（conviction）

來到神的話裡，仔細研讀，接著我們就會因神的話而為罪後悔。也許可以用提摩太後書三章16節的話來說明，我們就會因默示的真理而受到督責、引導我們歸正。也就是說，聖經會照出我們原本的形象，而且這起初的形象不用說一定很負面，那是因為神的話會光照我們的罪，點出我們必須戒除的行為。

順便一提，正因如此，很多人會想盡辦法不去讀聖經，他們知道一讀聖經，自己不合宜的地方馬上會被光照出來。

比爾讀大學的時候，有一天跟一群朋友吃晚餐。為了回答其中一

個人的問題，比爾抓了聖經開始讀一段經文。還沒開始讀就有一個人趕緊離開餐桌衝出房間。後來比爾出去找他，問他怎麼了。

「因為你開始讀聖經，」他說：「我不夠好，不配聽那些東西。」那個朋友真的以為聖經只是給「好」人讀的，而且他覺得自己不是個好人。比爾抓住這個機會向他解釋，聖經其實是為罪人寫的，因為他們需要救主。

你只要一打開聖經，從任何地方開始讀，沒多久就會有人看到自己的罪。是不是因為神很喜歡讓我們的罪曝光？一點也不，而是因為醫治疾病的第一步就是去診斷。除非你明白哪裡需要改變，你是不會得到改變的。

可是在照屬靈X光時，絕對不好看。之前我提到大衛，他不只犯了姦淫，而且還有謀殺罪。這樣一個人可能會被改變嗎？是的，靠神的恩典——可是如果不先打破自義的假面具，就不可能發生。大衛要先悔罪，才有可能從裡面被釋放得自由。過程非常艱辛！我們讀詩篇三十八篇時，就會看到大衛為他的罪何等憂傷，憂傷到一個地步彷彿就要死去。「因我的罪過，我的骨頭也不安寧」大衛如此宣告（第3節），「終日哀痛」（第6節），「因心裡不安，我就唉哼」（第8節），「我要因我的罪憂愁」（第18節）。在詩篇終了，大衛向神呼求，求祂再度與他同在、拯救他。

當然，並不是所有的罪都會帶來這樣深刻的哀傷。但神要的不是我們的情緒，而是悔改——整顆心回轉。當聖經的亮光照在我們的罪時，就引領我們進入那樣的悔改。

信服（convincing）

感謝神的是，聖經的功用不只是讓我們看到自己不好的地方，它也告訴我們神所願意賞賜我們的良善，鼓勵我們、教我們心裡信服、活出新的樣式。提摩太後書三章16節把這樣正面的力量形容為「教導人學義」。聖經告訴我們要在哪些事情開始下功夫，也給我們方向

開始行動。

保羅書信的應用就說明得很清楚。例如，歌羅西書第三章講到一個人的生活方式是「與基督一同藏在神裡面」（第3節）。這裡的經文提到很多需要悔罪的地方，像是淫亂、污穢、邪情、說謊，可是高潮就在於一個積極肯定的預見——被改變的生命——讓人覺得很有吸引力：

> 所以，你們既是神的選民，聖潔蒙愛的人，就要存憐憫、恩慈、謙虛、溫柔、忍耐的心。倘若這人與那人有嫌隙，總要彼此包容……在這一切之外，要存著愛心……又要叫基督的平安在你們心裡作主……把基督的道理豐豐富富地存在心裡……無論做什麼，或說話或行事，都要奉主耶穌的名……。
> （西三12～17）

有誰不願意過這樣的生活？

有時聖經不是苦口婆心的勸我們，而是舉出例子讓我們對真理信服。例如，你打開撒母耳記上，就會發現當時以色列人的屬靈生活差不多就跟沒有蓋子的排水溝一樣香，整個民族處在士師時代的結尾，各人任意而行（士二十一25）。

為什麼會落到這種地步？撒母耳記上的前三章給了我們一個線索：他們當中完全沒有領袖。例如在示羅，有一個無能的祭司名叫以利，以利身為領袖最可怕的弱點就是管不動自己的兩個兒子何弗尼、非尼哈。這兩個人把獻祭系統當作是自個兒的私人帳戶，把祭肉最好的部分和其他祭物任意取走；更有甚者，他們在工作時醉酒，又與會幕前伺候的婦人行淫，可是當老父來勸他們時，他們也不聽。

在一片道德混亂中，神帶來了一個小童名叫撒母耳，他的出生是個神蹟。神將他帶進祭司以利的家中，你心裡會想，神到底在想什麼？可是如果你好好觀察、解釋撒母耳記上，你就會開始了解我曾經

提過幾次的對比原則。作者先描寫了以利兩個壞兒子，然後生動地對
照出純潔、正直的男孩撒母耳。前二者是必定會死的，後者卻領導整
個民族進入更光明的未來，以達至極盛時期神選立了大衛為王。

這樣的關鍵對比可能就出現在撒母耳記上第三章，那裡說到有
個晚上撒母耳睡覺的時候聽到聲音在叫他。三次他都以為是以利的聲
音，可是到了第四次，小撒母耳終於喊道：「請說，（主啊，）僕人敬
聽！」（第10節）。真是黑暗中的一道光！終於有人傾聽神的聲音，而
不是嘲笑神了。

撒母耳的榜樣是不是很吸引人？光讀這個故事，就讓你很想向
他多多學習。現今世界是否非常需要多幾個像撒母耳這種人？想當然
耳！從屬靈的角度來說，我們的世界跟他的世界並無兩樣，我們當中
也有人利用信仰的假面具騙財、牟取利益。我們中間當然也會有一
群人覺得自己什麼都做得很好，「誰會需要神？」他們好像常常這麼
說。

然而，單單讀撒母耳的故事就可以給我們一股力量，不與潮流為
伍，認真尋求神的聲音：「請說，主啊，僕人敬聽。」如果我們敞開
心胸，聖經就會讓我們看見一些像撒母耳一樣的榜樣，讓我們心裡信
服，追求新的旅程。

歸信（conversion）

神的話這面鏡子最終會帶出歸信，也就是說，由於接觸到真理，
我們真實地開始過一個不一樣的人生；而轉變開啟了我們開始相信的
那一刻，這就是為什麼我們說歸信是里程碑。可是真正的歸信不會只
是單一事件，而是一個愈來愈像基督的持續過程，而這個過程要到我
們跟基督同在一起的時候才到終點。

且讓我作個見證。腓立比書二章14節是一節教人悔改的厲害經
文：「凡所行的，都不要發怨言，起爭論。」可能對你來說沒什麼問
題，可是對我而言卻是一節讓我非常為難的經文。我甚至希望可以從

第13節跳到第15節，可是偏偏中間就夾著那節教人悔罪的經文。

　　我的生活中有很多領域我都不會發怨言，也不會起爭論，例如教書。我愛教書，我活著就是為了教書。對我來說，生活裡最大的事就是教書，我可能甚至願意付錢去教書。可是這節經文說：「凡所行的，都不要發怨言。」——不單是教書而已。

　　「凡所行的，」對我來說包括回信。我厭惡寫信到一個地步差不多等於我喜愛教書的程度，於是該回的信就開始累積，沒辦法，我還是得回信。所以，我就可以把以弗所書二章14節應用在回信這方面。這節經文沒有說我一定得喜歡回信，只是說我必須學習在做這件事時不要抱怨，也不要爭論。我的情況是，我的態度就開始轉變，從不太像基督，慢慢變成像基督。

　　回信的時候不發怨言，對你來說可能沒什麼，可是你不是我。當我照著以弗所書二章14節這面鏡子時，我看到有些地方必須作出改變——而且這件事對我來說很不容易。那你呢？你在照神的話語這面鏡子時，看見了什麼？這面鏡子挑戰你靠神的恩典作出哪些改變？我聽到的一些例子有：決心不超速、每天至少為一件事感恩、戒酒、定期為神的事工奉獻金錢、星期天不再工作——好好休息、避免色情書刊、晚上把電視關掉——好好培養家人之間的感情、控制體重、賣掉藝術收藏品，因為這些已經開始佔據他們的心了。我還可以不斷地列下去。重點是，當人們對學習神的話認真起來時，他們就開始過一個不一樣的人生。因此，就讓神的話認真在他們身上動起工來吧。

　　可是請注意：這些人作改變不是為了讓神多愛他們一點，他們的生活之所以改變，是由於對神啟示的話作出回應，是這樣的動機帶來真實的轉變。真實的歸信不只是行為改變而已，行為的改變是從心的改變來的。

　　可是我們說的「改變」（change）到底是什麼意思？改變了什麼？在下一課會有更詳細的說明。

第41課

換了個人

可能你看過這樣的電影，主角很認眞在做一些塵土飛揚的工作——牧牛、耕田、在泥濘的場地踢足球、打仗等等。汗水滴個不停，蓬頭垢面，衣服也撕破了，身上可能甚至帶著血跡，看起來就是一團糟。

可是下一幕當他再度出現時已經全洗乾淨了，鬍鬚刮得一乾二淨，頭髮梳得亮晶晶的，身上穿的是高級服飾。當他走進來的那一刹那，立刻有人讚嘆道：「天啊，你眞是煥然一新！」

當我們以第一手經驗來讀聖時，我們所經歷的變化過程差不多就是類似這個樣子。照過聖經眞理的鏡子以後，我們了解自己眞是一團亂，神的靈就用鏡子裡那個可怕的景象刺激我們，帶出認罪和悔改，我們在神面前也就心意更新。接著神的靈就吸引我們轉向生命與眞理的正道，就在我們步上那個旅程時，我們的行事爲人也會跟著改變。其他人看到我們，注意到我們明顯的轉變就會說：「天啊，你眞是煥然一新！」

什麼樣的改變

到底我們什麼地方改變了？有時我們提到某個人被神完全改變

了，我們會說，「哇，她真的是換了個人！」或者像是浪子回到他所愛的人身邊，多年來他一直身陷罪惡與羞恥，可是現在神已經改變他的生命了，他告訴他們：「我已經不再是從前的我，我變了。」這到底是什麼意思？

釐清這點很重要，因為事實上，成聖的過程並不會使一個人所有地方都改變。大家會提到「徹徹底底改頭換面」，聽起來是很好聽，可是並不是那麼正確，可能會引起誤解。

神的工作（God's workmanship）

有一點是絕對不會改變的，也就是我們的人格特質：我們是誰、我們的核心身分，終其一生這些都會跟著我們。保羅在以弗所書二章10節說道：「我們原是祂的工作，在基督耶穌裡造成的，為要叫我們行善，就是神所預備叫我們行的。」

如果我們運用觀察技巧裡的一連串問句來研究這節經文：是誰、是什麼、在哪裡、什麼時候、為什麼、理由何在，我們會發現：我們是誰（神的「工作」）、從哪裡來（「在基督裡造成的」）、何以是這樣的身分（「為要叫我們行善」）、何時被造（「神（之前）所預備」）、我們為何活著──也就是說，會帶來什麼不同（「叫我們行的」，亦即「行」「善行」）。這節經文顯然在告訴我們，我們何以為「人」的根本緣由。

你已經觀察到有幾個關鍵詞彙必須作進一步的查考：工作（workmanship）、善行（good woks）、之前（beforehand）、行（walk）。且讓我們一同來查考。

「工作」（workmanship）

工作這個字指的是「被做出來的作品」、「被塑造的作品」。米開朗基羅偉大的雕塑《大衛》，可以用來說明工作所傳達的意義。這個詞的意思是，一位巧手藝人小心翼翼地設計、完工，不是剛好碰在一

起、隨便揉出來的，而是精心塑造的藝術品。以弗所書二章10節說到，我們每個人都是神的傑作，是神自己精心設計創造的作品。

不過，工作這個字詞不只用來形容一件精美設計的作品，同時也是件有用的物品。的確，設計這個動作本身就是要賦予受造物特殊功能，來從事某項工作。拿瓦器來說，比如第一世紀的工匠所塑造的希臘甕，它如此設計，就是為了便於儲水；也可能很大、很堅固，是為了儲糧；又可能設計成某種形狀，好方便存油，用來點燈照明。工作這個字詞除了美物，同時也帶著功能性的意味。

「善行」（good works）

這就帶我們進入下一個詞彙：善行。我們可能很自然就會想到那些「實際的」善行，像是給無家可歸的人食物、牽老太太過馬路等等。這些當然是善行沒錯，而且本來就應當去做，可是這就是為什麼從上下文來看很重要。我們對經文中的工作剛有點認識，保羅在這裡

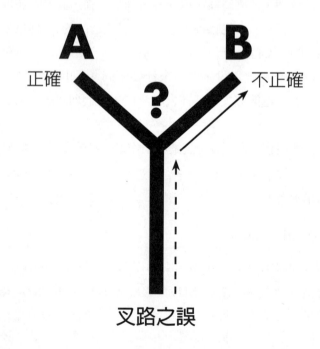

叉路之誤

所提的「善行」，顯然與神所做的這件作品的本質有關。換句話說，每件作品背後都有其設計目的，為了去做特定善行。

明白了嗎？神在你身上有他的設計，要你去做特定善行——外頭有件工作，上頭標著你的名字！把你自己想像成一件工具（這是另一種了解工作這個詞彙的方式，指出一件為獨特用途而設計的精巧用品）。工具之所以為工具，不是用來做所有的工作，而是特定用途。

例如，螺絲起子，它就是被設計來轉螺絲用的，而且特定類型的螺絲，還有特定的螺絲頭。如果你用對螺絲起子，螺絲就會轉的很順，適其所用。可是能用螺絲起子敲釘子嗎？還是可以，可是用不順，釘子釘不太牢，而且過程中螺絲起子可能還會損壞。如果你得釘釘子，最好還是拿本來就是設計用來釘釘子的工具。螺絲起子還是拿去轉螺絲比較好，那是它本來設計的功能。

那麼，神在你身上的設計拿來做什麼最好？你在基督耶穌裡之所以受造，為的是做何等善行？以弗所書二章10節就是在講，許多人之所以很難明白他們生命的目的，就是因為他們不太明白神在他們身上的設計。不過有些人就算對自己身上的設計有些了解，仍然難以適得其所。

「之前」（beforehand）

另外有兩個字最好不要忽略。第一個字是之前。什麼時候呢？得救之前嗎？出生之前嗎？創世之前嗎？研究之前這個詞彙時，我們發現三者皆是。之前這個詞彙告訴我們，在以上三個事件之前的某個時間點，三位一體的永活真神就作了一個決定，祂要一些善行在二十一世紀被實踐出來，於是祂就創造了你、設計了你，對你的生命仔細端詳之後，就將你放入人型——完全配合祂創造你去完成的任務、去行的「善行」。

「行」（walk）

這樣的了解會對你的人生帶來何種影響？這節經文已經很清楚地回答了這個問題：你必須要「行」那些善行。行的意思就是活出來；這個詞彙與日常生活有關──上班時、在家裡、在社區裡。這段經文是在說，你必須每天都追求神將你放在這個地球上的目的，不只是星期天才特別去做的事，也不只是跑一趟宣教之旅，或侷限在生命特定時期。不，神要你每天在日常生活中都活出祂造你的目的。

作真正的你

詳細解析以弗所書二章10節，對我們了解變化的過程有何影響呢？其中之一就是，容許神在我們身上動工，我們無須「變成」另一個人，我們的生活當然會有變化，可是我們的身分並沒有改變。

對有些讀者來說，這真是個大好消息。很多人誤以為，如果要經歷神最好的恩典，就得變得像那些著名的聖徒一樣。有人讀了魯益師的經典之作後說，「我得像魯益師那樣思考」；「我得像葛理翰」；「我得像咱們牧師」。我教書的神學院裡有學生說：「我要像咱們教頭一樣。」（在那裡他們都是這樣叫我）

可以容我直言？千萬別「變成」別人，但要作神要你作的你。要向他人學習，學習他們的生活智慧，倘若有幫助的話也可以學學他們的榜樣，可是一定要持守「你是『你』」。千萬別改變你的個人基本特質，不然的話你就是在告訴神祂創造錯了；而且你無論如何也成功不了，因為就像以弗所書二章10節講的，神從亙古以前就已經定意你何以為你了。你不會在六歲的時候是這樣的人，然後到了十六歲、二十六歲、五十六歲、甚至八十六歲時就變成另外一個人。你還是同一個人，帶著同樣的核心特質，向來如此。

舊對新

那麼，到底是哪裡真正改變了？我們該如何看待像哥林多後書五

章17節這樣的經文呢？那裡說到「若有人在基督裡，他就是新造的人，舊事已過，都變成新的了。」看起來真的就是在說徹底的改變。

沒錯，不過改變並不代表消滅，不然的話，一隻大象「徹底改變」後，就再也沒有大象了，可能變成長頸鹿、猴子、甚至是鑽油塔。大象被消滅了，不存在了，被別的東西取代了。

我們在救恩裡與基督連結卻不是這麼一回事兒，我們不是停止存在。如果說改變指的是某某人被變成「徹底」不同了，那麼以弗所書二章10節（還有其他經文）就不合情理了。我們就會問，神從亙古以來所創造、為要在世上行善的那工作（那人），到底怎麼了？

事實上，哥林多後書五章17節並不是教導，我們因為救恩的結果變成徹底不同了。這節經文一開始先提到「若有人在基督裡」，也就是說我們可以指著某人說他先前不在基督裡，可是現在是在基督裡了，人還是同一個人。經文告訴我們，那人就是「新造的人」，指出有改變了，改變確實發生了，可是請注意，當一個人在基督裡變成新造的時候，他並沒有變成別人。假定我做了心臟移植，有一顆新的心臟，可是我沒有變成另一個人，我還是同一個人，只有心臟是新的。

所以，到底改變的是什麼？請注意保羅提出「舊」和「新」的對比。舊事「已過」，「都變成」新的了，這裡用的是「比較」的技巧（參考第三十二課）。我們發現保羅的書信常常會用到新舊的對比（例如：羅六1～23；弗四17～24；西三1～17）。

舊事是什麼？就是沒信主以前的生活方式、以前的信仰、以前的價值觀、以前的行事為人、以前的習慣、以前的人際關係、以前的外貌、以前的夢想、以前的目標、以前的環境、以前的工作、以前的職業生涯規劃、以前的性格、以前的道德觀、以前的願望和熱情、以前的溝通方式、以前的用語。

順道一提，以前的東西並非必定不好。比如說，有個人不在基督裡，她的工作是提供有用的服務、養活家人，這樣不好嗎？當然不可以這樣講。事實上她可能是個很好的人。很多不在基督裡的人都是很

好的人，甚至比一些在基督裡的人還要好。不過，他們的好並不能改變離基督很遠的事實，生命不在他們裡面。就如以弗所書二章1節所說的，他們死在過犯罪惡之中。他們是站在神審判下的罪人，他們需要福音。

當有人向他們傳福音，他們也以信心回應、歸向神的時候，會有什麼事發生？經文說他們就是新造的，變化產生了。（其實變化才剛產生，不過這裡的動詞把它當作是已經完成的事實，因為當基督的工作完成時，就已經帶來了完全的改變。）

聖經真理介紹

人 → 同一個人

T R A N S F O R M A T I O N

人	同一個人
以前的信仰	新的信仰
以前的價值觀	新的價值觀
以前的行事為人	新的行事為人
以前的習慣	新的習慣
以前的人際關係	新的人際關係
以前的眼光	新的眼光
以前的夢想	新的夢想
以前的目標	新的目標
以前的環境	新的環境
以前的工作／職業生涯規劃	新的工作／職業生涯規劃
以前的性格	新的性格
以前的道德觀	新的道德觀
以前的願望／熱情	新的願望／熱情
以前的溝通方式／語言	新的溝通方式／語言

改變的是什麼？同樣一個人，從前她有老我的生活方式，現在與基督建立了新的關係，這樣的關係影響了這個人的所有層面。她在神的面前有了新的位份、一顆新的心、從聖靈而來的新的大能、有新的能力去了解神的話語、新的命運。難怪她開始活出新的生活樣式。

因此，在沒有基督之前，她過去的信仰、價值觀、行事爲人等等都沒有受到基督的影響。可是現在呢，隨著時光流轉，聖靈會幫助她離開固有的生活型態，取而代之的是新的信仰、新的價值觀、新的行事爲人、新的習慣、新的人際關係、新的外貌、新的夢想、新的目標、新的環境、也許新的工作（無疑地，會以新的方式來從事舊有的工作）、新的職業生涯規劃、新的性格、新的道德觀、新的願望和熱情、新的溝通方式、甚至新的語言。她還是同一個人，可是完全是新造的人。正如我們在第三十七課所談到的，她就像毛毛蟲變成蝴蝶一樣。

潔淨（Sanctification，成聖）是神讓我們「煥然一新」的過程，除去我們的罪，更新我們的心意，有了新的旅程方向，使我們「重新再造」，直到我們更像基督。我們還是同一個人，可是是那個人新的版本。不再是老我，而是神所造的「新我」。神沒有把我們變成另一個人，而是將我們塑造成祂原本設計的樣式：是祂的工作（workmanship），大師之作（masterpiece）。

一群改變了的人

我想再一次談談以弗所書二章10節。到目前爲止我們都是以個人的角度來看這節經文，神的確也是一一塑造我們，每件都是祂的作品。可是請注意保羅寫這節經文的對象：「我們原是祂的工作……叫我們行的。」保羅心中所想的不只一位，不是嗎？

事實上，如果我們核對上下文內容，我們會發現保羅心中所想的是整個教會——不只是地方教會，也是眾教會。我們知道基督教談的不是單獨個體，而是群體——所有在基督裡的信徒群體，如同所有被

基督改變的群體。

　　這在聖經應用上有極重要的意義，換言之，神的話語重視的不單是我個人的快樂、幸福、方便。要知道，神深深關心我們的個人狀況，耶穌說，就是我們的頭髮也都被數過了（太十30）。可是神的心意遠超乎我的頭髮、超乎我在世上小小的天地。

「以我為中心」

　　我指出這點是因為我們活在一個非常強調個人主義的世代，今日社會的座右銘就是，「以我為中心」。我的生活、我的工作、我的家庭、我的計畫、我的權利、我的快樂，全都是我、我、我。這樣的心態影響到我們的讀經與應用，我們以為：聖經就是以我為中心。

　　例如，一位很真誠的基督徒姊妹在聖誕節前夕的禮物搶購潮期間到購物中心，她開著車急著到處找停車位。最近她一直在讀腓立比書，她記得保羅寫到「我的神必……使你們一切所需用的都充足」（四19），於是她就禱告：「主，我真的很需要停車位，請幫我現在就找到。」

　　我不知道要怎麼面對這樣的禱告，我自己也這麼禱告過，所以我不是在吹毛求疵，這位姊妹遇到個人困境時向神求助，我當然為此覺得高興。可是我在想：保羅寫腓立比書時，心裡真的是這樣想嗎？

　　如果詳查這封信，我們會發現這封信是保羅在羅馬監獄裡寫的──不是什麼渡假村。此外，第四章稍後馬上提到腓立比的信徒送了保羅一個禮物，這個禮物似乎與金錢有關，也許是因為他們對神的委身所以才會送。這真的很了不起，因為腓立比信徒自己可能也是一窮二白，但是他們對屬靈父親的關心使他們奮不顧身。也因此使徒保羅謝謝他們送了這個禮物，接著向他們保證：「我的神必照祂榮耀的豐富，在基督耶穌裡，使你們一切所需用的都充足。」

　　從這個背景看來，我想問這樣一個嚴肅的問題是很自然的：假如我在二十一世紀的美國開車，我真的「需要」神供應我一個停車位

嗎？那真的是我禱告中最重要的事情嗎？我是說，如果我已經有車、有購物中心、有信用卡，如果我還要神來服務我，給我一個停車位，那麼我算什麼？我是要神成全誰的旨意呢？

讓我解釋清楚，聖經經文要應用在我個人身上，但不以繞著我個人打轉。耶穌教導祂的門徒這樣禱告：「願祢的國降臨；願祢的旨意行在地上，如同行在天上。」（太六10，作者加註楷體字）。主角不是我，而是神。以弗所書二章10節說明，我之所以被造，是為了嵌入神的計畫，而非主僕易位。

轉變世界

神的計畫是什麼？神尚未彰顯祂所有的計畫。可是從使徒行傳一章8節我們可以窺知神的部分計畫，以及我們在這個計畫中該扮演的角色：我們要在全世界作基督的見證。我們指的是個體，也是群體。

這就將我們帶進第357頁的圖表。你是否曾問過自己：「我可以為這個社會帶來什麼改變呢？」以弗所書二章10節給了我們答案。當神的真理改變我們的生命時，改變的時刻也就來臨了，我可以開始活出神在我身上的旨意。我跟著也發現，神的真理也改變了世上其他無數人，我們將他們稱為教會，一群被改變了的人。透過個體，也透過群體，教會深入這個世界，並且將神的話語、那改變的大能，帶入神所開啟的大門，將影響力傳揚到那個地區。

真的是這麼動工的嗎？絕對是！看看厄瓜多爾的瓦但尼族（Wadani）吧！瓦但尼人〔先前稱之為奧卡人（Aucas）〕世世代代都活在無止盡的凶殺與復仇循環中。在一九五六年，神呼召五位宣教士及他們的家庭，將福音帶入這個充滿暴戾色彩的文化之中。就在五位宣教士試圖接觸這群族人時，卻突然被茅刺死了。對此，有我個人的感受，因為其中一位叫作吉米・艾略特（Jim Elliot）的宣教士是我在惠頓大學（Wheaton College）的「小學弟」，他大一時分派給我照顧，我是他的直屬學長。

　　吉米和同伴們的這起殺戮事件，看起來好像是挫敗了福音，但相反地，卻為宣教士的妻兒打開大門，可以和瓦但尼人生活在一起——做什麼呢？是的，讓族人看到基督轉化的大能。隨著時間進展，慢慢有幾位瓦但尼人轉向基督，最後再也不殺人了，教會建立起來。本來會去殺對敵，現在卻為敵人禱告。轉變發生了。

　　故事沒有停格在此。記得嗎？神使用祂的百姓，以恩典進入這世界。瓦但尼人便是如此。在二〇〇六年瓦但尼族人同意參與拍攝電影《亞馬遜悲歌》（The End of the Spear），這部片講的就是五位宣教士其中一位的兒子史提夫・聖德（Steve Saint），與那位刺死史提夫之父的瓦但尼戰士明卡亞尼（Mincayani），兩人的和解故事。很少電影能把福音拍得這麼有能力、具說服力。

　　不過你必須明白一點：瓦但尼的基督徒之所以決定參與這部片的拍攝，是因為他們聽說仇殺在附近的美洲大陸仍然相當普遍。他們心想，如果神能改變他們的社會，也許神可以使用他們的故事來改變整個美洲社會。

　　多大的轉變啊！神的話先在我的生命中活出來，接著與其他信徒一同活出來，我們就可以為基督的緣故去影響我們的世界。

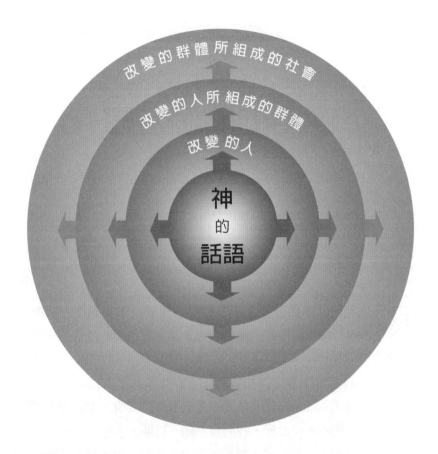

生命變化的過程是怎麼樣的呢？乃是從神的話語起始。聖經是神將改變帶入我們生命中的神聖方式。不過請注意，神的話語必須先改變我的生命，然後才開始改變我的世界。當神的真理改變了我的生命，我開始變成一個改變元素，在我的生活範疇內帶來影響。你是否曾捫心自問：「我如何能將改變帶入周遭？」惟一能把深具影響力的改變帶入、並且持久的，就是透過已經改變的個人。

第*42*課

應用的四個步驟

很多基督徒就像拍得不太好的照片一樣——曝光過度、顯影不足。他們領受許多神話語的亮光，然而對他們的生活可曾帶來不同之處？

問題不在聖經本身。正如我們上一課所談的，聖經可以轉變我們。如果這是真的，那麼屬靈成長就是對改變的委身。這就是問題所在：人心最抗拒的就是改變，我們會不顧一切地去逃避改變。

在這一課裡，我想給讀者幾個建議來克服對於屬靈慣性的偏見。我們在應用聖經的過程中可以採取四個步驟，我簡單用四個字詞來概括這四個原則；並非故意過度簡化，而是提供幾個可以努力的要點。這些步驟可以幫助你在任何情況下都能應用聖經經文。

第一步：了解（know）

如果你要能應用聖經，你必須了解兩件事情。

了解經文

在第四課我曾經對研經方法提出定義，定義中的第一部分為：*方法也就是「遵行步驟」*。換句話說，你必須採取某些步驟、某些順

序，才能達成某些結果，不可以隨便換步驟、隨便換順序、隨便得到結果。

到目前為止，你對這些步驟應該熟悉到就像自己的名字一樣：觀察、解釋、應用。我們現在探討的就是應用這個步驟，也就是在此處生命會得到改變。且讓我再度指出，步驟的順序是很要緊的。在你應用神的話語之前，必須對經文內容要給你的教導已經有了第一手的認識。要得到這樣的認識，首先你必須認真觀察，接著要謹慎解釋，到那一刻──只有到那一刻──你才真的準備好，可以用行動來回應所知所學。

了解你自己

保羅在提摩太前書四章16節警告提摩太：「你要謹慎自己和自己的教訓。」再度提醒，順序很要緊：保羅告訴提摩太，首先要小心自己；接著要小心傳達聖經真理。為什麼呢？因為如果你對自己不了解，就很難幫助別人把聖經應用在他們的生活中。

其實對很多人來說，聖經應用不太有果效，最大的因素就是他們對自己不了解。那麼你呢？在下一課我們會談到，在應用聖經時個人差異具有極大的重要性。不過現在先讓我問你幾個問題。第一，你的長處為何？你覺得自己哪些領域比較強？現在你是否能把答案寫在三乘五吋大小的卡片紙上？（我的經驗是，多數人很難回答這個問題。）第二，你的短處為何？你的極限為何？你成長的最大阻礙為何？

現在把兩者相互對照，你就可以看出應用的價值了。如果你知道自己的長處，就會發展出自信；如果你知道自己的短處，就會發展出信心。你的長處告訴你「神已為你作的部分」；你的短處告訴你「神要在你身上培養的部分」。我們多數人無法成長的原因就是，我們對於自己需要什麼不甚了解。

羅馬書十二章3節提出了真知灼見：「我憑著所賜我的恩對你們

各人說：不要看自己過於所當看的；要照著神所分給各人信心的大小，看得合乎中道。」有時我們會把自己看得很了不起，有時會貶低自己。保羅說：「不可以！不要把自己看得過高，也不可輕看自己。」每次當你輕看自己時，你就是在做魔鬼的工作——用不著你幫忙，這方面牠已經很專門了。

因而，看見是屬靈成長的第一步——看入經文，看見自己。

第二步：連結（relate）

我們一旦了解神的話語，接下來就得把神的話語和自己的經驗連結在一起。其實對基督教最好的理解就是：一連串新的關係。記得哥林多後書五章17節嗎？我們若在「基督裡」，就是「新造的人」了。人還是同一個人，可是已經改造過了，神在「同一個我裡面」造了「新我」，接著新的事物開始來臨，因為基督已經進入我們的生命——就在正中心。一旦祂位居中心，就會對一切領域帶來影響。就像我們看到的，祂就會在我們的家庭生活中動工：我們身為伴侶、身為父母、身為個人，就會變得比較細膩敏銳。祂也會在我們的思維中添加力量：我們的心靈開始往建設性的方向思考、會發展比較廣泛的興趣，也會培養比較敬虔的價值觀。祂同時也改善了我們的社交生活：當以更像基督的心來對待朋友同事時，我們之間的關係也改變了。

基督甚至影響了我們的性生活。很多人完全沒想到是神創造了性，也因此惟有祂才最了解性關係的作用。談這方面可能會讓有些人覺得臉紅，可是當神創造性生活時，祂並沒有臉紅。神想要在我們的生活中創造健康的親密關係，甚至使我們的性生活新而又新、是清潔的、是可以榮耀神的。

至於我們的專業領域、職業生涯呢？大家常常講起「基督徒專業人士」，不，他們不是基督徒專業人士，他們是專業人士，又剛好是基督徒。遺憾的是，很多人未曾在職場上聯想到聖經真理。

基督耶穌盼望使你各個生活領域都能更新。這就是為什麼基

屬靈清單

你是否想要將神的話語應用在你的生活中？首先你必須了解自己。「職業影響事工」（Career Impact Ministries）的修曼（D. Sherman）在生活的五大領域發展出一套清單，幫助你檢視自己的習慣、行為，看看是否合乎神的期許。以下列出幾項問題供你思考。

個人生活：

◉ 你的靈修習慣如何 —— 靈修習慣與屬靈成長有絕大關係，例如查經？背經？禱告？閱讀靈修文章？

◉ 你的現實生活狀況如何？飲食習慣？運動？睡眠？休息？

◉ 你特別希望能克服的領域為何：壞脾氣、還是欺騙、或者是淫念？

◉ 你特別希望能建立的領域為何：耐心、還是招待人、或者是不屈不撓的精神？

家庭生活：

◉ 你是否定時下班，家人都知道你會這個時間到家？

◉ 你是否規律地與配偶「約會」？

◉ 你是否能從工作及家務的情緒中完全放空自己，好專心花時間與孩子們相處？

◉ 你是否對父母親盡到責任？配偶的父母親呢？其他親戚呢？

教會生活：

◉ 你有多常順服在聖經的教訓下？

◉ 你是否為基督的緣故忠心、慷慨、甘心樂意地奉獻金錢？

◉ 你是否規律地為牧師及其他教會領袖代禱？

◉ 你是否知道自己的屬靈恩賜為何？是否正在使用？

工作生活：

◉ 你是否誠實地為雇主擺上一天的勞力？

◉ 你對顧客答應的事情有沒有做到？

◉ 你對自己工作領域中新的發展、想法、策略是否認真學習，努力跟上？

◉ 你是否盡力保持穩定工作，來供應自己及家人生活所需？

◉ 你是否規劃家庭預算？能否照預算花錢？

社區生活：

◉ 你是否盡到公民的責任與義務，定時前去投票？

◉ 你是否繳納應納的稅？

◉ 你的駕駛記錄如何？

◉ 你是否保持住家環境清潔，能與社區環境配合？

◉ 你是否知道有哪些窮人及需要，是否有供應他們的需要？

　　還有很多的題目可以問。這類清單的目的是要幫助你嚴格地自我評估，好明白有哪些領域需要屬靈成長。所有這些特定的生活應用項目，都是從特定的聖經經文及聖經原則而來。

建議：找一位很了解你的人，例如配偶或好朋友，請他們按照這張問題清單一一評估你、給予意見，然後與你的答案比較。如此一來就可以很客觀地評量，使這項作業更加有益。

摘自修曼（D. Sherman）及韓立克合著的《你的工作對神很重要》（*Your Work Matters to God*. Colorado Springs: Navpress, 1987, pp. 232 -33.）

督徒的成長是個過程 —— 一個動態的過程，每天我都領悟到我的生命裡仍有地方不被主所掌管。所謂基督徒，就是一個不適應現狀的人（maladjusted to the status quo，意思就是說「我們現在所處的一團亂」），我這一生必須不斷地來到神的話語前。屬靈成長是一段漫長的過程，除非我留心注意神的話語，否則不能達到更像基督的目標。

不停止工作的道（working Word）

　　一旦明白了耶穌想要深入影響你的生活，你就必須找尋神的話與生活連結的地方，我喜歡稱之為「不停止工作的道」。在觀察及解釋中，你會得到新的亮光 —— 是過去從來沒有看到過的，而這些新亮光就會在一連串新的關係上產生影響。

　　與神的新關係。現在祂是你在天上的父，你與祂之間有個人的親密關係，祂為了救贖你捨了自己的兒子，現在聖靈會幫助你成長，完成祂在你身上的目的。

　　與你自己的新關係。你會建立新的自我形象。倘若基督為你而死，倘若聖靈給你恩賜能力，這就意味著你有具有極巨大的價值和重要性，賦予你的生活新的意義與目的。

　　與他人的新關係。你會發現其他人不是敵人，也許他們是受仇敵傷害的受害者，但更是神放在你生命中的人。神乎召你以基督的樣式來對待他們。

　　與仇敵的新關係。請注意，一旦你歸向耶穌，你就換到爭場的另一邊。過去你是仇敵的卒子，牠隨意使喚你，你被牠騙了都不知道。可是現在你發現自己是在神這一邊，相信我，仇敵一點都不會高興。這就是為什麼基督徒生活會是一場無止息的爭戰。

　　你從聖經得到的新亮光必須應用在所有這些新的關係上，注意看這將會如何發生。

　　道使你的罪顯明出來。就像我們在提摩太後書三章16節所讀的，聖經有督責、使人歸正的功能。聖經會告訴你，你在哪些地方出

界了，好叫你生活中的罪得到潔淨。

道給你神的應許。它告訴你可以從神那裡得著哪些應許，也告訴你可以仰仗神來成就哪些事情。當你面對無法掌控的情況時，這些應許格外令人安慰。

道給你神的命令。聖經裡有應許，同樣的，也有相應的條件。命令和原則並列，引領你走向健康與生命。

道提供你可遵循的榜樣。我喜歡研讀聖經裡頭的傳記，這些傳記告訴你他們如何在神面前活出生命，在此聖經變活了。有些故事提供好的榜樣，是我要追隨的；有些故事則說出壞榜樣，是我必須避免的。

基督耶穌藉著不停止工作的道，使那些想要應用聖經真理的人得著生命的改變。你是否有這樣的經歷？這裡提供你一個好的指標：你是否曾有熟識的老友對你說：「嘿，到底是什麼讓你現在這麼不一樣？我們認識很久了，可是你不再是從前的你。你生命裡一定有些什麼變化。」你會怎麼解釋？是因為基督在你生命裡動工了嗎？

換句話說，在你生命中有了什麼除卻超自然因素以外，完全無法解釋的事？

第三步：默想（Meditate）

我年輕的時候，生活中到了一個地步，可以說是進精神病院的最佳人選，那些穿著白色制服的男性工作人員，已經準備好隨時開院車來接我。那時一個總經理朋友聽說了我的慘狀。

他自費飛到達拉斯來，花三天的時間跟我在一起。我做的每一件事，他也跟著做；我去的每個地方，他也跟著去。他傾聽我每個談話，旁聽我每堂課，甚至就住在我家。最後他給了我他的診斷：「小韓，你的問題就是你想太多了。」

你知道嗎，這樣一個看見，就算我付他兩萬元美金都不夠。他要告訴我的就是，我讓太多東西佔據我的思想空間，以致沒有地方可以

處理這些思緒，到最後我終於累倒了。

　　我的朋友所描述的其實就是默想的習慣。默想在當今社會已經是門失傳的藝術，當然了，除了一些信奉東方神祕宗教的人之外。我所談的，跟心智操練所尋求的放空心靈，是完全不同的兩回事。真正的默想是：對真理的沉思，盼望能從中得到對生活的幫助與調整。由於多數人都停不下來、忙得不得了，於是我們通常會這麼說：「默想很好，不過這是上個世的信徒做的事，跟我們這個年代沒什麼關係。」

　　錯了，在第十四課我們已經看到，默想在觀察這個步驟是很有用的，而且在應用時是絕對必要的。記得約書亞記一章8節和詩篇一篇1～2節嗎？兩段經文都指出，靈命昌盛的關鍵就在於晝夜思想神的話語。換句話說，我們應該將聖經交織於日常生活的布料中。

　　我太太煮的一道湯讓我很難抗拒，她得花很多小時才燉得出來。一大早就開始煮，很快地令人愉悅的香味飄滿整間房子──我會開始流口水，準備好要狼吞虎嚥。可是她說：「還不行，要等到晚餐。」我叫這道湯作太太的「熱忱湯」──她把家裡有的菜通通丟進去煮，湯之美味，把外面餐廳賣的通通比下去，那些就像洗碗水。

　　為什麼湯這麼好喝？她用後爐眼的小火細熬慢燉，直到所有風味都融在一起，化成一道美味可口的湯。你在爐子上燉些什麼？你在心裡煮的是什麼？你是否從經文默想中得到幫助？

　　「可是我想不出什麼來，」有人會這麼說。

　　不是的，問題出在你讓自己的腦子餓著了，沒有供應燃料給腦子用。你知道，默想與記憶有直接的關聯。記憶提供心靈所需的燃料，使得默想豐富起來。

　　當我回想我的屬靈旅程時，其中一個遺憾就是在我年輕的時候沒有多背聖經。不過後來我加入了一套「主題式背誦系統」（Topical Memory System），這是導航會（The Navigators）出版的經文背誦系列卡片。經文版本有《英文欽定本》（*King James*）、《新國際本》（the *NIV*）、《新美國標準本》（*New American Standard*）、及其他你所需的

版本。這套系統幫助你每週背兩節經文，其實也不多，不過你想想，五十個禮拜下來，就會學到一百節經文了。

這樣一來能不能在你的生活中產生什麼不同？就在我開始一個聖經背誦計畫後不久，我必須開刀，手術進行得很順利，可是之後卻引起了感染。當時不知道能不能活下去，我幾乎希望就這樣死掉，而惟一能讓我繼續支持下去的力量就是——腦中背誦過的神的話語。這樣的經驗讓我深信，記憶是默想的關鍵，而默想則是改變我眼光的關鍵。

第四步：操練（practice）

查經的最終目標就是操練真理。聖經不是為了要填鴨，乃是為了訓練場上的運動員及裝備士兵，好面對生活的現實層面。「跑，要跑贏。」「戰，要戰勝。」這就是聖經所傳達的訊息。

你沒辦法刻意應用每項研經中學到的真理，可是你能不斷地去應用。因此你可以常常問自己，我生活中是否有哪個地方需要這項真理？

回答這個問題的其中一個方式，就是列屬靈清單，我已在本課附上一張。背後的目的是要幫助你以禱告的心，反省生活各個領域的真實狀況，懇求神將你需要應用從聖經所得真理的地方指出來；接著，懷著信心與順服的心，開始在需要成長的地方盡力以行動回應真理。

我敢向你保證，你對那段經文有多飢渴，你順服的程度就會有多深。其實這是個循環：你愈是了解，就愈能多運用；你愈是多運用，就愈想要多了解。二者缺一不可。

最後，你會發現基督徒生活的兩面：你需要食物，也需要運動；吃太多導致發胖，吃太少變成貧血。然而食物會轉換成能量，而能量會讓你有能力去做神要你做的事。在這個過程中你會累、會倦、你會失去盼望，因此你必須一直回到神的話語來重新得力。記住，真正經歷過的神的道，就是曾沉浸其中的。

現在換你來　試一試

默想與經文背誦有直接關係，你所背誦的經文愈多，默想的內容就愈豐富。

遺憾的是，經文背誦經常受到大眾媒體的批評。事實上，背誦這個動作本身就常常受到公開批評。很多人還記得小學時被迫去記一些沒有意義的課文、數字，像是歷史課、數學課等等。我們一旦從那些功課畢業以後，就發誓絕不再重蹈覆轍。

可是如果神應許我們，默想經文會爲我們的生命帶來祝福（書一8；詩一），如果默想經文要靠背誦，那麼也許我們應該再考慮看看。我之前推薦了導航會所出版的「主題式背誦系統」，以下就是小小的練習，幫助你開始背經。請背誦詩篇第一百篇：

稱謝詩

1 普天下當向耶和華歡呼！

2 你們當樂意侍奉耶和華，

　　當來向祂歌唱！

3 你們當曉得耶和華是神。

　　我們是祂造的，也是屬祂的；

　　我們是祂的民，也是祂草場的羊。

4 當稱謝進入祂的門，

　　當讚美進入祂的院；

　　當感謝祂，稱頌祂的名。

5 因爲耶和華本爲善，祂的慈愛存到永遠，

　　祂的信實直到萬代！

這篇詩篇只有五節，是一首非常值得默想的詩篇，因為它讓你的心在神面前受到激勵、充滿喜樂；它也充分向你保證神信實的特質。以下有幾項建議：

1. 利用「觀察」、「解釋」兩個技巧來研讀這首詩篇。

2. 重複研讀這首詩篇。

3. 集中精神，一次背誦一節，持續做幾天。例如，頭一天背第1節，反覆誦讀，並且向自己覆述幾次；大概一個小時後，看看自己是否記起來了，在一天中不斷地複習。隔天接著用同樣的方式記第2節，不過在練習第2節時，要加上第1節經文。一個禮拜下來，不斷地增加經文。

4. 向朋友或家人大聲開口複誦你所背的經文，請那個人逐字檢查，看看能是否一字不漏地背出來。

5. 如果你有音樂天分，將經文配上曲調唱出來。（多數詩篇最初是用唱的，不是用看的。）

6. 接下來幾個星期不斷地在心裡複習這首詩篇，直到確定它已經完全嵌入你的腦海裡。

note

第 *43* 課

量身定作的基督教信仰

稍早我曾提到一個原則：惟一解釋，多重應用。也就是說，一段經文最終只有一種解釋，但是卻能夠以不同的方式應用在不同的情況裡。換句話說，聖經的真理是具適用性的，同樣的真理可以應用到各種不同的環境中。真理不變，但環境會變。

但還有一種情形，也是惟一解釋、多重應用：一種米養百樣人。就像先前所見，每個人都是空前絕後、獨一無二；每個人都是一件精心之作，由宇宙的造物主親手打造，內中具有非常特別目的的珍品傑作。這獨特性在我們應用神的話時，有很龐大的差異性。換句話說，你應用聖經的方式可能跟我的方式有點兒不同。同樣的真理，應用互有不同。不是因為其中一方比另一方優秀，而是我們本來就不一樣。

容我解釋清楚，我不是說你就可以任著自己的性子應用聖經，而我也可以隨我高興愛怎麼應用就怎麼應用；我也不是說，我們在應用聖經時就可以有選擇性，喜歡的才做，不喜歡的就跳過去。不，聖經的教訓適用於地球上每一位信徒。舉例來說，我們每個人都應該靠聖靈而活，以結出聖靈的果子（加五 16、22～23）。其中一個帶著正字標記的果子就是喜樂，每個基督徒都應該標記著喜樂。不過，你的生命展現出來的喜樂，可能會跟我的生命所展現出來的喜樂不同。

換個例子說明，我們吃了神的話語，就會帶來屬靈成長。彼得前書二章2節對此就有生動的描述，那裡說我們要像初生的嬰兒那樣渴慕靈奶。我將這段經文稱之為「彼得的成長階梯」，因為當我們攝取靈奶時，我們正踩著信心與順服的腳步邁向更成熟的階段，所有的基督徒都應該這樣成長。可是你成長及成熟化的方式可能會跟我的方式不太一樣，而這些差異是與我們的特色、與神在我們身上的特別設計息息相關的。

我們的教育

我在同一所學院教了五十多年的書，就憑這許多年的經驗，我可以向你保證每個人學習的方式都不一樣。不是因為各人才智運作的結果，而是恩賜各有不同的緣故。

例如，有些人透過念書、背誦、考試等等可以得到最佳學習效果，當然他們在課堂裡的表現也會比較優秀，因為所有教學都是藉著書本、背誦、考試來進行的。但也有些人是做做看、試一下才能學得最好，不管學的是什麼，他們就是要親自動手做；還有些人需要參加某些小組，在學習的過程中得到更多的助益。另外有些人得透過家教、導師或教練，可以給予立即的回餽、鼓勵及評估。有的人則是領了教材就走，花時間去單獨思考一陣子才能有最好的學習。

我可以繼續描述各種不同的學習模式，可是我要說的重點是，每個人學習的方式都是獨一無二的。也就是說，當我們研經的時候，每個人對聖經真理的了解、領受都有他自己獨特的方式。

用新約中的西門彼得和保羅當作例子來說明，是最好不過的了。西門彼得似乎在親身對事情有第一手經驗時學得最好。例如，路加福音第五章告訴我們，當耶穌第一次出現在西門住的漁村時，我們的主耶穌要他把船撐開，稍離岸邊幾碼，祂好教導眾人。耶穌就坐在西門的船上，所以西門一定也聽到了祂的教導，可是從經文看來，西門卻全神貫注在洗他的漁網。

耶穌講完祂的教導後，轉身要求西門把船開到湖裡撒網。聖經告訴我們西門如何回應這樣的要求，雖然沒有提到他心裡的想法，但我可以想像他心裡大概會這麼打量，「哎，老兄，你可能是律法和宗教的專家，可是講到打漁我才內行。我在這裡已經打了整晚的魚了，我現在就可以告訴你，魚兒不會上鉤的啦！」可是西門讓步了，結果打到的漁貨量簡直是天下奇觀，他從來沒有打過這麼多魚！有誰知道西門剛剛到底有沒有聽到耶穌的講道？不過事實很清楚，西門對耶穌的大能這樣第一手的經歷，讓他開始了解到這位夫子到底是何許人也。

保羅的學習模式卻又大異其趣。他先拜師迦瑪列門下（徒二十二3），以法利賽人的身分受教（徒二十三6，二十六5）。這樣的訓練牽涉到大量的閱讀、研習。保羅又說，他嫻熟猶太教義，同儕難以望其項背（加一14），這些話是相當可信的。今日許多神學院的學生連基本的希伯來文都覺得相當困難，但為了讀舊約聖經卻又不得不學。相形之下，保羅卻背誦了一大半的舊約聖經——而且是用希伯來文背的。不只如此，新約聖經有大約一半是保羅寫的——而且是以希臘文書寫。保羅真是聰明之至！

因此我們看到彼得和保羅的學習模式是相當不同的。難怪彼得後來會說保羅的一些書信「信中有些難明白的」（彼後三16）。我從這樣的話得了很大的安慰，倘若連彼得都覺得保羅的書信難以明白，今天你、我也有相同的苦惱感覺起來就還好。

那麼，你是如何學習的呢？你學習新知、資訊和技巧的理想條件是什麼呢？當你讀經時對此多留心，透過你本性上學習模式的優勢來學，可以學得更多更快，也可以在成長過程中得到更大的滿足感。

我們的重點

我有一個很要好的朋友崔沃（T. Mabery），他是耳鼻喉專科醫生，在達拉斯開業，幾年前回天家了。崔沃以前常邀我跟他去東德州打獵，這是我最愛從事的幾項活動之一，不是因為我善於打獵，而是

因為我喜歡觀察崔沃，他真是個戶外活動專家。

崔沃最大的利器之一就是他的眼力。也許我們只是坐在車裡遠眺原野，有一排樹就在半哩外、或者更遠。突然間崔沃會指著遠方大叫：「看那裡，霍華，有一隻赤背老鷹，看到了嗎？」我很努力搜尋，眯著眼睛看，揉揉眼，可是到頭來還是只看到一排樹。然而接下來，若我們等得夠久的話，就會看到一雙翅膀突然往上衝，一隻漂亮的禽鳥躍入高空。崔沃怎麼看得到這樣一隻動物，真的讓我讚嘆不已。

崔沃從周遭環境將野生動物辨認出來的這種能力，也可以用來說明，當人們用不同的方式幫助我們領略神話語時，我們的反應也會不同。每個人都能夠從聖經裡辨認出不同的重點，這是因各自不同的恩賜，而看重不同的事物。

例如，一個本來就會主動去計畫事情的人，很自然會注意到聖經裡談到計畫的部分，並且做出回應。一個喜歡概念的人，很自然就會專注在聖經給的許多概念。一個天性愛觀察系統與脈絡的人，很自然會看出聖經提到的很多系統及脈絡——政府系統、城市系統、貿易系統、關係系統等等。一個對人性有直覺掌握力的人，會很看重經文裡的人際互動和情感交流。

這是另一個為何我們共同讀經，而不僅止於個人查經，如此重要的理由。如果我們不與人交流，就只能仰仗自己的恩賜。那些恩賜也很有價值，可是幫助只能到某種程度，我們需要其他信徒的觀點來完滿及補足自己的發現。

這就是為什麼我很喜歡崔沃（剛剛提到的那個人）邀一群醫生朋友聚在一起，然後請我來跟他們一起讀聖經。讓我告訴你，當談到聖經裡的一些身體狀況時——例如像那位血漏婦人（可五25～34），或生來瞎眼的人（約九），或是釘十字架——與身體專家一起討論的經驗，會是多麼截然不同。當大家帶著神給個人的恩賜來參與討論時，你可以得到各自最好的見解，他們會指出你我忽略的地方，因為他們

天生就會去找那些對他們而言很重要的特定事物。

我們的實踐

談到讓我喜愛與之一起查經的小組，我想到有八年的時間，勉強稱得上是達拉斯牛仔隊的隨隊牧師，那是在藍德瑞（Tom Landry）的時代，我很榮幸參與了兩次超級杯足球賽。那時我們每週四晚上都有隊上自己的查經班，參加者是自願的，有時可能只有兩個人帶著太太參加，有時參加者多達四十二個人，不管人數多寡，我們都查經查得很開心。你可以想像這些人在實踐上會有偏愛。沒錯，必要的話他們還能勉強忍耐一下理論教導，可是他們總是極力要求那些真理要能讓他們實踐出來，你或許可以稱之為屬靈的阻擋（blocking）和擒抱（tackling）（譯註：此為美式足球術語）；基本上他們就是在問：「教授，你這場球要怎麼打？」

打球的人要記住很多戰術，這就是那些牛仔們練習時在做的事。他們會不斷地跑、跑、跑，一直到他們的走位就像反射動作一樣。其中滿有意思的是當史托貝克（Roger Staubach）開球的那個瞬間，一聲令下，所有球員都分別做出不同的動作；同一場球，可是每個人被要求的動作都不一樣。球線上的隊員會去阻擋，可是每個人有不同的阻擋計畫。有些隊員立刻從球線上起跑，衝過球線──同樣的，每個人分別有自己的路線。甚至連後衛也有不同動作，端視整場球況而定。

當一群基督徒一起查考聖經裡的金玉良言時，用球賽來比擬查經時發生的情景──或者說是應該看到的情景──還算是不錯的比喻。例如，耶穌在馬太福音二十八章19節的最後交代再清楚不過了：「所以，你們要去，使萬民作我的門徒，奉父、子、聖靈的名給他們施洗。」那是一道命令，每個基督徒都要遵行這道命令。可是請注意：每個基督徒「使人作門徒」的方式各不相同，就看神在那位基督徒身上的設計，按著神在他身上的恩賜特質來運用。其實這就是神的心意

了。這就是爲什麼祂造我們互有不同的原因——好讓我們截長補短，使祂的心意滿足。同樣的命令，達成的方法卻各不相同。

談到「使人作門徒」，善於教導的人就會利用教導；善於以身作則、親身輔導的人，就會親身去訓練門徒；善於發揮影響力的人，就會直截了當、有力地宣講福音。因爲當他們善用自己的恩賜時，就可以達到最好的果效。有些人會陪著未信主的人，與他們建立關係，活出福音的樣式。隨著時間進展，他們就會讓人產生好奇心，想知道爲什麼這群人就是不一樣。有些人會用安得烈帶領他弟兄西門彼得的方式（約一40～42），領朋友到比自己更會講解福音的人面前。有些人會組隊投入這個世界，進行特別的事工，爲了要吸引人歸向耶穌。也有些人有說故事的恩賜，他們會把自己個人的信仰之旅寫成書，對未信主的讀者很有說服力。

你是否觀察到信主的人有多少，就會有多少「使人作門徒」的方式？「惟一解釋，多重應用。」同一場球賽有很多種跑法，因爲每位「球員」都有不同的長處爲神所用，使祂的旨意成全。這也就是爲什麼你必須看清神給你的長處，盡可能地明白自身專長。祂已經預備了要你去完成的「善工」，你可以從神在你身上所設計的長處，看出所蒙的呼召爲何。

我們的專長

這就帶我們進入了第四方面，談到個人差異會如何深刻地影響到我們對聖經的應用。我們通常在自己專長的方面表現得很好，反之則難。

例如，如果某人覺得人際關係、與人互動都是很自然的事，當他遇到彼得前書三章8節所提到的挑戰就沒有問題：「你們都要同心，彼此體恤，相愛如兄弟，存慈憐謙卑的心。」他之所以受造，本來就很善於應用這句經文。當然了，他在人際關係上難免還是會遇到麻煩，就像我們每個人都會，可是神在這方面特別爲他加添了完善的天

賦來處理。倘若他與基督之間有穩固的關係，他就會把彼得前書三章8節的真理活用得很好。

　　另一方面，如果有人天性就很保留、安靜、甚至退縮，神給他的恩賜是一顆聰明、善於分析的心靈，可以深入資訊、知識、事實的世界，可能他會成為優秀的軟體工程師，恰恰因為他能長時間躲在自己的角落分析數字，那裡面的世界對他來說很豐富。相對之下，他就會覺得了解人群比較困難，因此他對人際關係難免也就比較掙扎。同心、體恤、相愛如弟兄、慈憐的心──這方面對他來說可能會像異國語言，因為他天性就比較難了解旁人以及旁人的需要。當然他還是需要應用彼得前書三章8節，讓我們持平以待，並了解他在這方面的實踐會有一定程度的限制。

　　我們身上是否呈現出核心的、發揮出來的力量，會影響到我們教導聖經的方式，也會影響到如何期待參與其中的人。有一個提醒，我們需要了解對師長而言容易的事，不見得對學生容易，因為恩賜不同。身為師長，我們必須包容這些不同，不要讓我們應用聖經的方法成為惟一的方法。

　　例如，你是否曾經聽過很振奮人心的信息，熱情洋溢的基督徒講員懇切地表示，自己靈性生活中最要緊的就是背聖經？我聽過這樣的講道，而且也覺得很認同，在講臺上也這樣說過，我全心支持背聖經，在這本書裡我已經多次強調。不過我要說，背誦對我來說是很自然的事。

　　可是如果有人覺得背誦對他來說很勉強呢？面對這樣的人，我們傳達訊息時要小心。不管你是否有背誦的恩賜，背聖經都是件好事。可是如果有人真的不善於背誦，我們不要把罪惡感強加在他身上，好像如果他背不起來，就是有毛病。相反地，我們要接受事實，對他來說「能背經」就已經很了不起了，不需要到「愛背經」的地步。所以當他努力背起一節簡單的經文，就像約翰福音三章16節，我們就要褒獎他，不要對他說「就這樣而已啊？」，而讓他的努力受到挫折。

教聖經的老師通常會以自己的長處爲出發點來勸勉人。例如，如果他們善於經營人際關係，他們就會勸大家要建立人際關係；如果他們長於某種傳福音的方法，他們就會鼓勵人採用那樣的方法；如果他們恰好是基督徒從業人員，而且發現某種經營原則特別有用，他們就會喜歡鼓勵人採取同樣的原則；如果獨處在他們的屬靈自律上特別適合他們的個性，就會大力鼓吹獨處帶來的屬靈成長。

從許多角度看來，這樣的傾向是有它的原因的。教導一些你知道如何應用的東西，比教導一些不知所云的東西要來得好。可是我們要知道，之所以覺得某些方式特別能活出信仰，是因爲那樣的方式很可能剛好吻合神在我們身上的設計；對不同設計的人來說，可能（應該要）以不同的方式來活出同一個領域，而且端視他們各人身上的設計而定。我的建議是，永遠要強調眞理的核心重點，然後舉例說明那樣的眞理如何應用在你或別人的生活；可是一定要讓對方自己決定如何應用。記住，「惟一解釋；多重應用。」

量身定作的基督教信仰

聖經眞理之所以能彈性應用在各種人身上，幫助他們面對許多不同的環境，都歸因於神的智慧。只有神口中的眞理能如此遍及全地、亙古不變。

聖經適用所有人的生活，使我們能擁有「量身定作」的基督教信仰——是完全屬於我們、完全個人化的。也就是說，我們不用在模糊、概括性的陳腔濫調裡妥協，好像不著邊際、沒有定論、與個人狀況無關。同時這也意味著，我們不用努力將自己套入固定尺寸的框框裡，好像只有少數幾個人適合那種框框，其他人只能有得過且過浮萍般的信心。

但是你必須明白的是，「量身定作」聖經眞理的意思，不是說就隨個人私見、喜好改變，這樣就是曲解經文了：我們在第二十八課所探討的，便是要避免私意解經的危險。不過，當我們談到應用，我們

必須了解每個人都有特別的才能與限制，端看神在我們身上的設計。
藉著對這樣設計的接納，與它攜手合作，我們就愈能應用神的話語，
而且照祂原來的心意應用在我們個人身上。

九個該問的問題

稍早我們曾經研習「觀察」這個步驟，我提到查經時必須以一系列的問題來鑽研那段經文；聖經的「應用」也是如此。以下就是你研經時可以問的九個應用問題：

1. 是否有我該效法的榜樣？

你是否注意過聖經裡有多少內容是傳記式的？這不是巧合，而是刻意的規劃。神讓人物充滿在祂的話語中，因為再沒有比用人來呈現，更能使真理活化的了。

當然了，挑戰就在於如何從自身處境與查經對象之間畫出平行線。就拿創世記第十八章的亞伯拉罕來說吧，主耶和華對他說，祂即將毀滅所多瑪和蛾摩拉兩個城，而亞伯拉罕的姪兒羅得一家就住在那裡。於是亞伯拉罕就向耶和華求情，如果祂能在所多瑪找到義人的話，就請祂不要毀掉那城。

很少人會來跟我說：「韓先生，神告訴我除非某某城內能找到十個義人，否則祂就要毀掉那城。」如果有人這樣對我說，我大概會以為他是從哪家精神病院逃出來的。

這樣一來，我是不是就無法應用創世記第十八章在我身上了？

非也！相反地，亞伯拉罕正是為惡人作愛心禱告的絕佳模範。他在那裡跪了下來，懇求主從審判中饒了他們。因此我就要問了，我是否為我周圍的人這樣代求？還是我倒有點希望神會從天上降下一把火，把「邪惡的異教徒」給燒了？

2.是否有罪要避免的？

神的話語其中一個好處，就是會提升你道德良知的水平。多年前在還沒信主以前，如果有人告訴我說我的一些行為是罪的話，我一定會回答：「你真愛開玩笑。」那時我對是非有完全不同的標準。

一直到我信主了、開始讀經了，我才知道什麼是罪。就像有個朋友告訴我的：「天啊，我信了主之後才知道原來我的婚姻生活不美滿，我還以為每個人都是這麼過的。後來我讀了以弗所書第五章，這才明白我的婚姻生活有多糟。」

3.是否有應許要支取的？

神的話語充滿了應許——這些應許是那位不說謊、完全有能力成就應許的神給你的。還記得我們讀過的尼希米記第一章嗎？尼希米支取神的應許，如果那地的居民認罪，從他們的罪悔改，神應許要恢復那地。神實現祂的諾言，祂甚至使用尼希米來回應這個禱告。

當然了，並非所有聖經裡的應許都是賜給你我的。有些應許是神要給特定幾個人，而不是一般大眾；有些應許是針對一個族群給的，例如以色列民族。我們無法支取不屬於我們的應許，可是當然可以支取給教會的應許，以及在箴言書及其他智慧書中給「義人」的應許。

4.是否有禱告的典範要效法的？

亞伯拉罕在創世記第十八章給了我們一些關於禱告的教導，尼希米也是。我鼓勵你對聖經裡偉大的禱告作研究：例如，大衛在詩篇第五十一篇的認罪禱告；哈拿生了撒母耳後的感恩禱告（撒上二1～

10）；約拿在魚腹中的禱告（拿二）；馬利亞在路加福音一章46～55
節的禱告；保羅在以弗所書三章14～21節為以弗所人作的禱告；耶
穌在客西馬尼園的禱告（太二十六36～46；可十四32～42；路二十二
39～46）；還有主禱文，這其實就是門徒的禱告，也正是我們的禱告
（太六5～15）。

研讀這些經文時，問你自己，在這些禱文中有哪些也是我自
己需要禱告的？

5. 是否有命令要遵行的？

聖經充滿了有力、清楚明白的命令，光是雅各書裡就有五十四項
命令，保羅書信也同樣有幾卷特別重視「應用」，用來勸誡我們——
例如羅馬書第十二～十五章、加拉太書第五～六章、以弗所書第四～
六章、歌羅西書第三～四章等等。

曾經有人請教一位睿智的老學者，要怎樣才能知道神的旨意。他
的回答相當簡單：「神的旨意有百分之九十五可以從聖經的命令裡看
出。如果你花時間注意這些事，自然就會知道其他百分之五。」

6. 是否有條件要先達到的？

神的應許有很多取決於那段經文裡所列出的先決條件。例如耶
穌說：「你們若常在我裡面，我的話也常在你們裡面，凡你們所願意
的，祈求，就給你們成就。」（約十五7）。你注意到先決條件了嗎？
「你們若常在我裡面，我的話（若）也常在你們裡面。」耶穌給了我
們這麼一個難以置信的應許：「凡你們所願意的，祈求，就給你們成
就。」但是，先決條件必須先達到。

7. 是否有經文要背誦的？

聖經裡的所有經文當然都可以拿來背誦，可是有些經文比其他經
文重要。這也就是為什麼我非常鼓勵你從一套經文背誦課程入手。也

許你可以採取我在第四十二課所提類似「主題式背經系統」這樣的課程。完成這部分之後，就可以擬出自己想背的一系列經文，而這些經文是對你個人別具意義的。

我也鼓勵你大量背誦聖經經文。我兒子們小時候有一位主日學老師，他特別看重聖經背誦的重要性，他常自掏腰包舉辦背經比賽，看看孩子們可以背下多少經文，例如詩篇第一篇、以賽亞書第五十三章、甚至約翰福音第十四章，一字不漏地背。所以說，大量背經是做得到的，而且益處良多、不可勝數。

8. 是否有錯誤要注意的？

我這一生觀察到的基督徒，有一個相當正面的發展，就是對人及人際關係重新重視。這也是聖經真理應該帶來的外在表現──對他人及他人的需要表示愛、表示關心。

然而，在同一時期我也觀察到神學及教義知識的流失，這是相當令人遺憾的。很多基督徒弄不清楚信仰的基礎，例如復活、童女生子、聖經無誤、聖靈的工作等等，結果呢，他們就會很容易受到錯誤神學的攻擊。

個人研經有助於扭轉這樣的情況。當你深入探討神的話語時，問自己下列問題：這段經文在教導我什麼教義與真理？揭露了什麼神學錯誤？接著問：我的想法該有哪些改變，好與聖經教導相符的？

9. 是否有挑戰要面對的？

你是否曾經在讀了一段經文之後，很想要以行動回應剛剛所讀的？神的靈會給你這樣的感動。當你讀經時，聖靈會給你挑戰，要你去回應生活中某個領域或你面對的某個狀況。可能是某個人際關係需要醫治；可能得向人道歉；可能你必須從某件事或環境脫身，因為它使你離開了神；可能你需要開始培養某種習慣。不管是什麼，聖靈會

以聖經經文來感動你，在生活中作出改變。

你對這樣的改變是否歡迎？是否預備好自己來迎接神的挑戰？如果你以一顆誠實及受教的心來研讀神的話語，我保證聖靈絕對不會讓你失望的。

現在換你來 試一試

每次查經你都應該培養出問自己本課所列出的這九項問題的習慣。在此我想用路加福音一段較長的經文讓你作一點練習。

從十四章25節一直到十七章10節，耶穌給了一連串的比喻與教導。要了解這段經文，訣竅就在於觀察耶穌的三群聽眾——眾人（十四25），其中包括罪人（十五1）、門徒（十六1，十七1）及法利賽人（十六14）。請你使用過去所學的「觀察」及「解釋」兩個技巧來研讀這段新約聖經。接下來根據同一段經文回答下列九個問題：

1. 是否有我該效法的榜樣？
2. 是否有罪要避免的？
3. 是否有應許要支取的？
4. 是否有禱告的典範要效法的？
5. 是否有命令要遵行的？
6. 是否有條件要先達到的？
7. 是否有經文要背誦的？
8. 是否有錯誤要注意的？
9. 是否有挑戰要面對的？

第 *45* 課

現在與過去

還記得第一課裡提到的肯恩嗎？肯恩認為聖經有著無比崇高的地位。如果你問他聖經是不是神所揭露的話語，他會說：「那當然！」聖經是不是信仰行為的權威準則？「那還用說！」

可是猜猜看肯恩上班時怎麼了？他把聖經留在家裡——不只是實際上留在家裡，心態上也是。他無意貶低聖經，可是實情是他從來沒想過聖經會對他作生意的方式有意見。為什麼？因為他覺得二者毫不相干。「作生意可不是上主日學喔，」他這麼對我說：「你遇到的狀況聖經都沒提過，所以聖經不太適用於日常生活。」

像肯恩這麼想的不止一位。蓋洛普民意調查顯示，只有百分之六十一的美國人相信：「宗教可以解決現今問題。」一九五七年還有百分之八十一的人會這樣認為，可是百分比已經下降了。同時，認為宗教已經過時的人從百分之七升高到百分之二十。難怪另一項蓋洛普民意調查顯示，上教會和不上教會的人，在工作倫理及價值觀上並無顯著差別。

那你呢？你是否也覺得信仰與你的工作、日常生活無關？不著邊際？或者你跟多數人一樣，想把信仰應用到現今生活課題中，可是又不知道該怎麼做？畢竟那本古代寫的聖經裡找不到今日社會發燒的議

題。因此，你該怎麼把二者連在一起呢？

我的建議是從環境開始下手——把聖經寫成時代的古代環境，以及我們所處的當代環境連在一起。一個人該如何應用聖經真理，環境可以帶來很大的差別。

亙古不變的真理處於不斷變遷的世界

記得神在創世記二章24節創立的婚姻嗎？

因此，人要離開父母，與妻子連合，二人成為一體。

亞當夏娃墮落以前，他們的婚姻是什麼樣子？想像一下他們之間所經歷的溝通程度、信任程度、互助程度、親密程度，可是接著他們犯罪了。現在他們面臨的是一連串新的掙扎——互不信任、自私、驕傲、淫念等等，可是神對二人成為一體的期待卻沒有改變，挑戰卻迥然不同了。

讓我們跳到摩西，他從創世記的記錄來看待以色列人。以色列人剛剛出埃及，金字塔還相當普遍，在這樣的環境中，甚至連以色列人自己的族長都還納妾，如此一來，二人成為一體的夫妻關係還有什麼好談的呢？我們再一次看到環境的變遷。

之後我們看到耶穌與法利賽人談到婚姻（太十九1～9），到那個時代離婚就已經很普遍了，大家面對的問題是要怎麼逃離婚姻，而不是維繫婚姻。耶穌卻引用創世記第二章來強調婚約的神聖，祂的話顯然讓聽眾嚇了一跳，「既然婚姻有這種規定，那還不如不娶？」門徒們覺得難以置信，於是就這麼問耶穌。雖然聖經真理還是一樣，可是大環境卻已大幅變遷。

後來，保羅寫了一封信給以弗所人，以弗所城可能是當時最有錢的城市之一，以弗所相當於今日美國的奧蘭多市（Orlando，譯註：此處建有迪士尼世界、環球影城等大型遊樂設施，並有許多著名豪華

旅館、餐飲業等供人休憩），是第一世紀時代的旅遊勝地。保羅抵達那裡的時候（徒十九），婚姻狀況已經墮落不堪，有錢人尤其更甚。羅馬哲學家辛尼迦（Seneca）嘲弄當時的婦人：「她們離婚是為了再婚；結婚是為了離婚[1]。」瑟內卡的兒子刻薄程度不下於父親，他認為女人的婚外情只要不超過兩個情人，都可算是忠於婚姻。[2]

保羅新穎、令人稱奇的教導已經造成以弗所全城大規模騷動了（徒十九23～41），現在又以他的書信震驚年輕一代的以弗所信徒。他也跟耶穌一樣引用創世記二章24節，然後他說：「（丈夫們）你們各人都當愛妻子，如同愛自己一樣。妻子也當敬重她的丈夫。」（弗五33）。在第一世紀以弗所城那樣的環境下，一對夫妻該怎麼維繫成為一體的婚姻關係呢？

從這樣的角度看來，在二十一世紀的環境下，合乎聖經的婚姻又當如何自處呢？今日社會每二對新婚夫婦就有一對以離婚收場，而且有愈來愈多人婚前同居。雖然有愛滋病及其他性病的威脅，外遇還是在增加當中，有愈來愈多複雜的家庭關係是人們自己造成的。在現今的文化背景中，一對夫妻該如何去維繫成為一體的婚姻關係呢？

關鍵就在於，神的話是亙古不變的。可是我們所處的世界卻不斷地變遷，因此如果要活出神的真理，我們就要將神的真理應用在我們特定的處境中。然而就像我在第四十三課最後所提醒的，我們不可以修改真理來適用我們的文化背景；相反地，我們要按自己的需要來調整對真理的應用。

處境、處境、處境

該怎麼入手呢？如何把西元一百年或更早以前所寫的訊息，應用到西元兩千年甚至更晚的時代呢？關鍵就在處境。當時的處境如何？現在的處境如何？不管文化處境如何改變，不變的真理是什麼？

我們曾探討上下文（亦即文字處境）對「解釋」的重要性，現在我們來探討史、地、文化處境對「應用」的重要性。我們必須對遠古

文化有所認識，當我們對寫作的文化背景及起初的應用了解越多，我們的看法就會愈正確，也就愈能在自己所處的文化背景裡應用出來。

不僅如此，我們還必須對自己的文化有所了解。就像我們去探討古代的環境因素，我們也必須去探討自己的處境因素。我們所面對的壓力是什麼？哪方面特別需要聖經真理？有哪些文化背景使真理特別難應用出來，有時甚至幾乎沒辦法應用？有哪些因素影響了我們屬靈的態度與作為？如果保羅和其他使徒寫信給今日教會，他們會寫些什麼？如果基督今天活在我們當中，祂會到哪些地方工作？

大衛在招募人馬、奠定王國根基時，有件事情很有意思，他找了以薩迦支派的子孫，經文描寫他們「都通達時務，知道以色列人所當行的。」（代上十二32）在今日的基督肢體裡，我們可以用到很多以薩迦子孫——他們是一群通達聖經與世界情勢的人，他們也明白神期許他們在社群中該有哪些作為，不止通曉聖經，而且也對今日世界知情識事！

順道一提，一個人要對現今社會「通達時務」，要有聰明應變的能力。我們的世界變化之快、文化變遷之迅速，如果要跟上時代就必須保持警醒。不過談到「跟上」時代就很容易陷入以「新穎」為偶像的危機。如果有新事物出現，我們就以為一定很重要，於是焦點就模糊了。然而事實或許並非如此。我們最該聚焦的「新」事物應當是：「神今日在何處動工？我應當如何參與？」

研究文化

了解文化不像我們想像中那麼簡單，我們雖身處社會，卻不表示我們就知道這個社會如何運作。事實上多數人埋頭度日，卻忘了周圍影響我們的力量。我們可以著手去研究自己的文化——同時也研究我們所處這個全球化世界的多元文化——就像我們研究聖經時代的文化一樣。

在你評估今日文化環境的同時，我想提供你一系列的問題，跟我

們稍早提過要觀察的六個問題相差無幾：是誰？是什麼？在哪裡？什麼時候？為什麼？理由何在？我們談過如何使用這些問句來研究久遠的世代，但這些問句也適用於現今社會。

當然了，當我們針對所處的環境問這些問題時，有個麻煩產生了，就是我們很容易拿膚淺的答案打發過去。記住，扼殺查經的原因之一就是態度，「我知道啦，已經看過了，清楚的不得了啦。」研究自己的社會也是如此，千萬不要以為已經完了了解所生活的世界。

以下就是值得省思的問題，其實還有其他許多問題可以列入，不過我們先從這些著手。

權力

權力中心在哪裡？由誰掌管？他們如何取得控制？如何支配？為什麼是他們取得權力，而不是別人？他們的掌控有多少成效？整個社會是由誰來作決定？地方層級和個人層級是由誰來作決定？他們能否取得權力是受誰的影響？

溝通

溝通的方式為何？新聞及資訊如何散佈？媒體由誰控制？為何是由他們控制而非他人？誰有權使用媒體？這個社會如何決定資訊是否可信、可靠？溝通的方式如何影響到訊息的傳播？

金錢與經濟

金錢如何影響文化價值觀？為什麼？人們如何賺錢謀生？這個社會與誰作交易？交換什麼樣的貨物？交通工具有哪些？人們如何從甲地到乙地？這個社會有何資源？缺乏哪些資源？科技成就有哪些？有多少人處於貧窮狀態？中產階級佔多大部分？貧富差距為何？對文化有何影響？

民族

　　文化由哪些民族構成？這些民族從哪而來？他們帶來了哪些歷史與價值觀？這個社會由哪些社交成員構成？有哪些階級？如何決定社會階層？哪些人居最上層？哪些人在最底層？為什麼？人們面對哪些種族隔閡及種族問題？這些問題如何影響日常生活？其他不同的次文化以哪些傳統、價值觀著稱？

性別

　　男女的角色分別為何？二者如何互動？分別面對哪些問題？為什麼？

世代

　　這個文化帶給家庭什麼樣的價值觀？家庭的結構如何？重要家族有哪些？這些人住在哪裡？他們的歷史如何？他們如何維繫影響力？權力如何代代相傳？年輕人如何受教育、如何交往互動？學些什麼？由誰來教導？在這個文化中，一個孩童如何轉為成人？青年期有多長？年長者的情形如何？

宗教與世界觀

　　主要宗教為何？從何處而來？現況如何？潮流為何？哪個群體增長得最快？為何增長？人們在何種哲學觀下生活？當他們面對世界及生活時有何展望？這個文化對福音有多少程度的接觸？向來如何回應？

藝術

　　這個文化產生何種藝術作品？他們的藝術如何描寫這個文化裡的人群？如何描寫這個世界？藝術家的地位如何？

歷史與時間

　　有哪些傳說與神話流傳下來？所傳講的故事和一再複頌的故事有哪些？由誰來寫歷史？有哪些故事是不被傳講的？社會中的生活步調如何？人們如何測量時間？年長者有何地位？孩童代表什麼？從這個角度看，誰來代表孩童？

地方

　　這個文化的地理位置為何？它的地形及氣候對日常生活有何影響？與其他社群相較，這個社群的移動性如何？家庭通常會在一個地方定居多久？傳承下來的土地有何性質？有哪些民族被趕出去？在這個文化的發展史中，有哪些地點一直都很重要？戰爭都發生在哪些地方？節慶在哪裡舉行？有哪些紀念碑或紀念堂？

資源

　　這個族群擁有哪些天然資源（例如：水、原油、天然氣、木材等等）？數量有多少？誰能取得或控制那些資源？這個族群必須進口哪些物資？族群中有多少人有電可用？電話設備？網際網路？地理文化資源（例如：海港、山脈、可耕地）有哪些？

利用你的資料

　　如果你針對所處世界認真回答類似這些的問題，你對一個族群的運作過程就會有深入的看法。可是你如何將這些資料與聖經真理配合起來看呢？你如何應用神的話語在你自己所處的環境呢？畢竟，聖經經文與日常生活無法一字一句對應。你要如何連接在一起呢？我們會在下一課探討。

附註

1. 簽柯比諾（J. Corcopino）所著《古代羅馬日常生活：帝國高峰的人民與城

市》（*Daily Life In Ancient Rome: The People and the City At the Height of the Empire*. New Haven, Conn.: Yale University Press, 1940, 100.）。

2. 杜藍特（W. Durant）所著《該撒與基督：羅馬文明史與基督教歷史，起初到公元三二五年》（*Caesar and Christ: A History of Roman Civilization and of Christianity from their beginnings to AD 325*. New York: Simon and Schuster, 1944, 370.）。

現在換你來　試一試

對第一世紀的基督徒來說，其中一個備受爭議的議題就是可不可以吃獻給偶像的祭肉（參考第284～285頁），保羅用羅馬書第十四章一整章來處理這項議題。可是除非我們了解當時的文化背景及爭議的緣由，我們就無法了解或應用這段聖經。因此，我要給你一個作業，讓你練習、培養這方面的研經技巧。一旦你對第一世紀的羅馬有所了解，你就能明白保羅的信為何要提這件事，也就明白這對今日的我們有何重要性。

　　首先研讀羅馬書第十四章，使用稍早提示的「觀察」技巧，別急著跳進「解釋」階段，先以觀察性問題連續轟炸經文一番，等預備好進入解經階段時，最有效的兩個方法就是用「比較」、「多方諮詢」。將羅馬書第十四章與聖經其他提到這個議題的相關經文文作比較，例如哥林多前書第八章。使用經文彙編盡可能地查考，找尋初代基督徒心目中所指的被偶像佔據的地方。

　　至於「多方諮詢」，你得花精神好好找一篇講述羅馬宗教，以及所崇拜的神像、女神這方面的文章。歷史學家杜藍特在他所著的《該撒與基督》（*Caesar and Christ*）一書中，對羅馬帝國的生活有概要說明。你附近的圖書館也可以提供其他資源。

當你研讀聖經經文及其他工具書時，用本章列出的那些問句，來建立起對第一世紀羅馬文化的資料庫。如果你能很詳盡地考察，就能融入公元六十年左右的羅馬時期，而且你會對這方面非常熟悉，這樣就可以看出為什麼獻給偶像的祭肉這樣的議題，會在初代教會引起這麼大的麻煩；而且你也可以看出我們的社會與當時的相似之處，也就明白羅馬書第十四章可以如何應用在今日的社會裡。

note

第 *46* 課

事物的原則

聖經對基因工程、全球暖化、電子垃圾郵件會有什麼看法？至於墮胎、避孕、安樂死呢？有沒有講到公共教育、監獄改革、全民健保？我們是否會向聖經求助，解決有關交通運輸、房屋供給、垃圾棄置的問題？能否找到與愛滋病、關節炎、老人癡呆症等等相關的經文？

我不是傻，如果我們這一刻在讀聖經，下一刻在讀網路部落格，就一定會面對類似這樣的問題。我們就會問，聖經揭櫫的真理與我們認識的世界有什麼關聯？否則我們就會陷入肯恩的困境：聖經只是靈修指引而已，與現實生活無關。

不過，任何有理性的讀者都會馬上看出這方面的問題。聖經經文與現代生活沒有逐字逐句的對應關係，我們不能只是像電源線插入插座一般地「接上」某段聖經經文，來回應我們所面對的需要與問題。人生遠較這些複雜多了。

聖經也不是為此而寫的，它不是一本關於傳記、心理學、商學、經濟學、甚或歷史學的書。當聖經針對這些領域發言時，它是以真理的角度，而非綜合性角度出發。聖經的主題就是神、以及祂與人類的關係，至於如何應用在日常生活中，絕大部分的責任就落在我們身

上。我們必須仔細思量，做出抉擇——而這樣的抉擇是在聖經的引領之下做的。

原則的重要性

這就帶我們回到那句老話：「惟一解釋，多重應用」。當然了，很多特殊議題是聖經從沒提過的，有些在當時還根本不是議題，可是這不代表聖經對那些議題就無話可說；相反的，聖經告訴我們基本真理或原則，是神要我們廣泛應用在所有人類需要上的。

我所謂的「原則」到底是什麼意思？原則就是對宇宙真理的簡短定義。當我們談到原則時，我們的焦點就從個案轉移到一般性。例如，箴言二十章2節記載著：「王的威嚇如同獅子吼叫；惹動他怒的，是自害己命。」

字面上來說，你可以反駁，這句經文不適用於生活在民主共和體制下的我們，現在已經不再是威權專制時代了，我們沒有王，也不用去擔心王生氣。可是這樣的讀經方式太狹隘，而且也是對箴言類經文的誤解，箴言難免要透過特殊案例來講解一般性真理。這裡所探討的是個人與政府之間的關係，所提出的原則就是要尊重當局的權力。

那麼，這個原則是否適用於所有與政府有關的偶發事件？當然不，而且我們也不作此推論，排了好幾哩長的法律藏書也無法這樣訂規。可是這樣的原則卻給了正確的方向，它告訴我們面對政府應該持守的基本態度。我們的行為可能因為個案而有所不同，可是在每個案例中我們都應該對當局表示尊重，這是神給當局權柄來管轄我們的。

哥林多前書第八章也讓我們看到了遵循一般原則的需要。這裡談的議題是獻給偶像的祭肉，這對於我們現今的社會來說已經不再是問題。但可能在某些偶像盛行的今日文化中，對那裡的基督徒仍舊是個問題，不過在一些先進文化中已經微不足道了。然而，是不是因此哥林多前書第八章就已過時，與現代無關聯性了？不，因為這裡給的是更大議題的原則，例如良知、容忍度、對其他信徒的尊重、體諒他人

背景；這些當然不會過時、與時代無關聯性。

可是假定我們讀一卷傳記，就拿但以理的生活來說好了。記得我們提過，讀經時要注意應用在生活的眞理。那麼從但以理的經驗中，我們可以找到哪些與實際生活產生共鳴的？其中最顯著的一個事實，就是這位屬神的人雖然處在極度邪惡的環境中，他的爲人處事還是秉持正直。當時有一個小組被指派，比賽誰先在但以理的檔案中找到差錯可以把他趕出去，可是這些找碴的人一點把柄都抓不到（但六1～5）。

那麼，但以理在今日世界可以造成什麼不同？想想看，你在何種環境下工作？可能不會比古巴比倫還邪惡，可是你可能知道公司裡或那個行業裡的一些欺騙、造假的行爲；也許你可能已經成爲政治標靶，有人想取代你；可能因爲你爲基督的緣故堅守立場，已經有人看你不順眼，要刁難你。但以理的故事是不是有些原則能應用到你自身的情況？從他如何應付所面對的挑戰，你是否能有所學習？一個屬神的人如何自處於世俗、甚至邪惡的系統中，你是否能從中學到功課？

原則之上的原則

如果你在查經的過程中能把握正確原則，就能擁有一些有效的工具來幫助你應用聖經眞理，你也就能以聖經的永恆眞理，來弭平古代與現今自身狀況的鴻溝了。可是你怎麼知道自己的觀念是正確的呢？你在分析經文的時候如何預防犯錯、避免極端呢？如何確保實用性？雖然難以全然保證，但你仍可考慮下列四項方針。

1. 原則應與聖經的一般教導相呼應

這就帶我們回到經文對照的練習。當你從某段經文擷取原則時，想想看有沒有其他經文可以印證這項眞理。

例如，從箴言二十章2節這段經文我所得到的概括原則是，信徒應當尊重政府當局。如果聖經裡談到這項議題的只有這段經文，我就

得小心謹慎，不可過度引伸。不過經文彙編告訴我，還有許多其他經文強調同一個原則，例如：羅馬書十三章1～7節及彼得前書二章13～17節。因此，我覺得如此應用箴言二十章2節可以相當有把握。

同理，保羅在羅馬書第十四章談到獻給偶像的祭肉這個議題：與但以理相對照的還有約瑟、以斯帖、尼希米等人也服事外邦政府，而他們都持守自身正直及其敬虔的品格，所以當我如此應用這些經文時，我可以找到很多經文印證。

有些人單單只從一段經文歸納出「原則」，然後企圖從這段經文建立起一大套的教義，這就會惹上麻煩。

例如有個年輕人堅持「神要每個人都赤腳」，他的理論根據是：創世記三章22節提到神用動物的皮為亞當和夏娃做衣服，可是裡頭沒有提到涼鞋或任何一種鞋，因此可以很清楚看出神從來不要人用動物毛皮做鞋穿。這樣的辯證不但無中生有，而且也與其他經文互相矛盾（可六8～9；約一27；徒十二8），真的很傻，一點都不合教導、也不實際。

另一個常犯的錯誤是，有人用聖經來為自己辯解，可是明明就是聖經所反對的事。有一回一個學生相信他應該要娶某某女士，「神叫我娶她，」他向我解釋，而且引用了一節經文。

有幾個原因讓我對這件事情無法接受，更別提這位女士根本就不信主。我說：「如果你決定要娶她，這是你自己的決定，不要假借上帝之口。神很清楚明講，『你們和不信的原不相配，不要同負一軛。』（林後六14），所以祂不太可能會告訴你自相矛盾的話。」

我們從聖經歸納結論的時候要非常謹慎。不是說我們不能廣泛應用聖經，而是應用的時候要有道理、要能一致。

2.原則應針對今日現實生活的需要、興趣、疑點、問題

按著聖經的架構來檢視原則只完成了一半的工作。就像斯托得（J. Stott）說的：要趕上潮流卻不管合不合乎聖經倒是不難；要合乎聖

經卻不管趕不趕得上潮流也不難；難就難在又要合乎聖經、又要趕得上潮流——這就真的是一門藝術了。

正因如此，文化研究就扮演著非常重要的角色。如果你對一個社群已經花功夫去作研究，你就已經大致了解這個社群有哪些重要東西，有哪些起火點、傷口在哪裡化膿、倒塌的地方在哪裡、哪些地方很痛苦，你應該知道有哪些人覺得神遠離了、哪些人對神有懷疑、哪些人在生神的氣、哪些人對神的認識受到蒙蔽，你也應該清楚：今日神的子民在哪些地方活動力很強、在哪些地方他們已經挺身起來滿足需要、還有哪些地方疏忽了。

總而言之，如果你已經透徹了解自己的文化，就應該知道需要和問題出在哪裡。有了認識之後，就可以開始從聖經尋找可能可以應用在目前狀況的一般性真理。這些真理在古代可能以不同方式應用，可是它們至今仍然是真理，因此仍然適用於今日面對的課題。

例如有人開始研讀尼希米記，他最先遇到的課題之一就是第一章的禱告，我們之前曾討論過這方面。這位弟兄發現尼希米跟神談到耶路撒冷愁苦的人，於是他心中一凜：「我上次幫公司裡的同事禱告是什麼時候了？」

他是一家小型製造商老闆，於是他就列出所有員工的名字，接著列出所有賣方的名字，然後又列出所有競爭對手的名字。接下來他就開始禱告，跟神談到他跟每個人之間的關係，也提到對方的需要。這就成為一個規律習慣，持續到今日。不過，起火點是這個人從聖經認識了一個簡單原則——也就是神要我們為周遭的人和問題代禱——接著他就將這項原則應用在自己的情況中。

3.原則應指出行動準則

已逝的管理專家彼得‧杜拉克（P. Drucker）指出，世界上最棒的構想在尚未付諸行動之前都還是沒用的構想，一直要等到有人採取行動後才有用。聖經原則當然也是如此，想要有果效，就要有行動。

　　要亂作假設很容易，隨便用神學理論就能把穹蒼的銀河變不見了，這就是保羅在雅典遇到的問題（徒十七21），那裡的人喜歡坐下來空談。但是神給我們祂的話語，目的不是爲了調侃我們的好奇心，而是去改變我們的生命。我們在探索聖經原則時必須常常自問，我要怎麼處理這個眞理？何時、何處、如何應用？

　　在下一課我將會建議一個簡單的模式，現在先讓我告訴你一位男士如何從這個模式中經歷改變。我記得一位達拉斯牛仔隊隊員來參加我帶領的查經班，當時我們查考的是以弗所書。在第五章我們有一段有關婚姻的經文，也就是上一課課末我提到的部分。當這個高頭大馬的大個兒最後終於明白保羅這段話的重要性時，我永遠忘不了他那副驚訝的模樣。

　　「你是說我必須要愛我太太？」他問的時候簡直不敢相信：「你是說我必須要告訴她我愛她？」

　　他眞的開始明白保羅口中的婚姻情景，我不曉得以弗所人讀這段話時會怎麼想，可是這位男士正在萃取有關婚姻的基本原則，而且馬上就要把這樣的原則具體應用到自己的夫妻關係上了。

　　回家的時候他已經下定決心要告訴太太他愛她，對一個從婚禮到現在都沒開過這個口的人來說，相當不簡單。整個下午他都猶豫不決，想要鼓起勇氣來跟她說，晚餐過了他還是說不出口。最後他決定縱身一躍。他起身繞過餐桌，抱住他太太，根本就是把她整個人從椅子上抱起來。（後來她告訴我，她以爲他瘋了。）

　　「太太，」他像牛一樣吼著：「我只是想說一句話……我愛你。」然後他給了她一個深深的吻。

　　聽起來可能跟你不太一樣，不過對這個人來說完全是新的經驗，代表著意義非凡的生命改變。藉著對聖經原則的回應，他在婚姻生活上往前邁了很重要的一步。

4.原則應受到其他屬神之人的支持

彼得後書一章20節說:「經上所有的預言從來沒有可隨私意解說的。」換句話說,如果有人對眞理有特殊見解,聲明只有他對聖經的看法才正確、他才是獨一無二的——小心了,這是異端的開始,不是聖徒相通該有的情形。

神的子民集智慧大成,可以詳實地看出錯誤,這就是爲什麼基督以後的第一世紀教會的大公會議如此重要,他們雖然不夠完善,卻也除掉了異端。

今天我們也該看重類似這種的保護性質的群體。當我們從神的話語歸納出原則時,我們應該向通曉聖經、與神同行的人查核自己的想法,我們不只需要他們認可我們的原則,也確認這些原則與聖經眞理始終一致。

而我們的想法也應當與歷史中一些敬虔者的所思所言作一查核,以便預防「把無關化爲有關」,硬要發展一套只能適用十億分之一秒、特定刹那的風潮原則。正如魯益師所寫的,我們必須對「過去」有深刻的了解,不是因爲「過去」有什麼魔力,而是因爲「過去」提醒我們,我們對「世界現況」的很多結論其實都是短暫的。「一個曾經周遊四方的人不太容易被故鄉的地域偏見所蒙蔽;一位在歷史中打滾的學者(也就是研究「過去」的學生)也具相當程度的免疫力,不致犯上嚴重白內障所造成的無知,這白內障乃是源自蜂湧而起的當代媒體和麥克風等大眾傳播。」[1]

使真理倍增

我曾經聽過前任美國國務卿季辛吉的演講,他對全球舞台上某些具爆發性影響力的事件有些評論。他說,每件事都在危機中運作,因此對領袖形成巨大的挑戰。他們要如何才能跟得上呢?他解釋道,事情發生得如此之快,根本沒有時間思考,你只有反應的時間。因此你必須靠就任前儲備的知識庫和經驗來運作。

　　我以爲這番話可以教導我們如何活出基督徒生活。我們當然要花時間認眞學習神的話語，可是我們常會立刻面對突發狀況，不容我們慢慢思索，只能當下做出反應。例如，跟同事起了正面衝突；面臨要不要欺騙顧客或對手的抉擇；送孩子上學，到學校要下車時，孩子才問一個尖銳的問題；突然接到朋友的電話，他正面對困難抉擇，想聽聽你的看法。

　　在這樣的情況下我們只能靠當時已經累積的知識庫和經驗來應對。沒錯，如果時間夠多，我們可能可以想到優雅、修飾過的回應，可是生活常常不給我們時間，所以問題就是，在面對突發狀況時我們對聖經有多熟悉？腦海裡有多少經文資料庫？我們沒時間仔細研究，在一刹那間，我們身上有哪些資源可用？

　　如果我們從聖經累積許多原則，就會有力量非常強大的資源中心來應付人生各種狀況。你會覺察到，原則能讓眞理倍增，這就利用到我們先前的主張「惟一解釋，多重應用」。可能我們無法用特定經文來應付當時的狀況，但我們還是可以從已知的眞理來補強，引導我們走在神所帶領的路徑上。

附註

1. 魯益師，「在戰爭時代學習」（Learning in War-Time），出自《榮耀之重及其他演講》修訂版（*The Weight of Glory and Other Addresses*, Revised Ed.. New York: Macmillan, 1980, 28-29.）。

現在換你來 試一試

能夠從聖經歸納出原則，是聖經應用方面最有用的技巧之一，它能幫助你將神的話語與你面對的任何情境產生連結。然而，這樣的學習需要一點練習，你不能天馬行空，想到哪些經文對你滿有道理，就來上這麼一句：「經上說……」

不，你需要對經文有正確認識，而且對自己的環境有充分了解，才能歸納出有效而正確的原則。以下有幾個問句可以幫助你發展合乎聖經的原則，讓你加以應用。

1. 你從這段經文寫作當時的背景及應用中，觀察到什麼？
2. 在原來的背景中，這段經文有什麼意義？
3. 這段經文呈現了哪些基本、普世性的真理？
4. 你是否能以一兩句話從中說出每個人都能懂的真理？
5. 這項真理主要談到哪些你自身文化或個人處境的問題？
6. 當應用在你生活周遭時，要如何去運用這項原則？要作出哪些改變？強調哪些價值觀？會產生哪些差異？

現在利用這些問句來歸納出以下三節經文的應用原則：箴言二十四章34節；約翰福音十三章1～17節；希伯來書十章19～25節。

note

第 *47* 課

改變人生的過程

教會的退休會剛剛結束，與會者紛紛將行李搬到車上、互相道別。這個週末真是太棒了，好玩、好吃、好收穫，大家從以弗所書的查經學到很多。當會眾懷著感恩的心向瓊斯牧師道謝時，他的臉上掛著一抹開心的微笑。

賴瑞從會眾中走出來，「牧師，」他說：「這個週末一直都……怎麼說呢，真個改變了我的生命，我整個人都不一樣了。」

「我很高興聽到你這麼說，賴瑞，」牧師回答道：「告訴我，最讓你覺得不一樣的是什麼？」

「嗯，我不知道，通通都是，真的！」他笑著說：「我現在知道有太多要學的了，回家後我要更用心讀聖經，我真的要下功夫改變對待人的態度，而且我想我可能會幫忙主日學，我也得好好想想奉獻方面的事，你的宣教信息真的讓我很感動。」

「聽起來你這次退休會滿有收穫的，」瓊斯牧師很熱心地說道：「我會為你禱告。」兩個人握握手就道別了。

表面上看來，這是段很好的對話。由於瓊斯牧師對以弗所書的教導，賴瑞看出自己有些領域應該要有屬靈成長、也應採取行動。可是當我們發現這些年來賴瑞其實已經參加了十幾次像這樣的退休會，整

個光明前景就黯淡下來了。他改變了嗎？一點也不！他會受到當時熱烈氣氛的鼓勵，可是回家後一切立志就煙消雲散，改變的過程也無影無蹤。

我該從哪裡開始？

很多人也有類似賴瑞這樣的苦惱——如何訂出計畫的苦惱，我們可以用一句話來描述這個苦惱：「我該從哪裡開始？」談到應用，這可能是最有效的問句了。

你瞧，每個人都能訂出雄偉的改變計畫，有人說他要為基督把福音傳揚到全世界、有人說未來五年內要查遍聖經每卷書、有人計畫要背一百節經文、有人想作有基督樣式的配偶。很好，你要從哪裡開始呢？

在回答這個問題之前，你所有的只是良好意圖而已，等於打了一個沒有價值的勾而已。畢竟，如果連坐在辦公室隔壁的同事你都沒辦法跟他分享基督，你要傳福音到全世界的夢想又怎麼可能成真呢？如果你連明天要讀哪一節經文都不知道，又怎麼去讀整本聖經呢？如果你連一節經文都不想去背，又怎麼去背一百節經文呢？如果你只是坐著空想基督樣式的婚姻，倒不如從簡單的事情開始做起？作丈夫的就去洗碗，作妻子的就來鼓勵你的弟兄。

有太多「應用」只停留在良好意圖而已，因為我們只談旅程終點，卻沒有提出具體的時、地、起步。有人說的好，我們從來就沒有打算失敗，因為我們一點打算都沒有。

所以我想提供你一個簡單的模式來幫助你計畫改變人生的過程。再次說明，當我說「簡單的模式」，並不表示這件事就很簡單。人生顯然不是個簡單的過程，人生很複雜，很多成長的因素沒辦法輕易製成圖表；更有甚者，基督樣式是要用歲歲年年的人生過程來培養的，一直要等到我們回到天上與基督相會才結束。

我擔心的不是旅程的終點，而是起點。很多基督徒的屬靈成長停

滯了，因爲他們根本就沒有開始。事實上，很多人根本就不知道該如何開始，他們只知道有一天很多榮耀的應許會是他們的。問題的核心是，今天他們要採取哪些行動來朝這個方向邁進。

因此，這裡有三個步驟，可以將良好意圖化爲改變人生的行動。

1. 下決心要改變

也就是，下定決心！想想看有哪些地方需要改變的，然後下定決心去改變。大致上就是要設定目標。換句話說，作出這個改變之後，結果你會有何不同？過程結束後你的情況會怎樣？

梅格（R. Mager）是一位學習教育專家，他說良好的目標會清楚指出一個人一旦達成預定的目標時，可以有能力做哪些事。舉例來說，這本書的寫作目的是要幫助你能：對聖經經文，能提出觀察性的問題、解釋該段經文的意義、並具體描述如何將所學的眞理應用到日常生活中。這段話清楚指出有哪幾項具體行爲可用來評估我們是否達成目標。例如，我們可以聽到你如何針對經文問問題，我們可以讀到你寫出來的解經內容，我們也可以檢視你的日誌，看你是否有所行動。

那麼，你設定了哪些目標是可以爲你帶來改變的？寫出當你完成這個目標後，你會有能力做些什麼。你是否想成爲一個更好的家長？那是什麼情景？你能否寫出具體、可評估的行爲表現？例如，「更好的家長」對父親來說，可能是多花一點時間跟孩子相處；對母親來說，可能是好好規畫、管理家庭的時間表。我們可以評估這些行爲，也可以根據這些來訂出計畫（詳見下文）。

你的目標愈清楚明瞭，就愈可能達成。模擬兩可的目標會帶來模擬兩可的結果。如果你說你要「更多去傳福音」，你可能不太清楚何時能更多地傳福音。可是如果你說你要採取主動，跟鄰居約翰與瑪莉多談一點福音，你就可以清楚知道何時、以及你是否已達成這項任務。

你會覺得好像太嚴格、太拘泥了嗎？如果你真的這樣想，我會覺得你要的只是不含咖啡因之類的基督教——這類基督教保證讓你晚上不會清醒。你想，神之所以給我們祂的話語，為的可不是讓我們舒爽，而是要改變我們，讓我們有基督的特質，遠超過虔誠的感覺及良好意圖，神的話會刺穿我們的日程表、支票簿、友誼、工作和家庭。如果我們的信心在這些領域沒有帶來實際改變，又怎能在其他方面作出改變呢？

把目標定義清楚，可以幫助我們從真理中看出行動，而不是抽象概念；同理，也可以幫助我們務實，不會天馬行空。你的目標是不是要像德瑞莎修女一樣有愛心？很好，可是別把這當作是你的目標，比較務實的作法是在你自己的社區成立施湯中心（soup kitchen，譯註：布施飲食之處），採取一些具體行動來滿足他人需要，這是可以做得到的，也是你現在能做的。這樣就是務實地邁向正確方向。

2.作出計畫

就是在這個時候你要問怎麼做。我該怎麼完成這項任務？如果你把目標列得很清楚，這個問題應該很容易回答。如果列得不清楚，你就得回頭修改目標，弄得清楚一點，比較能實踐的。

所謂計畫，就是規劃出一連串具體行動好讓你能達成個人目標——我說具體，是真的要你很具體！仔細考量你說你要達成的目標，需要下哪些功夫？有哪些人牽涉在內？你會需要哪些資源？該列入日程表何處？最合適的時間為何？

例如，假定你的目標是要花更多時間與孩子相處，作個更好的父親，你要如何達成這個目標？也許你可以帶孩子去吃披薩，跟他說說你的童年往事，這會是個很出色的計畫。要達到這個目標該怎麼做？什麼時候去？孩子會願意嗎？最合適的時間是什麼時候？時間要多長？到哪裡才能好好聊天？你要說些什麼？

或者，假定對你這個作媽媽的來說，「更好的家長」意味著好好

規劃、管理家庭的時間表。你要怎麼達成？也許你得在廚房掛個月曆，那麼你什麼時候要去買月曆？要多大？掛在哪裡？登載活動的頻率為何？你怎麼決定有哪些活動是應該寫在那上面的？

又假定你想跟鄰居約翰和瑪莉談談基督，你知道他們對這方面有些問題想請教，你要怎麼打開話題？也許你可以送他們一本魯益師寫的《反璞歸真》（*Mere Christianity*），這樣就有話可聊了。如果你打算這麼做，什麼時候要去買書送他們？何時給他們？打算怎麼跟進？要不要找個晚上請他們過來吃點心，順便聊聊這本書？如果答案是肯定的話，什麼時候？他們會願意嗎？

計畫一連串的行動，意味著規劃出具體方案來達成目標，接著思考你得採取哪些行動好讓計畫進行。計畫就會在你的「意圖」上，貼上名字、日期、時間、地點。你的計畫越具體，成功的機率就越高。

3.跟進完成

現在就動手！你的計畫是不是得從一通電話打起？那就拿起電話筒。還是該重新安排你的日程表？那就來重新規劃行程表。你是否打算要從預算的角度評估自己的奉獻習慣？那就坐下來重擬預算表，手頭上才會有你需要的資訊。

凡事起頭難，不過要跨出去，別再蹉跎了。既然你都已經走這麼一大段路了，就讓所下的功夫得到報酬，好好跟進完成。看到努力開花結果會讓自己很有成就感。

在這個過程當中有三個訣竅可以幫助你。第一，考慮使用核對清單，特別是如果你的計畫牽涉到重複的活動或一連串步驟。比方說，如果你打算背經，那就列出所有要背的經文、背誦的日期，這樣做是很有智慧的。接著，一旦你背起來了，就在清單上打勾。隨著時間進展你可以很清楚看到自己的進展，可以為自己的成果慶賀，所下的功夫就會得到鼓勵。

第二個訣竅是找人來督促自己，可以是正式的、也可以是非正式

的。非正式的話，你或許可以告訴配偶或好友你的計畫，在努力的過程當中你可以跟他們分享你的進度、你的掙扎、你的得勝。

不過，從長程屬靈成長的角度來說，我還是建議你找一個正式的督促小組。多年來，吉茵和我都是這樣的小組成員，我們非常非常珍惜這樣的經驗。小組裡這群人彼此交託、彼此鼓勵、分享智慧，共同參與成長過程，這樣的團體力量能幫助一個人完成他的承諾。

第三個確定你完成計畫的訣竅就是評估進展，寫日記就是個理想的方式。在你定下目標、完成目標的過程中，在筆記簿裡記下進展，記錄你想得到改變的緣由、會採取那些行動的原因、過程中學到了哪些。稍後你可以回頭看看你歷經的路程，你會注意到有哪些部分進步了，哪些部分還待加強。

還有一個方法就是定期跳脫現有環境，離開去做一些個人省思和評估。帶著你的日記、聖經、月曆、還有過去幾個月記錄下的一些札記等等，問你自己類似以下幾個問題：這段時間與主同行最大的三項挑戰為何？我都怎麼回應那些挑戰？有哪些得勝是值得慶賀的？有哪些失敗是該好好反省的？神垂聽了我哪些禱告，我記得哪些具體回應？我變得比較好還是比較差？怎麼說呢？我的時間都花在哪些地方？錢都花在哪裡？人際關係怎麼樣？

不過在自然內省方面我得提醒你一點：如果你沒有進步，不要氣餒。在信心的旅程裡，成長經常是慢慢累積的，任何形式的進步都很寶貴，不管進步的步履有多小，每一步都很需要；也許更要緊的是前進的方向，而不是步伐的大小。

回想第二次世界大戰，一九四四年六月六日的諾曼地登陸可能是軍旅史上最大規模的攻勢，戰況異常凶猛，雙方陣亡人數都在數萬以上，當天絕大多數的時間雙方都是勢均力敵，輸贏瞬變。不過在那天快過去的時分，聯軍取得法國的灘頭堡，戰爭算是結束了嗎？怎麼可能！後來又打了十一個月才把納粹打敗，使歐洲的交戰狀態終於停止。每個往柏林推進的戰爭衝突都像諾曼地戰役一樣血流遍地，這樣

的推進過程就像是逐步累積的，有時聯軍也會遭遇敗仗，不過敵軍的後勤被切斷了，隨著每一碼失土的光復，勝利儼然在望。

屬靈生命也是如此！當你歸向基督時，神在你的心裡就立下了灘頭堡，勝利在基督裡是毫無疑誤的，敵軍的後援被切斷，可是爭戰並未止息，有時看起來不進反退，可是別讓這樣的情形阻卻你的堅守精神。當你在生命的歷程往前邁進時，設法找出方法務實地評量進程，要認識自己，也要認識神在你的人生經驗中動工的方式。

神在你裡面動工

在上一課我曾提過，小時候我曾因了解腓立比書二章12節的最後部分而受到激勵：「就當恐懼戰兢，做成你們得救的功夫。」我在本課中所描述的計畫過程，就是「做成你們得救的功夫」的一種模式。你必須負起責任作出決定、採取行動，這樣你裡面基督徒的生命才會成長。

可是也別忘了另外一面：「因為你們立志行事都是神在你們心裡運行，為要成就祂的美意。」（腓二13）就在你立定目標、擬訂計畫、並執行出來的同時，神一直都與你同在。這就是屬靈生命激勵人的地方──你永永遠遠不會孤單一人。神會在過程中提供資源來幫助你，祂不會為你作決定，也不會替你做你會做的事情，不過，祂會以有形無形的方式來幫助你，使你更像基督。

讓我再問你一次本課開頭提的問題。也許你已經認出生活中需要大幅改變的地方，也許你甚至已經知道該採取哪些步驟，不過問題是，你要從哪裡開始？你要如何將良好意圖轉化成改變生命的行動？

　　我想給你一個挑戰：在學習神話語的過程中，想出生活中需要作出改變的地方，然後依照本章所列的三個步驟，規畫改變所需的行動。

　　如我所說的，這是我個人給你的挑戰。記住，查經的目的就是要在你的生活中帶出改變，更像基督；而改變就是從這些地方開始的。既然你都已經學這麼多了，現在就將聖經應用到你的生命中，好讓你的學習能跟進完成。此刻就讓改變來臨吧！

note

第 *48* 課

從三個建議入手

對基督的身體來說，多年來陶恕（A. W. Tozer）一直是一號惹人頭痛的人物，他下列這番話倒讓我覺得扎心：

> 宗教情懷的特色就是膽怯、缺乏道德勇氣，它帶給我們的就是今日軟弱無力的基督教，缺乏知性、沉悶、重複個不停。對多數人來說，除了無聊還是無聊！這卻是從基督、使徒以來代代相傳、也是我們父執輩堅持的信仰。我們拿起湯匙，舀起這道淡而無味的精神食糧，餵養我們滿臉疑惑的青年；為了要讓這道菜可口一點，就從不信的世界抓來一點屬世娛樂來加味，娛樂眾人總是比引導眾人容易些，隨從墮落的大眾口味總比自己用腦來得容易。因此，有太多傳福音領袖容許他們的心靈萎縮，可是同時手指卻熟練地操作宗教噱頭，好引來好奇的群眾。[1]

我擔心現今有太多上教會的人只聽不學，只想當觀眾、不想當學生，只會被動，不會參與。這都是因為我們這些教導的人只給他們一些剪來的花，容易凋零枯萎，而不教他們如何為自己栽種盆栽──教

他們從神的話語學習神啟示的第一手眞理。

當然了，這就是本書的寫作目的：引導你進入查經的快樂。我敢說在這方面我們學的還都只是皮毛，我們只不過剛剛跨足一間大宅門檻。

現在你面對的問題是，「你要如何保全你的收穫？」「你在過程中學來的這些，要怎樣才能維持長久？」且讓我提供你三項建議，在這本書意圖奠立的基礎上開始建造。

著手開始個人查經計畫

我看過一幅很吸引我的海報：「二十年後，你會希望自己在今天做了哪些事？」在這個問題下方，有著放大、粗黑的字體寫著，「那麼現在就去做！」我以爲二十年後你可能會希望自己以前曾做過個人查經計畫。既然如此，何不今天就動手呢？

決定目標

你需要的只是解決下列四個問題。首先，你必須決定目標。你要什麼？不只是現在，而是一直到生命末了，你要什麼？很多人最後還是達到他們那個領域的巔峰，至於人生是否讓他們覺得滿足，卻落到最底部。請你問問自己：「我是否想要擬定個人查經計畫？我是否從本書看到這個需求的重要性？」

重要性排序

其次，你必須把事情重要性作出先後排序。也就是說，你對個人查經有多渴慕？你願意付什麼樣的代價？我想做的事很多，可是渴慕沒有強到讓我想要付出相對代價。請你問問自己：「我是否願意發展一套量身定作的查經計畫？如果答案是肯定的，我願意付上什麼樣的代價？」

定下時間表

你所需的第三要項就是時間表。這就牽涉到下列問題，「我可以利用什麼方法來維繫我的優先要務、來達成我的目標？」遺憾的是，對多數人來說，時間表讓人聯想到魔鬼監護人，好像有人在你的肩膀探頭探腦，隨時會打一下你的手喊道：「嘿，把那個去掉！」或「現在該做某件事啦！」可是時間表其實只是一個幫助你的工具，來完成你立志完成的事項，並且願意付代價去做。

培養節制

第四件你所需的要項就是節制，到頭來這還是聖靈結出的果子，祂可以給你能力來持續你的時間表、維繫你的優先要務、達成你的目標。不過經常有人對我說：「我當然很願意查經，可是我不知道有沒有時間。」我的回答是，你有的是時間去做要緊的事。不過，你心裡是否看重查經這件事？你是否已經訂出目標？你是否願意付代價？

我記得和一位家庭主婦的一席話，她有五個小孩——不是沒事找事做的那種人。她想開始自己的查經計畫，「如果可以找出時間，我什麼都願意，」她告訴我。

我說，「你何不試試每天抽出十五分鐘。」

「我不知道能不能找出這麼多時間呢！」她回答道。

可是她不願意罷休，有一天她來找我，「猜猜看怎麼了，終於讓我找到一段時間了，孩子要不在上學，要不就是在睡午覺——結果我找到足足二十分鐘呢！」

我遇過一位生意人，他是三家跨國企業的老闆，他當然也不會沒事找事做。就像那位家庭主婦一樣，他告訴我：「小韓，我很想要有自己的個人查經，可是我就是沒時間。」

我說：「讓我給你個建議，你是否願意禱告，求神賜給你時間呢？如果祂真的給你時間，你會不會用這段時間來研讀祂的話語？」

「我想，」他承認：「我大概無法說不吧。」

　　於是有一天當他在達拉斯的高速公路上塞車，像所有人一樣一輛跟著一輛，高速公路就像個停車場。突然之間他對自己說：「我這是在幹嘛？我是這家成衣工廠的大老闆，我大可以決定自己上下班的時間。」所以他就改了自己的時間表，早上提早半小時來公司，下午提早半小時離開。

　　這樣一來早上的交通時間就省下二十分鐘，下午也省了二十分鐘。於是他就打電話給我：「小韓，我找到了。」起初我以為他是不是領受了什麼特殊啟示。他一個勁兒的興奮不已，就為了找到一點時間。他的確信守諾言，馬上就開始為自己的緣故讀經，他自己受益最大。

　　我還是神學生的時候，有一位神特別揀選的人來教我們，他名叫哈利‧艾朗塞得（H. Ironside）。記得有一回有人對他說：「艾教授，我知道你每天都會特別早起讀經、查經。」

　　「唔」他說：「我一直都如此啊。」

　　「喔，你如何做到的？」提問接著說：「你有特別為此祈求嗎？」

　　「沒有，」他回答：「我就是照常起床啊。」

　　看到了嗎，我們很多人只是單方面要神盡祂的責任，我敢保證神絕對不會對你趕鴨子上架，你自己要決定你是不是真的想深入神的話語；如果你真願意的話，什麼時候要？

　　畢竟，要緊的不是你何時查經，而是你真的動手去做，而且定時、持續地去做。

　　不過，提醒你一下：要知道，一旦你立志持之以恆，撒但會用盡一切詭計攪亂你的時間表，牠會使盡各種手段。所以你就要問自己：「我的心在哪裡？我的目標是什麼？我的優先要務是什麼？」那樣一來，就算你的計畫不得不暫停時，也不致以為自己失去救恩了。你隔天還是可以回到你的計畫。

開始入手

　　假如你已經決定要開始定時的查經計畫，你就得回答下列問題：「從哪裡開始？」最好的起頭就是從一卷很小的書卷入手，才不會一頭栽進泥沼。有時有人會太過熱心，「我要從耶利米書讀起，」他們如此說道。我的建議是不要。

　　我會建議你從新約的一卷書開始讀起，就像腓立比書，裡頭只有四章，共有一百零四節經文；或者雅各書，裡頭有五章，共有一百零八節經文。你可以將這樣的小書卷配合你的日程表，在相當短的時間內就已經可以看見進展。

　　接著，如果你想要稍微大一點的挑戰，可以到舊約聖經，試試約拿書。這卷書是以優雅的敘述文字寫成，故事架構很容易跟，而且只有四章而已。你可以這樣慢慢往前進，再逐漸挑戰稍微長一點、難一點的書卷。

　　可是假定你說：「老兄，我真的想讀一點有男子氣概之類的書卷。」好吧，試試尼希米記吧，特別如果你是作生意的，或者對作領袖有興趣的。那卷書提供你組織、行政方面的實用原則，比今日暢銷書籍前十名排行榜都還多。如果你才剛起步而已，選一本像這樣比較實用的書卷。

　　不管你怎麼做，都要用一本筆記簿作記錄。「可是我寫的東西沒什麼可看性，」你可能會這麼回答。但更重要的是，聖靈是否給你亮光？如果有的話，千萬別輕看。剛開始大家都像嬰兒學步，就算是最有名的解經家也是跟大家一樣從同樣的地方開始——從ㄅㄆㄇ學起，最基本的東西。把神給你的東西記錄下來是個良好習慣。記下來，找機會跟別人分享，因為這樣一來你就會記住。

組成查經小組

　　在美國我們都喜歡誇獎徹底的個人主義、誇獎人採取主動，但其實多數人在團體活動中扮演部分角色，比完全靠自己要來得有效得

多。查經就是如此。

小組查經的原動力很強，事實上這可能是它最大的價值。我們很多人都會怕一咕嚕地栽進聖經裡頭，「我沒辦法啦，」大家會這麼說。其實他們可以做得到的，可是過程中需要旁人鼓勵。

跟一群小組分享你找到的寶藏，再沒有比這樣的快樂更激勵人心了，旁邊有人會喊著說：「嘿，太棒了，還有其他人看到這點嗎？」很快這個分享的人就會帶來更多的亮光！他已經從葫蘆裡跑出來了，滿懷興奮熱情，而且他會刺激其他人也在聖經裡找亮光。

小組討論的另一個好處就是讓每個人都能參與、投入，我就是喜歡小組上課這個好處。我的確也教一些一、兩百個學生的神學課程，可是坦白講，我比較喜歡跟六或八個學生圍著桌子好好查段聖經，這樣每個人都可以參與，每個人都可以從中受益。

這樣的學習比較不具威脅性。在大班上課，有些人雖然有最好的亮光，可是卻不曾開口分享，因為這麼大一群人會讓他膽怯。可是一旦把他們放到小組去，他們就會如魚得水，開始分享起來。

順道一提，誰說查經小組應該要照年齡、地區分組的？在一般教會裡，青少年在一個地方聚會，年輕夫婦在另一個地方聚會，中年男士有早餐會，婦人有咖啡小組，松年也有自己的團契等等。為什麼？是沒錯，我知道這樣分組的道理，同年齡層的人可以分享類似的生活經驗。可是說到查經，每個人都可以貢獻心力。如果我們只顧「自己那群人」，就一定會錯過一些所需的看法角度。

有些老人家可以受到二十幾歲年輕人熱情洋溢的感染。這群年輕人才剛領悟聖經某些方面的教導，這樣的狂熱有時還真讓我們老人家坐立難安呢——這可是件好事喔！同理，大學生或年輕夫婦參加有年長者在場的查經班也能受惠，老人家已經花了二十多、三十多、甚至四十多年的功夫查經了。老人家對神話語的深刻體會，可能正好能解決這個小組遇到的查經難題。

那麼，小組查經的理想人數應該有多少人？我認為要達到最佳果

開始一個小組

如果你想開始一個查經小組，以下提供幾個建議：

1.關鍵在於帶領的人

如果說小組查經的成敗只繫於惟一因素，這個因素必定是帶領的人。帶領查經的人要能夠喜歡讓別人參與其中，而不以自己的意思來掌控全場。他們必須是可靠的、有條不紊的、能避免討論失焦、願意為查經聚會預先準備。他們能輕鬆應對、對自己掌握聖經的能力有信心，如果能反應靈敏就更有幫助了。當然了，他們必須喜愛神的話語。

2.設立小組目標

查經小組的聚集有幾個原因：重點是為了更了解聖經、能夠將聖經真理應用在有需要的地方及眼前的難題、以聖經為禱告的出發點、將聖經介紹給未信主的人。不管你的小組目標為何，你在招募人的時候就要向對方解釋清楚。

3.招募想查經的人

招募人不是把親朋好友都拉進來，而是為參與者帶來生命的改變。你可能的對象應該對聖經真的有興趣，而不是來交際聯誼，或吹噓神學。一般說來，小組成員的同質性越高，參與就越容易。

4.確保每個人參與的機會

領導者的目標就是讓每個人都能參與在聖經當中，也能夠彼此互相交流。要避免任何人唱獨腳戲的危機——包括領導者本身。

5.鼓勵討論

　　小組查經最有效的型態就是討論，而不是講道，每個人都必須有機會分享。帶領人可以事先準備一張簡單、井然有序的討論題綱，來幫助大家討論。你可以把經文印在討論題綱的最上方（這樣大家就可以使用同一個經文版本），下面列出幾項問題。試著發展出開放性的問題，而不是一看就知道「標準」答案那類問題。

6.以聖經為中心

　　這也是為了避免討論失焦。參與的人一定會問一些合理的問題，需要你岔開時間來討論，可是你不可太過離題。如果大家來為的是要查經，那麼他們應當在聖經的學習上得到充分的時間，而不是神學辯論。

7.要有熱誠

　　要讓人在個人查經上得到鼓勵，最好的方法就是為他們的新發現慶賀。當大家提出看法時，不管有多簡單，都要為他感到高興。

8.小組人數維持在少數

　　六到八人是最理想的。如果人數較多，就分成小組。記住，目標是要大家百分之百的參與，人數如果太多就很難達成。

9.將時間分配於觀察、解釋、應用

　　小組研經與各人研經通常會有相同的毛病：花太多時間「解經」，可是卻忽略了「觀察」與「應用」，請務必在三者之間取得時間上的平衡。如果你發現自己在聚會快結束時說，「好

吧，各位，至於要帶來什麼改變，我們下次再談吧！」這就表示你剛剛可能花太多時間解經了。

10.對目標及時間的委身要持之以恆

要確保整個小組方向正確，並達成起初查經小組成立的目的。至於小組聚會的時間、進度，該開始時就要開始，該結束時就要結束。組成小組一開始就要決定查經結束的時間、完成的日期。大家通常對沒有訂出結束日期的課程比較難持之以恆。如果結束日期訂出來了，大家就可以事先決定要不要持續參加，你也會得到比較好的回應。

效的話，六到八人最理想。如果你找了六個人，可是覺得人太多了，就分成兩組作部分研討，然後才併在一起分享成果。

如果你找不到六個人怎麼辦？有多少人就從多少人開始。只找到另外一位嗎？兩位嗎？這樣也可以開始。你結婚了嗎？可以跟配偶開始，可以跟家人開始。你跟家人在一起最美妙的時光就是參加小組查經的結果。

我就是這樣。不用說，我最好的查經時光就是跟我太太吉茵一起查經。我們會選一段經文，個別研讀，然後再聚在一起分享成果，真的豐富極了。有時她告訴我她的發現，我心裡就會想，我剛剛是不是睡著了，好像沒讀過這段經文似的，她的見解很深刻。

關鍵在於帶領的人

小組查經可以讓人受益良多，但是成功的關鍵總在於帶領的人。不管小組是怎麼組成的，好的帶領人就會帶出好的查經。如果你是帶領的人，讓我給你一個建議：不要害怕拋出困難的問題。

有一回我帶一堂馬可福音的查經，一位女士突然問：「到底有多少個神？」我們才剛討論過聖父、聖子、聖神，她給搞迷糊了。

如果在一般教會裡，你可以想像如果有人站起來問那個問題的情景嗎？我告訴你我們那時怎麼做——我們大大誇獎了她一番。「太好了，瑪歌，你再把剛剛那個問題重複一次。」你看，這位女士是真的抓到了問題核心。

如果你回答不出類似這樣的問題，怎麼辦呢？簡單！你告訴他：「我不知道。」這樣說一點也不丟臉。

我遇過一位最棒的教授，這個人聰明得不得了，有一天被難倒了，那個問題他根本回答不出來。於是他就對那位學生說：「年輕人，這是我遇過最深的問題之一，如果我現在當場回答你，我只能給你一個很膚淺的答案。所以我要好好思考一下才能回答你。還有沒有其他像這麼深的問題呢？」

我告訴你，那個人在我們中間的評價一下子衝得很高，因為我們都遇過（像你也遇過）被難倒的教授回答我們：「其實呢，由於……不過……因此……結果……」我們知道他們根本就不懂。

你跟別人說：「我不知道，可是我會試著找答案。」根本不丟人。先記下來，待會兒才去解決問題，並且鼓勵其他小組成員想一些好問題。

跟其他人分享你的成果

這本書可以用這幾個字總結：「要能用出去，不然就消失了。」你從這本書學到的東西如果要永遠變成自己的，最好的方式就是給出去。如果學到的東西讓你覺得扎心的話，那東西就是好得不得了，一定要給出去。你現在可欠債了，你一定要去跟別人分享，讓別人也想為自己的緣故好好讀聖經，再沒有比這件事更讓人興奮的了。

有幾個方式可以讓你分享查經的成果。首先，你可以藉著教導分享出去。也許是主日學、兒童福音班、或者家庭查經班。

也許你可以考慮在上班的地方開始查經小組。可能你是個律師、醫生、或者在作生意，何不聚集一群律師、醫生、或生意人，跟他們說，「我們每週三中午要成立一個小小的查經班。你可以帶午餐過來，我們一起讀經，只是讀聖經而已，不談宗教，也不談爭議話題，不談政治。我們只想談談聖經，看看聖經是怎麼說的。」

另一個分享成果的方式就是——這真的是最佳方式——把它活出來。一個改變的生命最能帶給別人最大的影響！光說不練只會更糟。

華德·迪士尼是二十世紀最負創意的天才之一。他過世之後，達拉斯晨間新聞（*Dallas Morning News*）播了一個很簡單的卡通：鏡頭對準米老鼠和唐老鴨，慢慢放大，兩個都在哭，沒有字幕，一個字都不用說。這則卡通表明了一切。

那你呢？你的生活樣式是否對別人傳達了你對基督的委身、你的價值觀及信仰？我認為神的子民今日最大的需要就是來讀經。正因為

他們沒有這樣做，他們的屬靈生命開始走味，打不起精神來，半熱不冷，再沒有比這更容易敗退的了。人們對聖經望而生厭，可是又渴求貨真價實的真理。

正如前美國國會牧師哈弗生（R. Halverson）曾說：「人並不特別對我們的理念感興趣，他們只想知道我們經驗到了什麼。他們要找的是信念，而不是理論；想撥開我們冗長的辯論辭藻，從中找出我們的生命真相。」

在以斯拉記七章10節裡可以看到個人查經的標準價值，這段經文說道：「以斯拉定志考究遵行耶和華的律法，又將律例典章教訓以色列人。」但願如以斯拉之族類倍增！

附註

1. 陶恕（A. W. Tozer），「我們需要潔淨的思考者」（We Need Sanctified Thinkers），《結盟週刊》（*Alliance Weekly*），十一月九日，一九五五年。

準備作承諾了嗎？

光有好意圖無法讓你開始個人查經，你自己要下定決心履行承諾、付諸行動才有用。

　　如果能將你的承諾化爲文字，而不只是心裡默默知道而已，也許會有幫助。下列聲明可以幫助你思考努力的目標，如果你同意所列出的事項，可以簽下名字，正式宣告你的承諾。你甚至可以以此向神禱告，求祂來幫助你實踐計畫。

　　我，＿＿＿＿＿＿＿＿，決定開始定時的個人查經計畫。我將於＿＿年＿＿月＿＿日開始。我最初要查的經文是＿＿＿＿＿＿＿＿＿（書卷名稱或聖經章節起迄），我會使用＿＿＿＿＿＿＿＿＿（聖經版本名稱）。

　　查經過程中，我將採用本書所提的「觀察」、「解釋」、「應用」等三個步驟。我明白讀經的目的是爲了與神有更親密的關係，並且使我的生命按著神的旨意和話語得到改變。在神的幫助下，我承諾要研讀聖經、順服神的話語，朝以上的目標努力。

＿＿＿＿＿＿＿＿＿＿（簽名）

＿＿＿＿＿＿＿＿＿＿（日期）

補充資源

聖　經

The Amplified Bible《擴充版聖經》　由謝渥特（France Siewert）所翻譯。這本工具書針對主要用字用詞提出幾個同義字，好讓各樣隱而未現的含義能呈現出來。

The Contemporary English Version（CEV）《當代英文譯本》　美國聖經公會於一九九五年出版，本書並非改寫自其他版本，而是直接從原文翻譯、以常用英文寫成的英語譯本，廣受年輕讀者及以英文爲第二語言的讀者喜愛。

The Cotton Patch Version of Luke and Acts and The Cotton Patch Version of Paul's Epistles《棉花田版的路加福音、使徒行傳和保羅書信》　一九六〇年代美國喬治亞州阿梅里克斯城（Americus）的科那尼亞（Koinonia）農莊主人佐頓（Clarence Jorden）出版了這些生動的聖經改寫版本，因爲他說：「我們需要的是，以熟悉語調和適合我們時代風味而臨到的好消息文體。」他在這些新約聖經經文加上了「南方懶

洋洋的風俗」，讓每個閱讀的人都覺得身歷其境。假如你想換個新的角度來看聖經，不妨試試這個版本。

The English Standard Version（ESV）《**英語標準版**》　這個版本受到幾位保守的基督徒領袖所推薦，它的翻譯基本上相當接近原文字面含義，可是翻譯文字卻非常流暢優雅，具有文學風格。此版本廣受改革宗等歡迎，它的前身為《修訂標準本》（Revised Standard Version）。非常適用於個人查經及公開宣讀。

The Good News Bible: Today's English Version《**佳音聖經**》　由聯合聖經公會（the United Bible Societies）所翻譯，「盡量將原文的意義清楚正確地表達出來，並且用字用語以英語系讀者廣能接受的文體書寫。」適用於較長的敘述篇章，但較不適用於個別經文字詞的深入研究。很適合年輕讀者，及以英語為第二語言的讀者。

The Holman Christian Standard Bible（HCSB）《**霍曼基督教標準聖經**》由美國歷史最悠久的霍曼（Holman）聖經出版社所出版，他們的團隊招募了一百名跨國、跨宗派的學者、編輯、名作家、校對者，確保聖經正確無誤，提供一個風格上「最接近原文」的聖經譯本，非常受到美國南方浸信會的歡迎，本版本的文字清晰，亦較口語化，是另一種現代英文版本。

The King James Version（KJV）《**英皇欽定本**》　這是一六一一年出版的古典譯本，雖未經過任何教會團體正式認證，卻被公認為權威版本（The Authorized Version）。此版本語言文字之豐富無出其右，特別是詩篇部分。

The Life Application Bible《**生活應用聖經**》　是市面上較受歡迎的版

本，書中結合學理知識與相關應用，適合每天閱讀的讀者。內附實用書卷簡介和參考資料，讀者可擷取一般人的看法來作最高層次的溝通。

The Living Bible 《當代聖經》 作者肯‧泰勒（Ken Taylor）爲了讓他的孩子較能了解聖經，就開始以較平易近人的優雅文字重寫聖經經文，於是成就了這個版本。就像《佳音聖經》（*The Good News Bible*）一樣，它採用了簡單明瞭的英文，適合一般縱覽與重複閱讀之用。

The Message 《信息版聖經》 這個版本是由畢德生（Eugene Peterson）獨特地改寫聖經而成，對詩篇與先知書有獨到見解。它的出版形式有數種，主要的寫作對象是那些沒有聖經背景或想要有煥然一新看法的讀者，將聖經介紹給他們。

Nave's Topical Bible 《奈夫主題聖經》 你曾否想過能就第一個主題，把聖經中的主要篇章都查遍？奈夫（O. Nave）便是下了功夫把聖經重組。按英文字母排列的兩萬多個主題和次主題，把它們所出自的聖經章節列出，這可省下很多時間。

The New American Standard Bible（NASB）《新美國標準本聖經》 這是我最喜歡的查經版本之一，它的英文翻譯是最正確的版本之一，也因此讀起來有些地方顯得比較死板。非常適用在「觀察」與「解釋」兩個階段。

The New Bible in Pictures for Little Eyes 《新兒童圖書聖經》 肯‧泰勒用兒童能懂的語言，以其經典的語法把聖經故事改寫出來。書中慣用問答模式來講故事，使兒童能聽得津津有味。這套彩色著作是引導孩子們開始讀經的極佳方式。

The New English Translation（NET）《新英譯本聖經》　由於網路的盛行，一群福音派神學院與大學頂尖教授用心發展出一套聖經翻譯網站，提供大眾免費使用。這個網站對古代文化、語言有超過六萬個註解及廣泛評論，《新英譯本聖經》提供認真的聖經學生豐富的字元。你可以上網到網址 www.bible.org。

The New Invernational Version（NIV）《新國際版聖經》　是由不同背景的翻譯者合作而成的作品，這個版本的目標在於結合正確性與清晰度，也是較被採用的聖經譯本之一。

The New Life Version（NLV）《新生命聖經》　自一九六九年問世以來是最常採用、最易懂、卻又不失真的版本之一。這個譯本不是把聖經改寫，而是以基本英文直接翻譯寫成，適合有閱讀障礙的讀者或年幼讀者。

The New Living Translation（NLT）《新普及譯本》　一九九六年一群背景不同的福音派學者聚集在一起，重新編訂肯・泰勒所寫的《當代聖經》（*Living Bible*），目的是要根據聖經原文的訊息，翻譯成清晰的現代英文，結果成為一本相當優秀的譯本。

The New King James Version（NKJV）《新英皇欽定本聖經》　出版目的是「為了保留《英皇欽定本》在傳達神話語給人時，所用的原文純度」。如果你喜愛《英皇欽定本》，可是卻不太懂伊莉莎白女王時代所用的古典英文，這個譯本會很有幫助。

The New Revised Standard Version（NRSV）《新修訂標準本》　是《修訂標準本聖經》（RSV）的新編版本，根據諸如一九四〇年代所發現的死海古卷等書的語言學、考古學發展研考而成，所書寫的英語文字

清晰。值得注意的是，此譯本在性別上盡量採取中性。

The New Testament in Modern English（Revised Edition）**《腓力斯現代英語新約》（修訂版）** 由腓力斯（J. B. Phillips）所改寫而成，是我最喜歡的版本之一。文字極爲簡單流暢、生動，非常適合簡易預覽。

The Revised Standard Version（RSV）**《修訂標準本》** 一九五二年由美國全國教會公會（the National Council of Churches）出版。由於是從一九〇一年所出版的《美國標準本聖經》改編而成，故而得此書名；而《美國標準本聖經》則是由《英皇欽定本》所修訂而來。主流教派對此譯本相當熟悉，作品還不錯，不過現在有更好的其他譯本。

The Ryrie Study Bible, expanded edition **《萊利研讀本聖經》，增訂版** 本書已印行超過兩百萬冊，《萊利研讀本聖經》可說是用一萬個以上的實用歷史註解及豐富神學觀，來裝備一個世代的神學院師生。現在的擴編版更增加了新的部分，涵蓋教會歷史、聖經歷史、聖經教義摘要等，這本參考書提供多采多姿的資訊供個人使用，並且提供深度教導。

The Scofield Reference Bible **《司可福參考聖經》** 作者司可福（C. I. Scofield）可說是集牧師、教師、作家、講師於一身的世紀交替學者，引領眾人進入新的里程碑。他致力於「幫助大家研讀聖經、善用聖經」。爲了達成此目標，他建立了一套縱覽系統，內容包括針對聖經經文的註解、經文彙編、標題、及其他有幫助的資源，所得到的成果就是一本非常普及的手冊，可以說是研經的鼻祖。《司可福聖經》可說是時代主義神學（dispensational theology）的同義字，而時代主義也就是他用來解經的神學系統。

The Thompson Chain-Reference Study Bible《湯普森合參研讀聖經》
這是神學生必用的經典之著。本書內有超過十萬筆以上資料，涵蓋
八千項串珠，使主題式查經能更深入、教學預備能更充分有效。這本
受歡迎的研讀聖經也以豐富的考古說明、表格、圖示、解說著稱。

Today's New International Version（TNIV）《現代新國際版聖經》　是
由非常受歡迎的《新國際版聖經》修訂而來，於二〇〇五年出版，
《現代新國際版聖經》（TNIV）特別專精於學理研究、解析混淆之處、
正確性別，讀者群集中在十八到三十四歲，對聖經裡的奧祕及驚異之
處特別感興趣。

Tomie dePaola's Book of Bible Stories《湯米‧迪波拉的聖經故事書》
作者是聞名國際的插畫家，曾為兩百本以上童書作插畫，並將他的特
殊風格發揮在這本專為兒童所畫的精巧聖經畫本。所引用的經文為
《新國際版聖經》，所有插畫都是彩色畫作，是幫助兒童開始讀經的極
佳方式。

書籍與文章

艾德勒（M. Adler）及范多倫（M. V. Doren），《如何閱讀一本書》
（*How to Read a Book*）　這是絕對必讀的經典之著（參考第81～82
頁），艾德勒針對各種文體的閱讀規則作出說明。讀者讀過本書後，
查經時會有完全不同的角度。中譯本：《如何閱讀一本書》，台灣：商
務。

**布林格（E. W. Bullinger），《聖經的象徵用法》（*Figures of Speech
Used in the Bible*）**　正如我在第三十六課所指出的，象徵語言有時會
絆倒不知情的讀者。布林格列出聖經裡所使用的象徵意象，並給予解

釋，使閱讀單純化。如果你遇到讓你困惑的聖經意象時，可以查詢這本共一千一百頁的指南。

艾爾弗得・埃德山（Alfred Edersheim），《彌賽亞耶穌的生活與時代》（*The Life and Times of Jesus the Messiah*） 本書作者為十九世紀的牛津學者，他付出了七年的光陰，不斷地研究耶穌時代的猶太文化。這本書雖然不是很容易讀，但一般讀者仍可看得懂。如果你正在研讀福音書，本書所提供的資訊與觀點是無價之寶。初版印行為上下兩冊，厄得曼出版社將之合併印行為一冊。

諾曼・路易斯（Norman Lewis），《如何閱讀得又快又好》（*How to Read Better and Faster*），**第四版** 本書是讓你提升閱讀技巧的利器，書中有許多練習增加你的閱讀速度與了解，本書可說是艾德勒所著的《如何閱讀一本書》的姊妹作。

列藍德・瑞肯（Leland Ryken），《聖經文學》（*The Literature of the Bible*） 本書作者為惠頓大學（Wheaton College）的英語教授，他同時也指導了《英語標準版聖經》的出版。這個世代的聖經學生對聖經文學性的了解，瑞肯的幫助無人能出其右。本書告訴你文體的重要性，透過這樣的了解，以後你讀聖經的方法就再也不同了。

聖經彙編

多數聖經譯本（例如RSV, NRSV, NIV, NAS, NKJV）都有它自己編定的聖經彙編。如果你找不到所用的版本，可以向該出版社查詢。你也可以在www.biblegateway.com網站查詢多數譯本的鑰字彙編。

The NKJV MacArthur Topical Bible《新英皇欽定本麥克阿瑟主題聖經》

本書包含超過十萬個以上的經文段落、兩萬項主題，所有副標題均相互編彙，為主題搜尋提供非常豐富的資料庫。

Nelson Phrase Concordance of the Bible《尼爾森聖經片語彙編》
這本有意思的手冊是由湯馬斯尼爾森（Thomas Nelson）出版社所發行，它是聖經彙編另一種型態的延伸。本書所列出的不是個別的字，而是聖經語句／片語，並且同時列出五種譯本。如果你所搜尋的是聖經語句，而不是個別的字，這本手冊可以替你節省時間。

The New Strong's Exhaustive Concordance of the Bible《新史特朗經文彙編》　聖經學者傳統上慣用兩本出版社的聖經彙編：史特朗版（Strong's）及楊氏版（Young's）。不過，如果你用的是比較現代的英文譯本，你就得針對那個譯本來找聖經彙編（Thomas Nelson, 1990）．

Young's Analytical Concordance to the Bible《楊氏解析式聖經彙編》
這本由羅柏楊（Robert Young）所著的單冊聖經註釋書，是研經經典之作之一。

What Does the Bible Say about...The Ultimate A to Z Resource《聖經在說什麼……從A到Z終極資源》　這是一本以現代英文改寫、從A到Z的聖經彙編指南，它提供相當特殊的手法，也包含了幾個現代名詞，像是「生態學」（ecology）、「底線」（bottom line）等等。對現代潮流的不同主題提供說明、詳細資訊，讓使用者覺得很有幫助。

Wordsearch Computer Bible《聖經用字電腦搜尋》　如果你有電腦的話，這種「大量載運式」的聖經彙編就會吸引你。它最多可以讓你同時搜尋九個字的字詞片語，非常省時。這是利用電子科技的新世代研經工具，MS—DOS及麥金塔（Macintosh）作業系統兩種版本皆有。

聖經字典

An Expository Dictionary of New Testament Words 《新約詞語字典》
這是范恩（W. E. Vine）的畢生心血之作，對字詞研究提供極為寶貴
的資料。范恩列出英文字詞（《英皇欽定本》及《修訂標準本》這兩
種譯本），然後列出該字詞的希臘原文，作者以該字詞的背景用法來
作出經文解釋。

The Holman Illustrated Bible Dictionay 《霍曼聖經解說字典》，新增修
訂版本書由銓特・巴特萊（Trent C. Butler）所編纂而成，自一九九一
出版以來已經成為最暢銷的研經工具之一。這本新增修訂版包含了
七百幅以上的彩色圖片、極為出色的文章內容、摘要、易讀的聖經地
圖等等。

Nelson's Illustrated Bible Dictionary 《尼爾森聖經解說字典》　這本細
緻的參考書是由赫伯・拉契爾（Herbert Lockyer）編纂而成，本書作
者以「綜覽」研究著稱，例如「聖經男性人物綜覽」（All the Men of
the Bible）、「聖經神蹟綜覽」（All the Miracles of the Bible）、「聖經職
業綜覽」（All the Occupations of the Bible）等等。本書是以簡單明瞭
的英文所寫而成，文章附有四色列印彩色照片。

The New Bible Dictionary 《聖經新辭典》（修訂版）　這本出色的參考
書最初是由道格拉斯（J. D. Douglas）所編訂，後來在一九八〇年又
修訂過。對聖經學生來說實在是一本百科全書，其中包括有說明、族
譜表、地圖、計畫表及其他資料，使得聖經經文活化起來。中譯本：
《聖經新辭典》，香港：天道。

The New Unger's Bible Dictionary《新安格聖經字典》，新增修訂版
本書涵蓋六萬七千筆以上資料、一千四百頁以上的研究報告，內附彩色照片、易懂的聖經地域地圖、詳盡的論文報告，對真的想認真學習的聖經學生來說，是一本必讀的現代經典之著。

The Zondervan Pictorial Bible Dictionary《宗得凡聖經圖片字典》
（修訂版）　這本單冊的工具書是由惠頓學院的學者梅利亞・田寧（Merrill Tenney）所編定，內容包括六十五名以上學者專家的貢獻，所提供的資訊有傳記式、年代誌、地理學、歷史學等聖經主題。

聖經手冊

The Book of Life《生命叢書》　這套二十四冊的參考書是由吉爾・畢爾（Gill Beers）為兒童所編排而成。這套書特別附有彩色說明及照片，以吸引人、知性的方式帶領讀者認識整本聖經，同時也包含《新國際版聖經》大字印刷，並有一目了然的索引供快速查詢。如果你有小孩或兒孫，我建議你選購這套百科叢書，這會是一件極佳的禮物。

Eerdmans Handbook to the Bible《厄得曼聖經手冊》　由大衛・亞力山大（David Alexander）所編，單冊內含六百八十頁彩色印刷，是解說聖經世界背景的一本很好的參考書。

Encyclopedia of Bible Difficulties《聖經難題大全》　作者葛立森・阿契（Gleason Archer）特別探討聖經中明顯衝突之處。如果你在讀經時遇到困擾你的問題，可以向本書求助，作者會提出他的觀點與背景說明。

Halley's Bible Handbook《海萊聖經手冊》　作者亨利・海萊（Henry

Halley）深信每個人都應該每日讀經，於是他就編纂出海萊聖經手冊來介紹聖經。對聖經學生來說，這是一本有用、攜帶方便的參考書。中譯本：《海萊聖經手冊》，香港：證道。

The Handbook of Bible Application（for the *Life Application Bible*）《聖經應用手冊》（專為《生活應用聖經》使用）　本書由尼爾‧威爾森（Neil Wilson）與《生活應用聖經》編輯群共同編纂而成，針對古今世代所面對的數百項議題，提出極佳的主題摘要、大綱。經文編彙範圍廣闊，並引用數種譯本。對個人及小組查經的預備來說，是一本很好的應用、支援參考書。

The Handbook of Life in Bible Times《聖經時代生活手冊》　這本由湯普森（J. A. Thompson）所著的精要作品，內含彩色說明及地圖。

The MacArthur Bible Handbook《麥克阿瑟聖經手冊》　本書精簡傑出，對聖經每卷書的內容、作者、主題、寫作目的、對整本聖經的貢獻、詳細大綱、如何呈現基督，提出基本史實。書中也有許多表格、地圖、圖片，也對重要主題提供閱讀指南。

The New Unger's Bible Handbook《新安格聖經手冊》　由蓋瑞‧拉森（Gary Larson）徹底重編而成，新版共有七百五十頁，提供重要事項詳細說明、數百幅全彩印刷說明、照片、地圖、圖表、表格，在今日單冊參考書中，是最易懂的一本之一。

The World of the Bible《聖經的世界》　范德沃得（A. S. Van Der Woude）及其他數位作者針對聖經時代的歷史、文化編纂了這套詳盡的百科全書。對了解聖經經文環境提供了絕佳的背景學習材料。

What the Bible Is All About: Bible Handbook《聖經在講什麼：聖經手冊》　這本經典之作的全新修訂版是由亨瑞塔‧米爾斯（Henrietta Mears）所著，特色在於傑出的傳福音文章、精選閱讀、每章開頭附有簡短摘要、實用字彙、數個讀經日程表、新編地圖及圖表。中譯本：《聖經綜覽》，台北：中國主日學。

聖經軟體

Accordance　此高階軟體僅適用麥金塔系列電腦，許多聖經學者及教師喜愛它的原因是因為它的多用途語言功能。此外，Accordance是惟一針對許多參考書、古代作品提供數位資源的軟體。（www.accordancebible.com）

Bibleworks　Bibleworks 7.0版提供非常廣泛的資料，其中包括超過三十種語言的一百一十二種譯本、十四種原文文字（附十八種字體資料庫）、十二種希臘文辭典與字典、五種希伯來文辭典與字典，再加上三十種實用參考書。這套軟體完全是針對語言研究所設計的，是極佳的圖解、字詞工具書，在深入研究聖經方面可以不時地派上用場。（www.bibleworks.com）

e-Sword　這套免費下載軟體資源在全世界有超過四百萬人使用，內容有搜尋、字典、背景、地圖等等，設計風格讓使用者非常容易上手。（www.e-sword.com）

Ilumina　這套與眾不同的軟體特別著重以影像來呈現聖經，當中包括主要聖經故事的專業動畫、讓人讚嘆的互動式時間表與地圖、附有專家解說的聖經地區影像。（www.ilumina.com）

Logos　這是全球最大的聖經軟體開發公司，在多語言電子出版品方面也是世界領先者，Logos 與一百家以上的出版社合作，發行了超過五千種的電子聖經研習資源，供全世界的讀者使用。（www.logos.com）

Olivetree.com　這家聖經軟體公司提供了八十種聖經譯本，也提供了註釋書、字典、靈修書刊、電子書等，還有一套史特朗編碼系統，可於 PDA 上使用，便於移動式學習與通訊使用。（www.olivetree.com）

其他聖經軟體資源　Christianbook.com 的軟體區提供了大量的聖經軟體，其中包括很多這裡所列的參考書（例如《聖經註釋註解》），可供喜愛數位資源的讀者使用。（www.chritianbook.com）

地圖集

An Introduction to Bible Geography《聖經地理介紹》（修訂版）　這本小小的平裝書是由霍華・沃斯（Howard Vos）針對聖經地理所著的簡易入門叢書，裡頭提供十幾篇有關近東地區的文章。如果你從未研習過聖經地理學，從這本書開始讀倒是不錯。

Baker's Bible Atlas《貝克聖經地圖集》　這本地圖集提供你重建歷史情景的工具，內含豐富彩色圖片與照片，本書最後幾章追溯聖經地區自古以來的歷史，並且強調現代考古學的研究結果。

Biblemaps.com　這片光碟提供一百五十幅以上的聖經地圖，可用在 Powerpoint 這類的展示軟體、課堂註解、個人研習等，這套資料以數位圖片的方式來與會眾溝通。（www.bibl3maps.com）

Holman Bible Atlas《霍曼聖經地圖集》 這本由湯瑪士‧布利斯寇（Thomas Brisco）所編纂的地圖集特別提供了數百幅的彩色照片、地圖，讓你看到整個聖經世界的地土、區域、編年史，特別是從初代教會到公元三百年期間的重要年表。

Kregel Bible Atlas《達格聖經地圖集》 由提姆‧道利（Tim Dowley）所編輯的簡易地圖集，可是卻奇妙地結合了照片與地理學，將聖經時代的日常生活情景與照片、觀點註解配合在一起。

The Macmillan Bible Atlas《聖經圖集》 這本優秀的地圖集是由兩位猶太學者共同編著而成，這是所有現有出版品中正確性最高的一本之一，提供二百六十二幅地圖，還有聖經世界在宗教、軍事、經濟各方面的註解。中譯本：《聖經圖集》，台北：少年歸主。

The Moody Atlas of Bible Lands《慕迪聖經地理地圖集》 作者貝里‧貝左（Barry Beitzel）呈現出聖經地區優美的地理圖形，他不只收入地圖，還有圖片、表格，用以解釋近東世界的特色，這些都有助於我們對聖經的了解。

Sundaysoftware.com 這個電腦網站資源提供了兩個優異的聖經地圖軟體，其中包含以滑鼠點閱的互動地圖功能，也有放大或縮小功能。（www.sundaysoftware.com）

The Zondervan Pictorial Bible Atlas《宗得凡聖經地圖圖示》 這本四百九十一頁的地圖集是由布雷拉克（E. M. Blailock）所編輯而成，這也是我最喜愛的幾本地圖集之一，因為書中含有疊層地圖，以供研究地形變化之用。

註釋書

Ancient Christian Commentary Series《古代基督信仰聖經註釋叢書》（ACCS） 這套由美國校園（InterVarsity）出版社所出版的創新系列，蒐集了基督教歷史上幾位領袖的觀點，在同一套書裡就可以豐豐富富地看到許多教會領袖原來的引言與看法。中譯本由校園書房出版社出版。

The Bible Knowledge Commentary《信徒聖經註釋》 這套上下兩冊的註釋書是由達拉斯神學院一群教授所寫而成，對聖經各卷書作了極佳介紹。本書使用的是《新國際版聖經》，書中探討了聖經各卷書的作者、寫作對象、日期、主題、寫作目的。（編按：中文版為三卷，請參考第三十四課。）

The Expositor's Bible Commentary《種籽聖經註釋》 這套原為十二冊的註釋書是由嘉伯霖（F. Gaebelein）所編，對聖經經文有很詳盡的註釋。如果你能用神學院圖書館的話，不妨參考這套資源，引導你解經方面的研究。中譯本：《種籽聖經註釋》，香港：種籽。

Galatians: The Charter of Christian Liberty《加拉太書研經十法》 我想特別提到這本針對聖經一卷書信所寫的單冊註釋書。本書作者是田寧，他用了十種不同的研經方法來研究加拉太書，使得本書特別具有教育功能。如果你想跟隨一位大師學習的話，你可以以這本註釋書作為嚮導，來研讀加拉太書。中譯本：《加拉太書研經十法》，香港：天道。

The Interpreter's One-Volume Commentary on the Bible《解經家的聖

經單冊註釋書》　這本工具書很方便，因為作者查理・雷蒙（Charles Lay-mon）將所有文章收錄在單冊書裡。

The MacArthur New Testament Commentary《麥克阿瑟新約註釋》　這套仍在增加的註釋書已有二十五冊以上了，它針對新約聖經提供畢生可用的研究。對牧師及解經家來說，這套註釋書提供了廣泛的經文交叉編彙、歷史、文化、語言註解及教學大綱，用途很廣。

其他資源

Biblical Archaeology Review《聖經考古學報》　由非營利機構聖經考古學社（Biblical Archaeology Society）出版的雙月刊。這分期刊報導考古學方面的發現與研究，對聖經研究頗具影響力。本刊書寫的方式讓一般大眾都可了解，過刊對你所研究的聖經主題尤具助益。

The Great Age of Man Series《人類偉大文明史》　時代生活叢書（Time-Life Books）出版社整編了人類文明史一系列作品，其中包括《古代埃及》（*Ancient Egypt*）、《古典希臘》（*Classical Greece*）、《羅馬帝國》（*Imperial Rome*）等等。雖然編輯群採取完全世俗的手法來處理這些主題，但它們的呈現手法極佳，對聖經故事的文化、歷史等方面提供了大概的背景描述。本書所附圖畫尤具助益。（www.timelife.com）

The National Geographic Magazine《世界地理雜誌》　千萬別忘了世界地理協會（the National Geographic Society）所出版這本受歡迎的雜誌，它經常刊出與近東地區、聖經研究相關的地點、主題介紹。雜誌裡的照片就已經讓你的訂閱費用值回票價了。（www.nationalgeographic.com）

"The Topical Memory System"「**主題背經系統**」 這套經文記憶卡是由導航會（Navigators）所出版，幫助你背誦聖經經文，讓你攜帶方便，也提供背誦技巧。（www.navpress.com）

Walk Thru the Bible's "Keyword Learning System" **履行聖經「關鍵字學習系統」** 這套卡片幫助你背誦聖經書卷名稱，每張卡片印有一卷書名、還有所謂「關鍵字」設計、及該書卷內容的簡短介紹。（www.walkthru.org）

網路上的研經資源

The Ankerberg Theological Research Institute 安克堡神學研究所 這個傳媒機構列入了超過兩千篇以上的文章，內容包括聖經研究、護教學、比較宗教學等等，此外對當代聖經議題也有很好的視聽材料。（www.johnankerberg.org）

Bible.org 內含四萬頁以上的研經材料，其中包括《新英譯本聖經》（NET）經文及完整的註解。（www.bible.org）

Biblegateway.com 由國際福音傳播中心（Gospel Communications International）所出版，這個網站提供二十一種英譯本及數種外語譯本的搜尋服務，部分是以語音方式呈現。（www.biblegateway.com）

Desiring God.org 這是約翰‧派博（John Piper）出版的媒體事工，提供二十六年來的講道文稿、還有數十項聖經研究工具。（www.desiringgod.org）

Grace to You 由約翰‧麥克阿瑟（John MacArthur）出版的媒體事

工，內有數百篇講道訊息、文章、三十多年來預備講道的研經註解。

HeLives.com　這個網站是由達拉斯神學院的畢業生及版主提姆・基莫（Tim Kimmel）所發起，提供使用者幾個高畫質的多媒體資源，其中受歡迎的「生動閱讀聖經」（Flesh Thru the Bible）檔案包括約拿書、何西阿書、以弗所書等等。（www.helives.com）

Probe Ministries　提供一千兩百篇以上的文章、聖經觀點等豐富資源，包括可以在網站上以檔案播放器 real-time streaming 或 podcast 收聽探索電台（Probe Radio）的廣播節目。（www.probe.org）

讀經，要在哪裡讀？

是主日崇拜的高堂
是闃無人聲的夜裡
是神學院的大教室
是查經小組的課桌
是舒爽乾淨的清晨
還是主日學的課程

讀經生活化要告訴你

在柴米油鹽的廚房
在鬧聲隆隆的街道
在步調匆忙的市井
在尿布奶瓶的家庭
在壓力沉重的工作
在烏煙瘴氣的人際

你一樣可以與神親近，一樣可以讀懂聖經。

《舊約會說話》

程亦君 著

《聖經好好吃》

Eat This Book

畢德生（Eugene Peterson）著

《耶穌的道路》

The Jesus Way

畢德生（Eugene Peterson）著

《全民讀經法》
Living by the Book

韓君時（H. G. Hendricks）、韓立克（W. D. Hendricks）／著

預計出版書目

讀經生活化系列

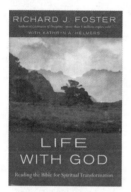

傅士德談讀經

《讀經力量大》（暫譯）
Life with God: Reading the Bible for Spiritual Transformation

傅士德（Richard Foster）著

潘霍華談讀經

《默想神的話》（暫譯）
Meditating on the Word

潘霍華（Dietrich Bonhoeffer）著

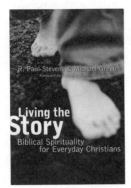

聖經是本靈修大全

《聖經故事靈修法》_{（暫譯）}

Living the Story: Biblical Spirituality for Everyday Christians

史蒂文斯、邁可‧格林（Paul Stevens、Michael Green）著

畢德生聖經靈修學系列

《翱翔的基督》

Christ Plays in Ten Thousand Places

《直話不要直說》_{（暫譯）}

Tell it Slant

《復活的操練》_{（暫譯）}

Practice Resurrection

校園書房出版社 *Living* 生活館

我們靠「獲取」以謀生，卻因「付出」而生活。

書名	作者	譯者	建議售價
恩典多奇異	楊腓力	徐成德	290元
恩典百分百	路卡杜	葉嬋芬等	290元
愛上星期一	貝克特	徐中緒	210元
生活占上風	海波斯	邱艷芳	290元
科學尖兵	華特・赫恩	蕭寧馨	170元
歡喜讀舊約——重新品味上帝的深情與智慧	楊腓力	徐成德	260元
擁抱耶穌的心——還有比像耶穌更棒的禮物嗎？	路卡杜	屈貝琴	250元
用祝福來著色	特倫德	吳美眞	290元
明白神旨意	史密斯	林智娟	320元
何必上教會	楊腓力	屈貝琴	160元
脫下你的鞋子	韋約翰	陳恩明	250元
上帝的悄悄話	路卡杜	鍾芥城	280元
克里姆林宮的鐘聲	楊腓力	李永成等	160元
尋神啓事	楊腓力	徐成德	330元
行在水面上	奧伯格	屈貝琴	280元
破碎的夢	克萊布	林智娟	260元
愛從不缺席	特倫德	張玫珊	260元
沙塵上的手跡（書＋CD，附研讀指引）	卡爾德	徐成德	370元
一個星期五的6小時	路卡杜	邱艷芳、呂底亞	210元
神聖的渴望	艾傑奇	林智娟	280元
衣衫襤褸的福音	曼寧	吳蔓玲	260元
耶穌眞貌	楊腓力	劉志雄	340元
我心狂野	艾傑奇	甘燿嘉等	250元
成長神學	克勞德、湯森德	劉如菁	380元
名不虛傳	葛法蘭	鄔錫芬	280元
另一世界的傳言	楊腓力	徐成德	300元
耶穌的簽名	曼寧	劉如菁	220元

校園書房出版社 *Living* 生活館
我們靠「獲取」以謀生，卻因「付出」而生活。

書名	作者	譯者	建議售價
起死回生	艾傑奇	平 山	260元
活著就是基督	貝思・穆爾	曾話晴	340元
褲子團契	奧伯格	屈貝琴	320元
上帝出難題	史特博	黃玉琴	320元
交換明天	葛尼斯	吳 品	250元
愛的撲滿	路卡杜	林智娟	280元
新品種的基督徒	麥拉倫	凌琪翔	310元
毫不留情的信任	曼 寧	吳蔓玲	220元
我的上帝　無限可能	海波斯	陸慕汐	250元
神要開道路	克勞德、湯森德	譚達峰	300元
我的鄰居叫耶穌	路卡杜	張悅、郭秀娟	250元
麻雀變鳳凰	艾傑奇夫婦	平 山	280元
以神爲樂	路卡杜	吳 品	170元
無語問上帝（修訂版）	楊腓力	白陳毓華	260元
暴風雨中的耶穌	路卡杜	吳蔓玲	250元
神與你同在	奧伯格	林鳳英	240元
饒恕原理	柯恩德	朱麗文	240元
溫柔的智慧	曼 寧	沈眉綺	170元
給盼望一個理由	貝碧琦	嚴彩琇	250元
微笑工作論	丹尼斯・貝克	盧筱芸	360元
工作靈修學——微笑工作的十堂課（附DVD光碟）	雷蒙・貝克等	盧筱芸等	380元
希望數字3:16	路卡杜	張玉如	250元
靈性壓力OFF學	克萊布	田耀龍、田玲玲	350元
聖經領導學	貝克特	顧瓊華	240元
馬鈴薯湯教會	梁炳武	張雅惠、劉永愛	280元

校園書房出版社 **神學工具系列**

打造二十一世紀「信仰工程」的神學工具

● 神學課題工具 ●

書名	作者	譯者	建議售價
當代神學辭典(書+光碟版)	S. B. Ferguson, D. F. Wright編	楊牧谷編譯	2300元
二十世紀神學評論	葛倫斯、奧爾森	劉良淑、任孝琦	520元
基督教神學手冊	麥葛福	王瑞琦、劉良淑	680元
基督教神學原典菁華	麥葛福編	楊長慧	660元
神學的故事	奧爾森	吳瑞誠、徐成德	720元

● 應用神學工具 ●

書名	作者	譯者	建議售價
當代護教手冊	賈斯樂、布魯克	楊長慧	420元
當代婚姻協談手冊	愛維萊特‧華沁頓	嚴彩琇	450元

● 聖經研究工具 ●

書名	作者	譯者	建議售價
21世紀舊約導論	狄拉德、朗文	劉良淑	580元
基督教釋經學手冊	格蘭‧奧斯邦	劉良淑	600元
舊約聖經背景註釋	華爾頓、麥修斯、夏瓦拉斯	李永明、徐成德 等	1500元
新約聖經背景註釋	季納	劉良淑	1100元

● 神學人叢書 ●

書名	作者	建議售價
加爾文神學	林鴻信	270元
覺醒中的自由——路德神學精要	林鴻信	220元
聖神論	林鴻信	350元

訂購辦法

● **校園網路書房**
網址：http://shop.campus.org.tw

● **博客來網路書店**
網址：http://www.books.com.tw

● **信用卡或郵遞訂購**
可直接利用傳真電話：02-2918-2248
或者直接郵寄：231台北縣新店市民權路50號6樓
如已傳真，請勿再投郵，以免重複訂購

● **郵政劃撥訂購**
劃撥帳號：19922014
戶名：校園書房出版社

● 書目價格為台幣建議售價，但會依當時物價調整，敬請到校園網路書房或致電本社
查詢。

● 一律掛號郵寄訂書。郵購金額滿1500元免郵費，500元（含）以上郵費80元，500元以
下郵費55元；國外郵購金額1000元以上，郵費以金額20%計；1000元（含）以下，郵
費以金額25%計；400元（含）以下，郵費一律100元。

● **如果您有任何疑問，請洽詢本社服務電話或使用電子郵件接洽**
(02)2918-2460分機240～244或E-mail：sales@campus.org.tw
服務時間：週一至週五9：00am～5：30pm

國家圖書館出版品預行編目資料

全民讀經法 / 韓君時（H. G. Hendricks），韓立
克（W. D. Hendricks）作；葉嬋芬、黃凱津譯.
-- 初版. -- 臺北縣新店市：校園書房，2010.01
　面；公分
譯自：Living by the Book: the art and science of
reading the Bible, Rev. and updated
　ISBN　978-986-198-149-9（平裝）

1. 聖經研究　2. 讀經

241.01　　　　　　　　　　　　　　　98022333

Bible
Reading

讀經生活化

Bible
Reading

讀經生活化

Bible
Reading

讀經生活化

Bible
Reading

讀經 生活化

Bible
Reading

讀經 生活化

Bible
Reading

讀經 生活化

讀 經 生 活 化 ， 生 命 力 量 大 。